D1746347

MONIKA SCHUSTER

Saucen

Über 100 Rezepte
für kalte und warme Saucen

MONIKA SCHUSTER

Saucen

Über 100 Rezepte für kalte und warme Saucen

FOTOS: EISING FOODPHOTOGRAPHY

6	Einführung
8	Warenkunde: Küchengeräte
12	Warenkunde: Geräte für Saucen auf Vorrat
13	Küchenpraxis: Saucen einmachen und einfrieren
14	Warenkunde: Gewürze
18	Warenkunde: Kräuter
22	Warenkunde: Asiatische Aromen
162	Rezept- und Sachregister
168	Impressum

Das Rezept zum Umschlagbild finden Sie auf Seite 114

24 **Kalte Saucen für Salate, Dips, Grill- und Fonduesaucen und Grillbutter**

56 **Warme Saucen – Fonds, Grundsaucen, Saucen mit Ei und Allroundsaucen**

92 **Saucen zu Fleisch – für kleine Stücke wie Steak und Leber genauso wie für große Braten**

134 **Saucen zu Fisch und Gemüse – zu Lachs und Meeresfrüchten wie zu Blumenkohl und Semmelknödeln**

EINFÜHRUNG

Wie bekomme ich nur eine gute Sauce hin?

Ein Gericht steht und fällt mit der guten Sauce, das ist klar. Dafür köcheln in der Profiküche tagelang Fonds und Saucen vor sich hin. Und nicht umsonst ist der Saucenposten in der Küche eines Restaurants die wichtigste Position. Sauber aufgegessene Teller sind sicherlich auch in Ihrem kleinen »Restaurant Zuhause« das größte Kompliment für den Koch, die Köchin. In unserem Saucenbuch wird Ihnen dafür gelingsicher die »perfekte« Sauce erklärt. Ob kalt oder warm, zu Kurzgebratenem oder zu Schmorgerichten, für Fischliebhaber und Vegetarier – an alles wurde gedacht. Und auf den ersten Seiten des Buches finden Sie praxisnahe Infos zu Kräutern und Gewürzen.

Wie koche ich eine gute Sauce?

Zugegeben, ein bisschen Zeit und Muße benötigen Sie für eine gute Sauce natürlich schon. Aber wer die Grundregeln für beispielsweise eine Fleischsauce einmal beherrscht, für den ist die Zubereitung jeder weiteren Sauce ganz einfach, denn das Prinzip ist im Grunde immer das Gleiche.

Grundsätzlich gibt es zwei Arten, eine Fleischsauce zuzubereiten. Die eine Art basiert auf dem Auskochen von Knochen des jeweiligen Tieres. Die andere Art ist der Saucenauszug im Ansatz mit Fleisch, wie z. B. bei Gulasch, Sauerbraten oder Schmorgerichten.

Ob mit Knochen oder Fleisch, der Saucenansatz bleibt immer gleich. Neben den guten und ausgewählten Zutaten braucht jede Sauce Röststoffe. Dafür werden die kleingehackten Knochen im Ofen geröstet. So bekommen sie Farbe und Geschmack. Dafür wird das Fleisch im Topf oder im Bräter angebraten. Jede braune Stelle, die sich im Topf bildet, bedeutet Geschmack und Farbe. Das typische und immer gleiche Röstgemüse, bestehend aus Zwiebeln, Knollensellerie und Möhren, ist eine weitere Basis. Sie werden geputzt, nicht zu fein geschnitten und dann im Topf bei mittlerer Hitze mit etwas Öl angebraten. Danach wird Tomatenmark mitgeröstet, das für die Farbe der Sauce wichtig ist. Beim Rösten verliert es seine Säure.

Wein als Geschmackszutat

Je nach Rezept wird mit Rotwein, Portwein oder Roséwein abgelöscht. Hier braucht man etwas Zeit und Geduld. Denn nur das mehrmalige Ablöschen und Einkochen gibt den guten Geschmack. Bei dem Vorgang verkocht der Alkohol, kräftiger Geschmack und Farbe bleiben übrig. Die verschiedenen Wein- und Alkoholsorten sind schwer zu ersetzen bzw. der Geschmack (und die Farbe) der Sauce verändern sich gravierend. Wer aber trotzdem keinen Alkohol verwenden darf oder will, ersetzt die Flüssigkeitsmenge des alkoholischen Getränks durch Fonds oder Wasser.

Nach dem Ablöschen mit Wein wird mit unterschiedlichen Fonds oder mit Wasser aufgegossen. Je nach Art des Fleisches nimmt man dafür Fond vom jeweiligen Tier. Passend ausgewählte Kräuter und Gewürze geben ihren typischen Geschmack an die Sauce.

Geduld ist die halbe Sauce

Das langsame und schonende Kochen einer Sauce ist bei der ganzen Prozedur enorm wichtig. Schnell geht's nicht! Die fertige Sauce wird dann durch ein feines Sieb passiert. Um wirklich jeden guten Tropfen der Sauce zu bekommen, wird mit einem Schöpfer mit leichtem Druck jegliche Flüssigkeit ausgedrückt. Die Sauce wird dann je nach Konsistenz eingekocht oder mit angerühr-

Die Hauptzutat eines fertigen Gerichts und die Sauce dazu sollten perfekt zusammenpassen – mit ein wenig Geduld wird dann alles ein besonderes Geschmackserlebnis.

ter Speisestärke abgebunden. Erst jetzt wird mit Salz und Pfeffer gewürzt. Denn je mehr die Sauce einkocht, desto intensiver und dicker wird sie. Salzt man zu früh, kann sie durchs Einkochen ganz schnell zu salzig werden oder überwürzt sein.

Zur Abrundung kann man die fertige Sauce nach Geschmack kurz vor dem Servieren noch mit einem Stück kalter Butter verfeinern. Die Butter gibt nicht nur guten Geschmack, denn Fett ist oberster Geschmacksträger, sondern bindet in diesem Fall auch. Nach dem Einrühren der Butter sollte die Sauce dann allerdings nicht mehr kochen, sonst verliert sie wieder ihre Bindung.

Die schnelle Sauce für Kurzgebratenes

Bei Kurzgebratenem entsteht im Garprozess wenig Bratensatz, um eine Sauce zu kochen. Deshalb empfiehlt es sich für diese Gelegenheiten, eine fertige Bratensauce oder einen Fond im Vorrat zu haben. Wie das geht, erklären wir auf den Seiten 12 und 13. Gerade wenn es schnell gehen, aber trotzdem gut schmecken soll, kann man damit im Handumdrehen eine schnelle Sauce für Kurzgebratenes wie Entrecôte, Filet, Steaks und Schnitzel zaubern. Auch für Fisch und Gemüsegerichte ist es praktisch, wenn die jeweiligen Saucen und Fonds im Vorratsfach bereitliegen.

Wie viel Sauce brauche ich?

Man rechnet etwa 100 ml Sauce pro Person. Die Erfahrung zeigt allerdings, Sauce kann man nie zu viel haben. Und bleibt doch etwas übrig, einfach auskühlen lassen und portionsweise einfrieren.

Viel Erfolg!

Unser Buch ist ein Begleiter durch Ihr kulinarisches Jahr. Ob es im Frühjahr die klassische Sauce hollandaise zum Spargel sein soll oder im Sommer die passende Sauce zum Grillen. Und auch für die kalte Jahreszeit ist gesorgt: von der Printensauce zu Wildschwein über eine Kürbissauce zu Kalb bis zur klassischen Bratensauce. Oder lassen Sie die Kindheitserinnerungen an die beliebten Nudeln oder an Spätzle mit Sauce wieder aufleben. Es lohnt sich!

Ein Stich Butter in der fertigen Sauce gibt ihr einen speziellen feinen Geschmack und außerdem Bindung. Danach darf die Sauce nicht mehr kochen.

Ein Wort zu fertigen Fonds, Pasten und Saucen

Natürlich werden im Handel fertige Saucen, Pasten und Fonds angeboten. Daran ist sicherlich auch nichts auszusetzen. Schauen Sie sich allerdings genau die Zutatenliste der Fertigprodukte an. Oftmals finden sich darin Inhaltsstoffe, die in einer Sauce oder in einem Fond nun wirklich nichts verloren haben und definitiv auch nicht notwendig sind.
Gerade für Kinder, Allergiker und ältere Menschen sollte man dann zumindest auf Produkte aus dem Bioladen zurückgreifen. Wenn's mal schnell gehen soll, spricht auch nichts dagegen, mal ein Löffelchen Instant-Brühe zu verwenden; auf die Dauer gesehen rentiert sich der Aufwand einer selbst gekochten Sauce jedoch schon!

WARENKUNDE

Die wichtigsten Küchengeräte

Um gute Saucen zu kochen, braucht es nur wenige zusätzliche Küchengeräte zu denen, die man sowieso im Haushalt hat. Ein paar zusätzliche Küchenhelfer erleichtern das Kochen jedoch erheblich und lassen die Saucen – wie in der Profiküche - optimal gelingen!

1 Töpfe

Je nach Art der Fonds und Saucen benötigt man unterschiedlich große Töpfe. Das ist in jedem Rezept angegeben. Je breiter z. B. der Topf ist, desto mehr Oberfläche hat man, und die Flüssigkeit kann besser ein- bzw. verkochen. Und beim Fischfond brauchen die Karkassen ausreichend Platz. Ist der Topf kleiner und hoch, wie beim Wildfond, verkocht weniger Flüssigkeit, und der Geschmack ist daher weniger intensiv. In kleinen Stieltöpfen reduzieren die Saucen ein.
Wenn Sie aber exakt den angegeben Topf nicht haben, brauchen Sie natürlich vor dem Kochen nicht erst einkaufen zu gehen, sondern nehmen einfach den nächstgrößeren oder -kleineren.
Ein **Schmortopf** ist die beste Wahl für einen Braten. Die schweren Töpfe sind oft aus Gusseisen, rund oder oval. Durch die gute Wärmeverteilung im Topf garen die Fleischstücke oder Saucen schön gleichmäßig. Noch ein großer Vorteil: Man kann die Töpfe problemlos in den Ofen stellen.

2 Pfannen

Sie werden für die Saucenküche direkt nicht gebraucht, aber zum Braten von Fleisch, Geflügel oder Fisch, den Begleitern manch guter Sauce in diesem Buch. Je nach Rezept eignen sich beschichtete Pfannen aus Edelstahl oder solche aus Gusseisen. Letztere sind vor allem ideal zum Anbraten von Steaks, da sie große Hitze auf dem Herd und, mit geeigneten Stiel, auch die Ofenhitze vertragen. Steaks, Geflügel oder Fisch kann man gut in einer Grillpfanne (mit geriffelter Oberfläche) braten.

3 Schlagkessel

Der Kessel mit dem rundem Boden ist zum luftigen Aufschlagen von Saucen gedacht. Beim Schlagen über dem Wasserbad ist er besonders praktisch, da sich keine Reste zwischen Boden und Topfwand absetzen können. Meistens hat er einen oder zwei Griffe.

4 Schneebesen

Er schlägt Luft unter Saucen, verquirlt Eier, rührt gebundene Saucen glatt. Es gibt weiche und harte Schneebesen; die weichen, größeren Schneebesen sind ideal für schaumig oder steif aufgeschlagene Sahne, Eiweiß, Sabayon und Saucen. Die harten Schneebesen dagegen nimmt man zum Verrühren von Vinaigrette und glatten Saucen.

5 Schöpfer und Schaumlöffel

Ein Schöpfer ist praktisch in verschiedenen Größen zum Abfüllen, Aufgießen und Portionieren von Brühen und Saucen. Wer keinen hat, kann aber auch eine Tasse oder einen Stieltopf zum Umfüllen nehmen.
Der Schaumlöffel dient dazu, den Schaum, der sich beim Auskochen der Knochen für Fonds bildet, abzunehmen.

6 Bratenwender und Kochlöffel

Bratenwender gibt es aus Holz, Kunststoff oder Metall. Bei beschichteten Pfannen bitte nur mit Holz oder Kunststoff arbeiten, Metall kann die Oberfläche zerstören. Sie sind zum Wenden von Fleisch und Fisch ideal, da sie meist eine breite Auflagefläche haben. Kleine und große Kochlöffel braucht man zum Rühren und Wenden.

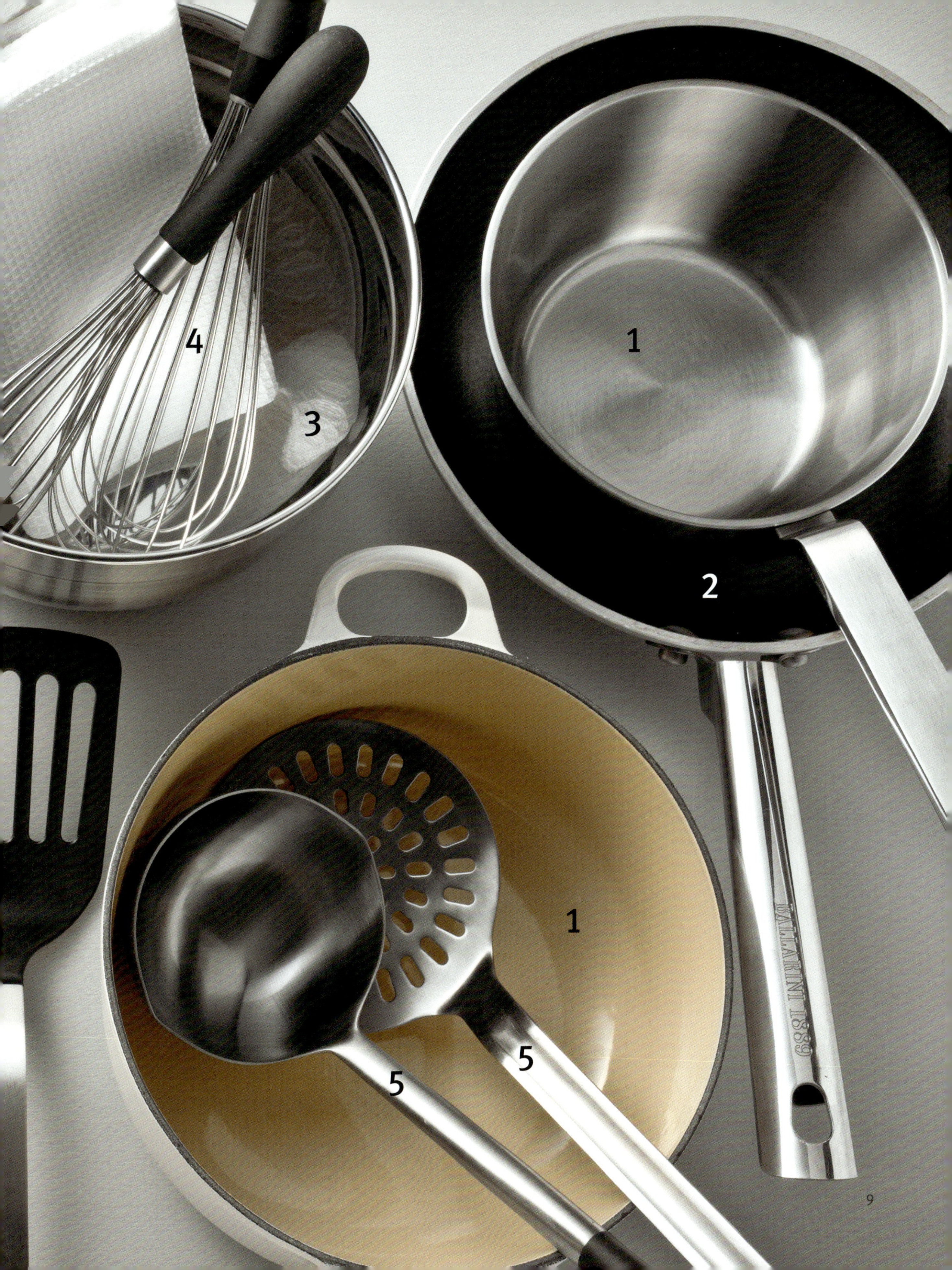
4
1
3
2
1
5
5
BALLARINI 1889

WARENKUNDE

Küchengeräte

Natürlich benötigt man auch noch gute Messer, ein robustes Schneidebrett, eine Käsereibe, eine Waage, am besten eine digitale, und andere Utensilien.

1 Messbecher

Er dient zum genauen Abmessen von Flüssigkeiten. Wenn er hoch und stabil ist, kann man ihn auch zum Aufmixen von warmen und kalten Saucen oder Salatsaucen verwenden. Deshalb sollten Sie darauf achten, dass er hitzestabil ist. Ein Kriterium ist auch die Skalierung. Oft sind geringere Mengen als 100 ml nicht mehr abzumessen. Eventuell legt man sich einen großen und einen kleinen Messbecher zu. Oder vielleicht haben Sie ein Babyfläschchen im Schrank? Das hält Hitze aus und hat eine Skala in 10-ml-Schritten.

2 Rührbecher

Wenn der Messbecher ungeeignet ist, sollte man sich zum Pürieren und Mixen ein höheres und schlankes Gefäß (1–1,5 l Fassungsvermögen) anschaffen, das stabil steht. Da kann nichts danebenspritzen. Für manche Gefäße gibt es auch einen praktischen Spritzschutz.

3 Pürierstab

Er ist perfekt für kalte und warme Saucen, zum Pürieren, Anrühren und Aufschlagen von Mayonnaise über Pesto, Vinaigrette oder schaumigen Saucen. Dieses Küchengerät sollte in keinem Haushalt fehlen! Es lohnt sich, in Qualität zu investieren. Neuere Geräte gibt es mit Akku und ca. 20 Minuten Laufzeit.

4 Mörser, Gewürzmühle und Muskatreibe

Ein Mörser ist ein guter Helfer zum Zerkleinern von Gewürzen und zum Herstellen von Gewürzmischungen und Pasten. Er sollte nicht zu klein sein, ca. 1/2 l Volumen ist angebracht. Wenn man einen aus Stein wählt, ist das Gewicht des schweren Stößels schon eine Arbeitserleichterung. In der Mühle lassen sich Gewürze wie Pfeffer, Koriander, Fenchel, Kümmel, Piment etc. frisch mahlen und schmecken dann unvergleichlich besser als die gekauften Pulver.
Auch Muskatnüsse haben frisch gerieben ein besseres Aroma. Dazu gibt es ausgeklügelte und einfache Reiben.

5 Gewürzsieb bzw. Gewürzbeutel

Gewürze und andere Aromazutaten lassen sich hier hineinpacken, in den Topf hängen und, wenn der Inhalt seinen Dienst erledigt hat, problemlos wieder entfernen. Einweg-Tee- oder Kaffeefilter sind eine günstige Alternative. Man muss sie lediglich mit einem Clip oder Küchengarn verschließen.

6 Siebe

Sie werden zum Passieren von Fonds und Saucen benötigt. Hier sollte man nicht sparen, denn sie werden doch ziemlich beansprucht. Deshalb sind Siebe aus Edelstahl zu empfehlen, sie lassen sich außerdem gut reinigen. Es gibt sie von fein- bis grobmaschig.

7 Passiertuch

Damit legt man ein Sieb vor dem Durchgießen der Sauce oder des Fonds aus. Wenn man es vorher anfeuchtet, läuft die Flüssigkeit besser durch. Das Passiertuch hält alle unerwünschten Stoffe zurück. Man erhält es in jedem guten Haushaltswarengeschäft. Ersatzweise kann man auch ein Küchentuch oder eine Stoffwindel verwenden.

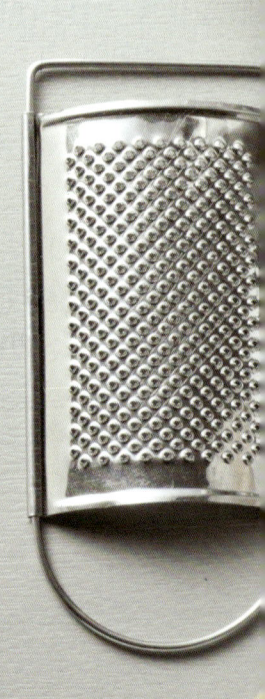

2

3

4

6

4

5

7

11

GERÄTE ZUM EINMACHEN

Utensilien fürs Kochen auf Vorrat

Wenn man sich die Mühe gemacht hat, einen schönen Fond aus hochwertigen Zutaten zu kochen und sich einen Vorrat davon anlegen möchte, sollte man auch gute Vorratsgefäße verwenden, damit nicht später der Inhalt verdirbt oder ein Gefrierbeutel kaputtgeht.

Gläser

Saucen, Fonds und fertige Schmorgerichte kann man heiß in ausgekochte saubere Gläser oder Flaschen füllen, so wie man das vom Einmachen von Konfitüre kennt. Am besten nimmt man Gläser oder auch Flaschen mit passenden Twist-Off-Deckeln (s. dazu unser Tipp auf Seite 42). Die Gläser sofort mit sauberen Deckeln verschließen, umdrehen und auskühlen lassen.

Gefrierdosen/Gefrierbeutel

Die Gefrierdosen sollten ein Fassungsvermögen zwischen 1/2 und 1 l haben – je nach Größe des Haushalts. Die Sauce oder den Fond ganz abkühlen lassen und in die Dosen füllen. Das Beschriften nicht vergessen! Auf dem Etikett sollte der Name der Sauce stehen, die Menge und das Zubereitungsdatum.

Gefrierbeutel eignen sich zum kurzfristigen Einfrieren. Für eine Lagerung über mehrere Monate sind Vakuumierbeutel am besten geeignet.

Flaschen

Salatsaucen kann man ebenfalls auf Vorrat zubereiten. Dann in eine saubere, gut schließende Flasche füllen und kühl stellen. Je nach Zutat hält sich dann die Salatsauce im Kühlschrank 1 Woche, eine reine Vinaigrette ohne Zwiebeln auch länger. Vor der Verwendung das Dressing in der Flasche durchschütteln und die benötigte Menge über den frischen Salat geben.

Eiswürfelbehälter

Manchmal braucht man nur eine kleine Menge Fond, um einer Sauce den besonderen Geschmack zu geben. Dafür etwas vom fertigen, abgekühlten Fond in einen Eiswürfelbehälter füllen, gefrieren und dann die Fondwürfel in einem Gefrierbeutel aufbewahren. So kann man sie je nach Bedarf portionsweise entnehmen.

Vakuumiergerät

Auch für den privaten Haushalt sind Vakuumiergeräte sehr praktisch. Es gibt sie in verschiedenen Preisklassen in Haushaltswarengeschäften. Zwei Gründe sprechen für die Anschaffung dieses Küchengeräts: Zum einen verringert das Einschweißen im Vakuum das Volumen der bevorrateten Lebensmittel um ein Vielfaches, und ein unfreiwilliges Auslaufen wird vermieden. Zum anderen verhindert das Vakuum einen Qualitätsverlust der Lebensmittel. Insbesondere beim Einfrieren von Fleisch oder Gemüse ist der Ausschluss der Luft auch eine Garantie gegen Gefrierbrand und somit Qualitätseinbußen. Außerdem wird die Haltbarkeit der Lebensmittel um das 3- bis 5-fache verlängert.

So gelingt es ohne helfende Hand: einen Vakuumierbeutel auffalten und in einen hohen Becher stellen. Nur zur Hälfte mit Sauce füllen, versiegeln und kühl stellen oder einfrieren.

Saucen einmachen

Einen Fond zu kochen ist zwar nicht schwierig, aber zeitaufwendig. Da lohnt es sich, gleich mehr davon zuzubereiten, als man gerade für ein aktuelles Rezept benötigt, und den Rest einzumachen oder einzufrieren. Für Saucen gilt im Prinzip das Gleiche.

Sauber eingemacht

Den Vorgang des Einmachens kennt man bei der Zubereitung von Konfitüren. Auch für Saucen, Fonds, Suppen und Eintöpfe kann man darauf zurückgreifen. Es funktioniert nicht anders als bei den süßen Vorräten. Dabei muss man nur ein paar Dinge beachten.

Hygiene ist wichtig

Beim Einmachen sollte man möglichst sauber arbeiten, damit nicht später das Eingemachte verdirbt. Daher empfiehlt es sich, mit Einweghandschuhen zu arbeiten. Die Gläser und ihre Deckel in kochendes Wasser geben, kurz darin wenden und dann vorsichtig (am besten mit einem Schaumlöffel oder einer Zange) herausheben, nur abtropfen lassen, nicht trocken reiben und auf eine Arbeitsfläche auf ein sauberes Geschirrtuch stellen.

Gläser befüllen

Die kochend heiße Sauce oder den Fond bis zum unteren Rand des Schraubverschlusses eingießen. Vor dem Verschließen sollten die Glasränder ganz sauber sein. Falls nötig, also unbedingt mit einem sauberen Küchenpapier abreiben. Die Gläser mit den Deckeln fest verschließen, umdrehen und für ca. 5 Minuten auf den Kopf stellen. Durch das Abkühlen entsteht ein Vakuum im Glas, und es wird versiegelt. Die Gläser auskühlen lassen und in den Kühlschrank stellen. So halten sich die Saucen und Fonds mindestens 4 Wochen.

Sterilisieren

Noch länger halten sich die Saucen und Fonds, wenn man sie heiß in die ausgekochten Gläser füllt, diese verschließt, für 5 Minuten auf den Kopf stellt und dann auf einem Backblech in der Mitte des auf 85–90° vorgeheizten Ofens (Umluft 85–90°) für 50–60 Minuten erhitzt. Die Gläser aus dem Ofen nehmen, vollständig auskühlen lassen und in den Kühlschrank stellen. Bei dieser Art des Konservierens hält sich der Inhalt mindestens 3 Monate.

Zum Versiegeln des Beutels das Folienschweißgerät auf ein dickes Brett stellen. Den Beutel so in das Gerät platzieren, dass er nach unten hängt, damit nichts ausläuft.

Einfrieren in Gefrierdosen

Natürlich kann man jede Sauce auch einfrieren und so über Monate aufheben. Dazu füllt man sie etwas abgekühlt in gefriergeeignete Gefäße, verschließt diese und lässt den Inhalt ganz abkühlen. Dann kommen sie, ordentlich beschriftet (s. Seite 12), ins Gefriergerät.

In Beuteln aufbewahren

Man kann Saucen auch in Vakuumierbeutel füllen (s. Bild Seite 12). Das ist praktisch, denn sie brauchen nicht so viel Platz wie Dosen oder Gläser. Damit nichts ausläuft, muss man den Beutel versiegeln (s. Bild oben). Man darf den Inhalt aber nicht vakuumieren, da dabei bei den meisten Geräten zu viel Flüssigkeit ins Gerät laufen würde. Den verschlossenen Beutel dann nur in den Kühlschrank legen. So hält die Sauce länger als in Topf oder Schüssel. Außerdem können sich keine Fremdgerüche des Kühlschranks in die Sauce übertragen. Wenn der Beutelinhalt nicht am nächsten Tag verbraucht wird, friert man den versiegelten Beutel, mit Etikett versehen, am besten ein.

WARENKUNDE

Gewürze

Kaufen Sie Gewürze in bester Qualität, möglichst als ganze Körner oder Samen und in kleinen Mengen, die Sie bald aufbrauchen können. Die Gewürze dann erst vor dem Kochen je nach Rezept zerstoßen oder mahlen. Bewahren Sie die Gewürze in kleinen gut schließenden Dosen auf.

1 Anis- und
2 Fenchelsamen

Man kennt beide hauptsächlich vom Backen, aber sie passen auch gut bei manchen herzhaften Gerichten. Anis wird ganz klassisch für Fisch, aber auch für Lamm, gebratene Pilze oder Gemüse verwendet. Vorsicht beim Dosieren, denn Anis ist sehr intensiv. Fenchel schmeckt ähnlich wie Anis und tut wie er der Verdauung gut. Am besten die Fenchelsamen im Mörser oder in einer Mühle zerkleinern. Er passt zu Lamm, Schwein, Geflügel, Gemüse, Fisch und Meeresfrüchten.

3 Chili

Die Schoten heißen im Mittelmeerraum auch Peperoni (die sind eher mild) oder Peperoncini (das sind die kleinen schärferen Schoten). Ob als frische oder getrocknete Schote, gemahlen oder geschrotet in Flocken: Chili ist ein feuriger Begleiter für viele Fleisch-, Fisch-, Gemüse- und Geflügelgerichte. Das Allroundgewürz sollte in keiner Küche fehlen.
Wer frische Schoten verwendet, muss umsichtig damit umgehen: am besten mit Einweghandschuhen schneiden, denn auch die Trennwände und Kerne enthalten das scharfe Capsaicin. Wenn man diese entfernt, sind die Schoten nicht ganz so scharf. Nicht in die Augen fassen, selbst gründliches Händewaschen hilft erstmal nicht.

4 Gewürznelken

Sie haben einen hohen Gehalt an ätherischen Ölen und schmecken sehr intensiv. Es reichen oft ein oder zwei Stück, um genügend Geschmack an Fonds und Saucen für Fleisch, Fisch, Geflügel und Wild zu geben. Sie werden häufig in Zwiebeln gesteckt, um sie nach dem Kochen problemlos wieder aus dem Gericht entfernen zu können, denn es ist nicht jedermanns Sache, direkt auf sie zu beißen.

5 Kardamom

Ein sehr intensives Gewürz – also Vorsicht bei der Dosierung. Am besten kauft man die ganzen, hellgrünen Kapseln, sie sind am aromatischsten. Sie werden meistens im Mörser angequetscht und nicht mitgegessen. In der herzhaften Küche passt Kardamom zu Fisch-, Fleisch-, Geflügel- und Wildgerichten.

6 Korianderkörner

Ein klassisches Brotgewürz, das oft mit Fenchelsamen und Kümmel gemischt wird. Auch sonst ist Koriander oft Bestandteil von Gewürzmischungen. Er passt in Saucen zu einheimischen Gerichten aus Gemüse, Fleisch und Fisch. Aus den Samen wächst übrigens das Koriandergrün, das in der asiatischen und mexikanischen Küche gerne verwendet wird (s. Seite 22).

7 Muskatnuss

Sie schmeckt am besten frisch gerieben und peppt mit ihrem etwas strengen Geschmack z. B. eine Béchamelsauce wunderbar auf. Sie passt gut zu Pilz- und Gemüsesaucen und sollte erst am Ende der Garzeit sparsam zum Gericht gegeben werden.

1
2
5
3
4
7
6
15

WARENKUNDE

Gewürze

Bei der Frage »Wann kommen die Gewürze in die Sauce?« gibt es keine Faustregel. Generell kann man sagen, gemahlene Gewürze eher ganz zum Schluss zum Verfeinern. Ganze oder geschrotete Gewürze können durchaus bei kleiner Hitze etwas länger mitziehen.

1 Pfeffer

Schwarzer Pfeffer passt wirklich zu allem! Bitte unbedingt frisch mahlen, denn sein Aroma verfliegt rasch. Die Pfeffermühle dann je nach Bedarf fein oder grob einstellen. Zum groben Zerkleinern ist auch ein Mörser hilfreich.
Grüner Pfeffer wird getrocknet, eingelegt oder frisch angeboten. Den getrockneten Pfeffer kann man gut zwischen den Fingern zerreiben. Eingelegt ist er ideal für kalte und warme Saucen. Er passt zu Fleisch, Geflügel und Gemüse.
Rosa Pfefferbeeren sind botanisch nicht mit dem Pfeffer verwandt. Die aromatischen Beeren erst kurz vor dem Servieren in die Sauce geben, sonst verlieren sie ihren feinen Geschmack. Zum Zerkleinern in den Mörser geben oder zwischen den Fingern zerreiben.

2 Piment

Piment ist ein tolles Gewürz mit einem reichen, ausgewogenen Geschmack, denn es schmeckt nach Muskatnuss, Nelke, Pfeffer und Zimt und passt daher für sämtliche Wildgerichte. Für Fonds und Saucen die ganzen Körner mitkochen.

3 Safran

Die edlen Fäden sollte man vorsichtig dosieren. Zu viel Safran macht nämlich die Sauce zu bitter. Für Fonds, Suppen oder Saucen reichen einige Fäden für ein tolles Aroma und eine kräftige Farbe aus. Zur Verwendung die Safranfäden in etwas warmem Wasser oder Weißwein lösen und ganz zum Schluss dazugeben, nicht mehr lange mitkochen. Passt zu Fleisch, Fisch, Meeresfrüchten, Geflügel, Lamm, Gemüse, Reis, Nudeln und Kartoffeln.

4 Sternanis

Er hat ein dezentes süßliches Aroma. Ein bis zwei Zacken reichen aus, um Fonds und Saucen zu aromatisieren. Die Sternchen sind jahrelang haltbar. Sternanis passt zu Wild, Schweine- und Lammfleisch und Gemüse.

5 Vanilleschote

Mittlerweile wird sie auch in der herzhaften Küche gerne verwendet. Beim Kauf sollte die Schote prall und weich sein. Schon ein kleines Stück Vanilleschote oder -mark verleiht Gerichten den ganz eigenen Geschmack. Passt vor allem zu Garnelen, Jakobsmuscheln, Geflügel, Fisch und Gemüse.

6 Wacholderbeeren

Sie schmecken würzig und leicht harzig. Für ein leichtes Aroma werden die ganzen Beeren in der Sauce oder im Fond mitgegart. Für intensiveren Geschmack erst im Mörser grob zerstoßen. Dann ist es sinnvoll, sie in ein Gewürzsäckchen zu geben (s. Seite 10). Ganz klassisch werden sie zu Wild, Rind- oder Schweinefleisch verwendet. Wildgewürz besteht aus Wacholder, Piment, Nelken, schwarzem Pfeffer, etwas Zimt und Lorbeer.

7 Zimtstange

Die Rinde vom Ceylonzimt kann man gut selber frisch reiben und sollte das auch tun. Ansonsten gilt auch hier eher die Faustregel, kleinere Mengen zu kaufen, da sich das Aroma sehr schnell verflüchtigt. Zimt mag's nicht nur weihnachtlich, sondern auch herzhaft, wie z. B. zu Wildschwein, Wild, Fleisch, Lamm, Krustentieren, Gemüse und Hülsenfrüchten.

17

WARENKUNDE

Kräuter

Frische Kräuter am besten zum Schluss ganz frisch waschen, trocken schütteln und abgezupft oder gehackt zum Gericht geben. Sie verlieren ganz schnell Farbe, Geschmack und Intensität, daher soll man die meisten nicht mehr mitkochen.

1 Bärlauch

Der Knoblauchgeschmack dieses Frühlingsboten ist sehr intensiv – deshalb ist weniger hier mehr. Selber sammeln sollte man ihn nur, wenn man ihn wirklich kennt, und dann abseits von Straßen und Hundewiesen. Aber man kann ihn mittlerweile auch auf jedem Wochenmarkt kaufen. Die frischen Bärlauchblätter von den Stielen zupfen und je nach Rezept schneiden. Zum Verfeinern von Suppen und Saucen den Bärlauch erst zum Schluss dazugeben, d. h. also, nicht mehr mitkochen lassen. Wer es etwas milder mag, mischt den gehackten Bärlauch mit glatter, gehackter Petersilie, z. B. für Pesto.

2 Beifuß

Man kennt den wilden Wermut fast nur in Europa und da auch nur für die Weihnachtsgans oder -ente. Hier hilft er bei der Verdauung der fetten Gerichte. Beifuß wird getrocknet angeboten und kann gut mit ebenfalls getrocknetem Majoran kombiniert werden. Wer ihn frisch findet, sollte die Blätter vor der Blüte verwenden. Sie müssen mitkochen.

3 Bohnenkraut

Es wird frisch und getrocknet angeboten. Es passt natürlich zu Bohnen, aber auch in Schmorsaucen für Schweine-, Kalb- und Rindfleisch und zu Gemüseeintöpfen.

4 Estragon

Er ist sehr intensiv im Geschmack (den er erst beim Kochen entwickelt), daher reichen von ihm oft nur ein paar Blätter. Er erinnert an Waldmeister mit einem Hauch Anis. Estragon passt sowohl zu hellen Saucen für Geflügel und Kalb als auch ganz klassisch zu Fisch, Meeresfrüchten und Gemüse. Er schmeckt auch gut in Kombination mit anderen frischen Kräutern (s. Kerbel).

5 Kerbel

Gerade im Frühling ist der feine anisartige Kerbelgeschmack in Gerichten mit Spargel, Eiern, Kartoffeln, jungen Erbsen, Geflügel und Fisch sehr beliebt. Den empfindlichen Kerbel erst kurz vor dem Servieren fein schneiden und in die Sauce oder Suppe rühren. Nicht mehr mitkochen. Kerbel wird oft im Kräuterbund mit Sauerampfer, Schnittlauch, Pimpinelle, Dill, Petersilie und Estragon angeboten und gehört in die klassische Grüne Sauce.

6 Liebstöckel

Das »Maggikraut« schmeckt sehr stark. Schon ein paar Blätter reichen für das Würzen von Saucen und Fonds meist schon aus. Die frischen Blätter mischt man am besten mit Petersilie und gibt sie ganz zum Schluss dazu. Zum Verfeinern von Suppen, Eintöpfen, Kartoffeln und Wurzelgemüse. Passt auch zu gekochtem Rind- und Kalbfleisch.

1

2

3

4

5

6

WARENKUNDE

Kräuter

Zum Aufbewahren frische Kräuter am besten in ein feuchtes Küchenpapier wickeln und in einen verschließbaren Beutel oder eine Box geben. Die Stiele nicht wegwerfen, sondern in Fonds und Saucen mitkochen lassen oder ganz fein schneiden und in die jeweiligen Saucen rühren.

1 Lorbeerblatt
Lorbeer ist zusammen mit schwarzem Pfeffer, Nelken und Piment die Würzbasis für Fleischfonds und -saucen. Für Wild kommen noch Wacholderbeeren und Zimt, für Fisch Fenchel, Anis und Koriander dazu. Er ist getrocknet oder frisch im Handel.

2 Majoran
Egal, ob frisch oder getrocknet, er wird – sparsam dosiert – immer zum Schluss dazugegeben. Passt zu Schwein, Rind, Ente, Gans, Gemüse und zu Kartoffeln und Eintöpfen.

3 Minze
Die dekorativen Blätter finden gerne in der süßen Küche Verwendung. Sie schmeckt aber auch z. B. in Kombination mit Basilikum, Petersilie, Estragon und Schnittlauch in Vinaigrettes und kalten Saucen. Nicht mitkochen!

4 Oregano
Der wilde Verwandte des Majoran schmeckt etwas schärfer als dieser. Er wird ganz klassisch für Pizza und Tomatensauce verwendet. Egal, ob frisch oder getrocknet, Oregano wird eher zum Schluss dazugegeben, soll aber noch mitkochen. Passt zu Schwein, Kalb, Rind, Lamm, Geflügel, Kartoffeln, Gemüse und geröstetem Weißbrot oder Ciabatta.

5 Pimpinelle
Wird gerne mit anderen Kräutern wie Kerbel, Zitronenmelisse, Schnittlauch, Basilikum, Estragon und Petersilie gemischt. Zum Mischen mit Blattsalaten und in kalten und warmen Saucen für Fisch und Gemüse. Passt auch in Kräuterbutter oder in die Grüne Sauce.

6 Rosmarin
Das beliebte Küchenkraut passt zu kräftigen Fleischgerichten, die auch gerne mit Knoblauch kombiniert werden, wie Lamm, Zicklein, Rind, Wildschwein, Kartoffeln und Gemüse. Nur einige Nadeln reichen für ein kräftiges Aroma. Sie sollten immer mitgaren.

7 Salbei
Wohl dosiert ist frischer Salbei ein Gaumenschmaus. 2–3 kleine Blätter reichen für einen intensiven Geschmack. Er mag's gerne heiß, sollte aber nicht dunkel braten, sonst wird er bitter. Passt vor allem zu Kalb-, Rind- und Schweinefleisch, zu Innereien und Nudeln.

8 Thymian
Der Alleskönner sollte in keiner Küche fehlen. Am besten schmeckt er frisch. Im Bund einfach in ein feuchtes Küchenpapier wickeln, in einen verschließbaren Beutel oder eine Box geben. So hält er sich über 1–2 Wochen problemlos im Kühlschrank. Ideal für Fleisch, Geflügel, Wild, Fisch, Gemüse, Kartoffeln. Auch er entwickelt seinen Geschmack beim Kochen.

9 Zitronenmelisse
Nicht nur hübsch fürs Auge präsentieren sich die nach frischer Zitrone schmeckenden Blättchen. Ideal passen sie auch in die sommerliche Blattsalatmischung. Für frische Dips oder Dressings einfach die Blättchen in feine Streifen schneiden.

21

WARENKUNDE

Asiatische Aromen

Die Zutaten für die asiatische Küche bekommt man natürlich im Asialaden, aber immer öfter auch in gut sortierten Supermärkten und Lebensmittelabteilungen von Kaufhäusern.

1 Ingwer und
2 Galgant

Die beiden Wurzelknollen sind Verwandte. Der frische **Ingwer** schmeckt gehackt oder gerieben leicht scharf, frisch und nach Zitrone. Nur in Scheiben geschnitten ist er etwas milder. Vom benötigten Stück die Schale abschälen oder abschneiden. Die übrige Knolle am besten im Kühlschrank aufbewahren, da sie bei Zimmertemperatur schnell austrocknet. Den aromatischen **Galgant** erkennt man an seiner eher rötlichen Schale mit blassbraunen Streifen. Sein Geschmack erinnert an Ingwer – ist aber etwas feiner und würziger. Galgant wird meist nur in Scheiben geschnitten und als Aromageber mitgekocht. Wird er mitgegessen, vor dem Kochen schälen und möglichst fein schneiden.

3 Kaffirlimettenblätter

Vor Gebrauch waschen, den Rand der Blätter mehrmals bis zur Mitte einschneiden oder -reißen, die Blätter zur Sauce geben, mitkochen und vor dem Servieren entfernen. In der thailändischen Küche werden die Limettenblätter oft auch in hauchdünne Streifen geschnitten und am Schluss zum Curry gegeben und mitgegessen.

4 Koriandergrün

Die frischen zarten Blätter nur abzupfen und, wenn nötig, grob hacken. Die Stiele können fein geschnitten auch verwendet werden. Für Fonds und Saucen die Stängel im Ganzen mitziehen lassen. Oft wird frischer Koriander mit der Wurzel angeboten. Die höchst aromatische kleine Wurzel sauber abbürsten, eventuell schälen und fein hacken. Frischer Koriander hat ein sehr intensives Aroma, daher lautet die Devise: Weniger ist mehr. Der seifige Geschmack übertönt sonst alles.

5 Shiitake-Pilze

Die getrockneten Pilze geben Fonds und Saucen einen ganz eigenen Geschmack. Sie sind sehr intensiv, daher braucht man gar nicht viel davon. Für Fonds und Saucen vierteln oder halbieren und mitkochen. Zum Braten von frischen Shiitake-Pilzen den harten Stiel entfernen – er wird beim Braten zäh.

6 Thai-Basilikum

Es schmeckt sehr frisch mit leichter Anisnote. Nicht zu verwechseln mit herkömmlichem Basilikum aus der italienischen Küche. Thai-Basilikum ganz zum Schluss dazugeben und nicht mehr kochen lassen. Es wird inzwischen mehr und mehr in Töpfen angeboten.

7 Zitronengras

Die ganze Kraft liegt im unteren, dickeren Teil der Stängel. Diese deshalb am besten mit dem Messerrücken flach klopfen und so das wunderbare Aroma herauskitzeln. In den meisten Rezepten dient Zitronengras nur als frischer Aromageber, wird daher nur grob zerkleinert oder im Ganzen mitgekocht und vor dem Servieren entfernt. Zum Mitessen sollte es sehr fein geschnitten werden.

23

KALTE SAUCEN

Aromatisch sind sie, einfach und schnell zubereitet für Blatt- oder Gemüsesalate. Oder als schmackhafte Saucen und Dips, die perfekten Begleiter zu Kurzgebratenem, Gegrilltem oder zu Fondue ...

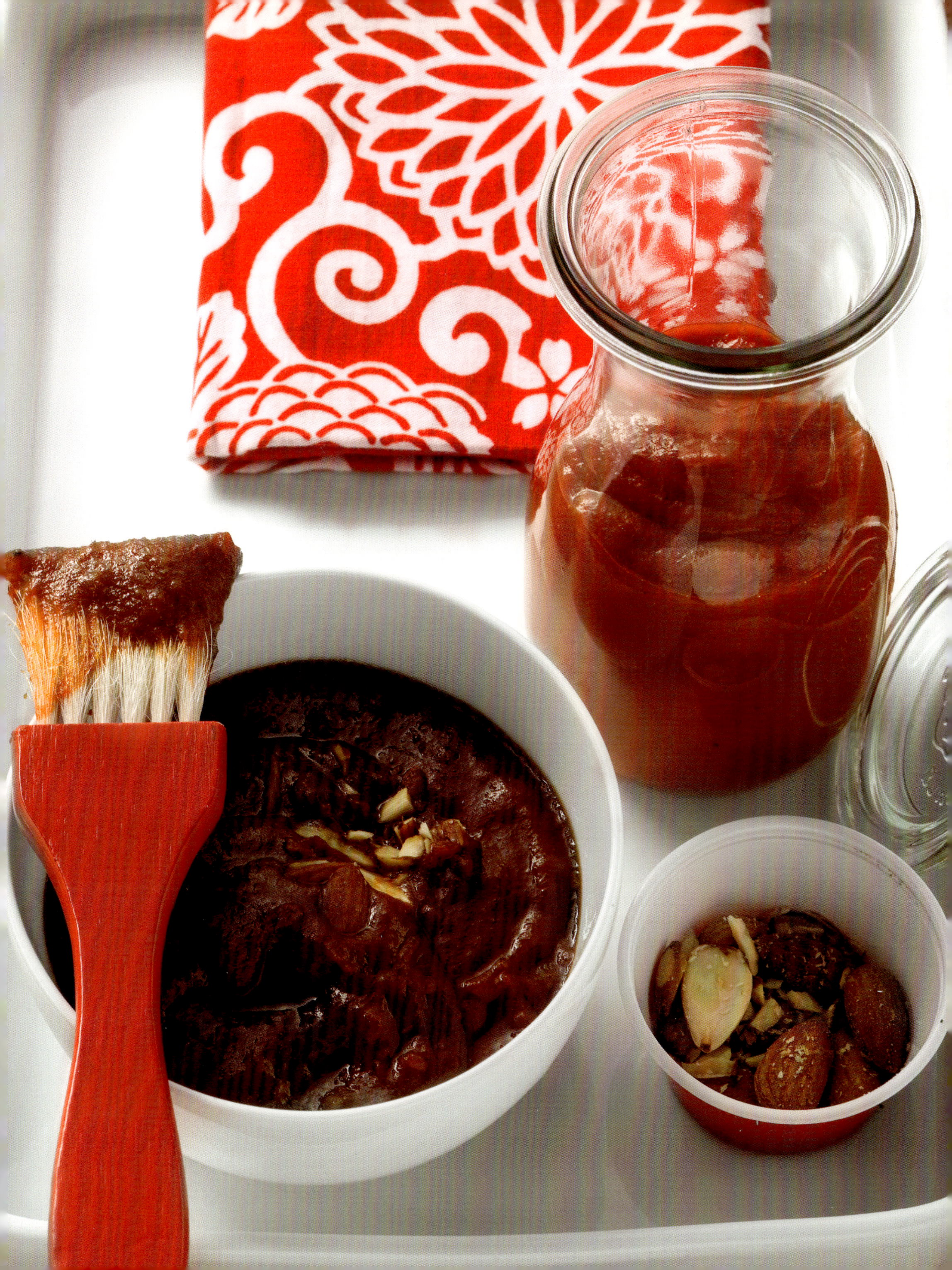

French Dressing

1 kleine Knoblauchzehe
2 Eigelb (Größe M)
2 EL mittelscharfer Senf
100 ml ausgekühlter Gemüsefond (s. Seite 68)
4 EL Weißweinessig
2 TL Zucker
8 EL Sonnenblumenöl
Salz | schwarzer Pfeffer, frisch gemahlen
Außerdem:
Pürierstab

Für 4 Personen | ca. 5 Min. Zubereitung
Pro Portion ca. 235 kcal, 2 g EW, 23 g F, 3 g KH

1 Die Knoblauchzehe schälen und vierteln. Die Eigelbe mit Knoblauch, Senf, Gemüsefond, Essig und Zucker in einen hohen Rührbecher geben.

2 Mit dem Pürierstab alles fein mixen, dann das Öl in einem dünnen Strahl unterm Mixen langsam dazufließen lassen. Das sämige Dressing mit Salz und Pfeffer abschmecken.

PASST ZU knackigen und kräftigen Salaten wie Romana, Rucola, Radicchio, Eisberg, Chicorée oder Endivie

ERGÄNZUNGS-TIPP Zusätzlich kann man z. B. gebratene Toastbrotwürfel oder kross gebratene Speckwürfel (s. Seite 30) über den Salat streuen. Auch Parmesanspäne passen wunderbar dazu.

Knoblauch-Balsamico-Dressing

1 kleine Knoblauchzehe (nach Geschmack)
4 EL Aceto balsamico
2 EL mittelscharfer Senf
100 ml ausgekühlter Gemüsefond (s. Seite 68)
2–3 TL Zucker | 4 EL Olivenöl
4 EL Sonnenblumenöl
Salz | schwarzer Pfeffer, frisch gemahlen
Außerdem:
Pürierstab

Für 4 Personen | ca. 5 Min. Zubereitung
Pro Portion ca. 215 kcal, 0 g EW, 20 g F, 6 g KH

1 Die Knoblauchzehe schälen und vierteln. Den Aceto balsamico mit dem Knoblauch, Senf, Gemüsefond, Zucker, Olivenöl und Sonnenblumenöl in einen hohen Rührbecher geben.

2 Alles mit dem Pürierstab fein mixen. Das sämige Dressing mit Salz und Pfeffer abschmecken.

PASST ZU knackigen und kräftigen Salaten wie Romana, Rucola, Radicchio, Eisberg, Chicorée oder Endivie. Auch zu einer Mischung aus verschiedenen Salaten.

ERGÄNZUNGS-TIPP Wer mag, hebt noch gehackte Kräuter wie Brunnenkresse, Minze, Basilikum oder Kerbel unter den Salat.

Sauerrahmsauce mit Kräutern

1 kleine Knoblauchzehe
50 g Crème fraîche | 250 g saure Sahne
4 EL Zitronensaft, frisch gepresst
3 TL Puderzucker
1 kleines Bund Kräuter wie Kerbel, Zitronenmelisse, Basilikum, Petersilie und Estragon (abgezupft ca. 20 g)
1 Frühlingszwiebel (ca. 20 g)
Salz | schwarzer Pfeffer, frisch gemahlen
2 EL Olivenöl
Außerdem:
Pürierstab

Für 4 Personen | ca. 10 Min. Zubereitung
Pro Portion ca. 190 kcal, 2 g EW, 16 g F, 7 g KH

1 Den Knoblauch schälen und vierteln. Crème fraîche, saure Sahne, Knoblauch, Zitronensaft und Puderzucker in einen hohen Rührbecher geben und mit dem Pürierstab fein mixen.

2 Die Kräuter waschen, trocken schütteln, abzupfen und fein hacken. Die Frühlingszwiebel waschen, putzen und in feine Würfel schneiden. Alles unter das schaumige Dressing heben, mit Salz und Pfeffer abschmecken und zum Schluss das Olivenöl einrühren.

PASST ZU Kopfsalat, Endivie, Feldsalat, Frisée, Radicchio, Rucola, Chicorée, Lollo rosso, Lollo bianco, Novita, Eichblatt und Chinakohl

Joghurtdressing mit Holunder

200 g Naturjoghurt
2 EL Weißweinessig
2 EL Holunderblütensirup (Fertigprodukt)
1–2 Stängel Basilikum
Salz
schwarzer Pfeffer, frisch gemahlen
4 EL Olivenöl

Für 4 Personen | ca. 5 Min. Zubereitung
Pro Portion ca. 135 kcal, 2 g EW, 12 g F, 5 g KH

1 Den Joghurt mit Weißweinessig und Holunderblütensirup in eine Schüssel geben und mit dem Schneebesen glatt verrühren.

2 Das Basilikum waschen, trocken schütteln, die Blätter abzupfen, fein schneiden und unter das Joghurtdressing rühren. Mit Salz und Pfeffer abschmecken und ganz zum Schluss das Olivenöl einrühren.

PASST ZU jungem Blattspinat, jungen Mangoldblättchen, Kopfsalat, Romana-Salatherzen, Frisée, Feldsalat, Portulak und Rucola. Oder probieren Sie mal einen Wildkräutersalat aus Brennnessel, Schafgarbe, Ysop, Vogelmiere, Löwenzahn und Borretsch.

ERGÄNZUNGS-TIPP Im Sommer schmeckt der Salat mit gebratenem Fisch oder gegrillten Riesengarnelen.

Einfache Essig-Öl-Marinade

2 TL mittelscharfer Senf
4 EL Weißweinessig
100 ml ausgekühlter Gemüsefond (s. Seite 68)
2 TL Puderzucker
8 EL Olivenöl
Salz
schwarzer Pfeffer, frisch gemahlen

Für 4 Personen | ca. 5 Min. Zubereitung
Pro Portion ca. 195 kcal, 0 g EW, 20 g F, 3 g KH

1 Senf, Essig, Fond und Puderzucker in einer kleinen Schüssel mit dem Schneebesen verrühren oder in einem Rührbecher mit dem Pürierstab fein mixen.

2 Das Olivenöl esslöffelweise einrühren, die Marinade mit Salz und Pfeffer kräftig abschmecken.

TIPP Puderzucker löst sich schneller als normaler Zucker. Diesen mit Essig und Fond gut verrühren und 5–10 Min. stehen lassen, dann löst er sich auch auf.

PASST ZU jungem Blattspinat, jungen Mangoldblättchen, Kopfsalat, Romana-Salatherzen, Frisée, Feldsalat, Portulak, Rucola, Tomaten und Gurken oder einem Wildkräutersalat aus Brennnessel, Schafgarbe, Ysop, Vogelmiere, Löwenzahn und Borretsch. Den Salat kann man noch mit gerösteten Nüssen, Croûtons, Sprossen, Kräutern oder Gemüsewürfeln aufpeppen.

Schalotten-Kräuter-Vinaigrette

4 EL Sherryessig
100 ml ausgekühlter Gemüsefond (s. Seite 68)
3 TL Zucker
Salz | schwarzer Pfeffer, frisch gemahlen
1 Schalotte (ca. 40 g)
1/2 Bund Schnittlauch
2 Stängel glatte Petersilie
1 kleiner Zweig Estragon | 8 EL Olivenöl

Für 4 Personen | ca. 15 Min. Zubereitung
Pro Portion ca. 200 kcal, 0 g EW, 20 g F, 4 g KH

1 Essig, Fond und Zucker in einer Schüssel mit dem Schneebesen gut verrühren und mit Salz und Pfeffer würzen. Stehen lassen, damit der Zucker sich auflöst.

2 Die Schalotte schälen, halbieren und in feine Würfel schneiden. Die Kräuter waschen und trocken schütteln. Den Schnittlauch in feine Röllchen schneiden, Petersilie und Estragon abzupfen und die Blätter fein schneiden. Schalotte und Kräuter unter die Vinaigrette rühren und zum Schluss das Olivenöl unterrühren.

TIPP Wer wenig Zeit hat, nimmt statt Haushaltszucker Puderzucker, der löst sich schneller auf.

PASST ZU jungem Spinat, Kopfsalat, Romana-Salatherzen, Frisée, Feldsalat, Portulak, Rucola, Novita oder Eichblatt und Tomaten

Radieschen-Schnittlauch-Vinaigrette

4 EL Branntweinessig
100 ml ausgekühlter Gemüsefond (s. Seite 68)
3 TL Puderzucker
Salz | schwarzer Pfeffer, frisch gemahlen
4 große Radieschen (ca. 80 g)
1 Bund Schnittlauch
4 EL Sonnenblumenöl | 4 EL Olivenöl

Für 4 Personen | ca. 10 Min. Zubereitung
Pro Portion ca. 205 kcal, 1 g EW, 20 g F, 4 g KH

1 Essig, Gemüsefond und Puderzucker in einer Schüssel mit dem Schneebesen verrühren und mit Salz und Pfeffer abschmecken.

2 Die Radieschen waschen, putzen, vierteln und in dünne Scheiben schneiden. Den Schnittlauch waschen, trocken schütteln und in feine Röllchen schneiden.

3 Radieschen und Schnittlauch zur Vinaigrette geben, alles gut miteinander verrühren und ganz zum Schluss beide Öle einrühren. Nochmals gut mischen und mit Salz und Pfeffer abschmecken.

TIPP Wenn die Vinaigrette ca. 30 Min. durchzieht, schmeckt sie noch besser.

PASST ZU Kopfsalat, Romana-Salatherzen, Portulak, Rucola, Novita, Lollo bianco, Salatgurke und Tomaten

Zwiebel-Gurken-Dressing

2 EL Branntweinessig
100 ml ausgekühlter Gemüsefond (s. Seite 68)
300 ml Essiggurkensud (aus dem Glas)
1 TL mittelscharfer Senf | 1 TL brauner Zucker
Salz | schwarzer Pfeffer, frisch gemahlen
150 g Essiggurken (aus dem Glas)
1 rote Zwiebel (ca. 100 g)
1 Bund Schnittlauch
8 EL Sonnenblumenöl

Für 4 Personen | ca. 15 Min. Zubereitung
Pro Portion ca. 220 kcal, 1 g EW, 20 g F, 5 g KH

1 Den Essig mit Gemüsefond, Gurkensud, Senf und Zucker in einer Schüssel mit dem Schneebesen verrühren und mit Salz und Pfeffer abschmecken.

2 Gurken längs halbieren und schräg in dünne Scheiben schneiden. Zwiebel schälen, halbieren und in dünne Streifen schneiden. Schnittlauch waschen, trocken schütteln und in feine Röllchen schneiden.

3 Die Essiggurken, Zwiebel und den Schnittlauch in die Schüssel zum Dressing geben, alles gut mischen und ganz zum Schluss das Öl einrühren. Nochmals gut mischen und mit Salz und Pfeffer abschmecken.

PASST ZU Käsesalat und Wurstsalat; außerdem zu Rindfleisch und Bratensülze

Parmesandressing

1 kleine Knoblauchzehe
4 EL weißer Aceto balsamico
1 TL scharfer Senf, z. B. Dijonsenf
100 ml ausgekühlter Gemüsefond (s. Seite 68)
2 EL Crème fraîche | 1 EL saure Sahne
2 TL Puderzucker | 6 EL Olivenöl
Salz | schwarzer Pfeffer, frisch gemahlen
1 gehäufter EL frisch geriebener Parmesan (ca. 30 g)
Außerdem:
Pürierstab

Für 4 Personen | ca. 5 Min. Zubereitung
Pro Portion ca. 220 kcal, 3 g EW, 20 g F, 5 g KH

1 Knoblauch schälen und vierteln. Alle Zutaten bis auf den Parmesan in einen hohen Rührbecher geben und mit dem Pürierstab fein mixen. Das sämige Dressing mit Salz und Pfeffer abschmecken.

2 Ganz zum Schluss den geriebenen Parmesan untermixen und das Dressing nochmals abschmecken.

PASST ZU Eisbergsalat, Rucola, Romana, Lollo bianco, Radicchio oder Novita

ERGÄNZUNGS-TIPP Reichhaltig wird der Salat mit gebratenem oder gegrilltem Rindersteak oder zarter Hühnerbrust. Je nach Geschmack noch ein paar frisch gehobelte Parmesanspäne darüberstreuen.

Lauwarmes Kartoffeldressing mit Speckwürfeln

200 g kleine mehligkochende Kartoffeln
Salz | 4 EL Branntweinessig
200 ml warmer Geflügelfond (s. Seite 63)
1 TL Zucker
schwarzer Pfeffer, frisch gemahlen
1 Msp. Cayennepfeffer | Kümmel, gemahlen
8 EL Sonnenblumenöl
1/2 Bund glatte Petersilie
80 g geräucherter Bauchspeck ohne Schwarte
1 EL Öl
Außerdem:
Pürierstab

Für 4 Personen | ca. 20 Min. Zubereitung
ca. 20 Min. Garzeit
Pro Portion ca. 385 kcal, 5 g EW, 37 g F, 7 g KH

1 Die Kartoffeln waschen, schälen und in einem Fingerbreit Salzwasser in ca. 20 Min. garen. Dann abgießen. Kartoffeln mit Essig, Fond und Zucker fein pürieren. Mit Salz, Pfeffer, Cayennepfeffer und 1 Prise Kümmel würzen. Das Öl einmixen. Die Petersilie waschen, Blätter abzupfen, fein schneiden und unterrühren.

2 Speck klein würfeln. Mit dem Öl in eine kalte Pfanne geben. Erhitzen und bei schwacher Hitze in ca. 5 Min. kross braten. Auf Küchenpapier entfetten. Das lauwarme Dressing mit Feld- oder Endiviensalat mischen und mit den Speckwürfeln bestreuen. Sofort servieren.

Tomaten-Melonen-Vinaigrette mit Vanille

1 Tomate (ca. 100 g)
300 g Wassermelone (geschält ca. 200 g)
1/4 Vanilleschote
2 EL Sherryessig | 2 EL Rotweinessig
100 ml ausgekühlter Gemüsefond (s. Seite 68)
2 TL Puderzucker
Salz | schwarzer Pfeffer, frisch gemahlen
8 EL Olivenöl | 2 EL Schnittlauchröllchen
Außerdem:
Pürierstab

Für 4 Personen | ca. 10 Min. Zubereitung
ca. 30 Min. Marinierzeit
Pro Portion ca. 250 kcal, 1 g EW, 20 g F, 7 g KH

1 Tomate waschen und vierteln, entkernen und klein würfeln. Melone schälen, entkernen und klein würfeln.

2 Vanilleschote längs aufschneiden, das Mark herauskratzen und mit Sherryessig, Rotweinessig, Gemüsefond, Puderzucker, Salz und Pfeffer in einen hohen Rührbecher geben. Die Vinaigrette mit dem Pürierstab fein mixen und das Olivenöl langsam einmixen.

3 Tomate, Melone und Schnittlauch unter das Dressing rühren und ca. 30 Min. ziehen lassen.

PASST ZU Eisbergsalat, gemischten jungen Blattsalaten und jungem Blattspinat

Himbeervinaigrette mit Waldbeeren

100 g gemischte Beeren wie Himbeeren, Heidelbeeren und Rote Johannisbeeren
4 EL Himbeeressig
100 ml ausgekühlter Gemüsefond (s. Seite 68)
4 TL Wildpreiselbeeren (aus dem Glas)
Salz | schwarzer Pfeffer, frisch gemahlen
8 EL Olivenöl

Für 4 Personen | ca. 10 Min. Zubereitung
ca. 30 Min. Marinierzeit
Pro Portion ca. 205 kcal, 0 g EW, 20 g F, 5 g KH

1 Beeren verlesen, falls nötig, kurz abbrausen und auf Küchenpapier abtropfen lassen.

2 Essig, Fond und Preiselbeeren in einer Schüssel mit einem Schneebesen verrühren und mit Salz und Pfeffer abschmecken. Öl einrühren, Beeren vorsichtig unterheben und die Vinaigrette ca. 30 Min. ziehen lassen.

PASST ZU Wildkräutersalat, essbaren Blüten, Eichblattsalat, Lollo rosso, Lollo bianco und Radicchio

ERGÄNZUNGS-TIPPS Legen Sie auf den Salat z. B. noch gebratene Riesengarnelen, Shrimps oder Streifen von gebratener Hühner- bzw. Putenbrust.
Für eine edle Vorspeise einen Wildkräutersalat mit dem Dressing anmachen und geräucherte Enten- oder Gänsebrust darauflegen.

Paprika-Fenchel-Vinaigrette

1 Schalotte (ca. 30 g)
100 ml ausgekühlter Gemüsefond (s. Seite 68)
4 EL Balsamico bianco | 1 1/2 TL Zucker
Salz | schwarzer Pfeffer, frisch gemahlen
1 kleines Stück Fenchel mit Grün (ohne Strunk ca. 60 g)
1/2 rote Paprikaschote (ca. 120 g)
8 EL Olivenöl

Für 4 Personen | ca. 15 Min. Zubereitung
ca. 30 Min. Marinierzeit
Pro Portion ca. 210 kcal, 1 g EW, 20 g F, 6 g KH

1 Schalotte schälen, halbieren und fein würfeln. Mit Fond, Essig, Zucker, Salz und Pfeffer in eine Schüssel geben, mit dem Schneebesen verrühren und 5–10 Min. ziehen lassen.

2 Inzwischen Fenchel und Paprika waschen und putzen. Das Fenchelgrün abzupfen und beiseitelegen. Fenchel und Paprika erst in feine Streifen, diese in feine Würfel schneiden. Das Fenchelgrün fein schneiden.

3 Olivenöl in die Vinaigrette einrühren, Fenchel- und Paprikawürfel sowie das Fenchelgrün dazugeben. Die Vinaigrette ca. 30 Min. ziehen lassen.

PASST ZU Romana, Rucola, Kopf- und Eisbergsalat. Auch zu gegrilltem Schafskäse, zu Dorade oder Wolfsbarsch aus der Salzkruste, zu Salat mit gebratenem Lamm.

Aprikosenvinaigrette

100 g Aprikosen | 1 Schalotte (ca. 30 g)
4 EL Olivenöl
2 TL Aprikosenkonfitüre
4 EL Balsamico bianco
100 ml abgekühlter Gemüsefond (s. Seite 68)
Salz | schwarzer Pfeffer, frisch gemahlen

Für 4 Personen | ca. 20 Min. Zubereitung
Pro Portion ca. 150 kcal, 0 g EW, 10 g F, 14 g KH

1 Die Aprikosen waschen, halbieren, entkernen, klein würfeln und in eine Schüssel geben. Die Schalotte schälen, halbieren und in feine Würfel schneiden.

2 In einem kleinen Topf (18 cm Ø) 2 EL Olivenöl erhitzen und die Schalotte darin bei mittlerer Hitze ca. 2 Min. dünsten. Konfitüre einrühren, bei kleiner Hitze 1 Min. erhitzen. Mit Balsamico ablöschen und 2 Min. einkochen lassen. Den Fond dazugießen und alles 2 Min. köcheln lassen.

3 Die heiße Marinade über die Aprikosenwürfel geben, alles gut miteinander verrühren und mit Salz und Pfeffer abschmecken. Jetzt das restliche Olivenöl einrühren. Die Vinaigrette auskühlen lassen, bis sie lauwarm ist.

PASST ZU gemischten jungen Blattsalaten, Rucola, jungem Blattspinat, Frisée, Novita, Eichblattsalat und Castelfranco (eine Radicchio-Sorte). Auch zu gebratenem Chicorée, Radicchio oder Radicchio di Treviso.

Zitrusmarinade mit Datteln

30 g Datteln ohne Kern
1 rosa Grapefruit
1 Orange
2 EL Sherryessig | 1 TL Zucker
Salz | schwarzer Pfeffer, frisch gemahlen
2 EL Walnussöl
6 EL Sonnenblumenöl

Für 4 Personen | ca. 25 Min. Zubereitung
Pro Portion ca. 255 kcal, 1 g EW, 20 g F, 15 g KH

1 Die Datteln in kleine Würfel schneiden. Die Grapefruit filetieren (s. Seite 46), dabei den Saft auffangen. Die Häute gut ausdrücken. Die Orange ebenfalls filetieren und den Saft auffangen. Die Grapefruit- und Orangenfilets dritteln.

2 Essig, Grapefruit- und Orangensaft (ca. 60 ml), Zucker, Salz und Pfeffer verrühren, Fruchtstücke und Datteln dazugeben und 5–10 Min. stehen lassen.

3 Anschließend beide Öle unter die Marinade rühren und nochmals abschmecken.

TIPP Die Marinade in ein sauberes, verschließbares Glas geben. So hält sie über mehrere Tage im Kühlschrank.

PASST ZU Endiviensalat, Feldsalat, Chinakohl, Novita, Chicorée und Radicchio

Rote-Bete-Vinaigrette

1/2 Zwiebel (ca. 50 g)
8 EL Olivenöl | 4 EL Apfelessig
100 ml ausgekühlter Gemüsefond (s. Seite 68)
1 TL brauner Zucker
Salz | schwarzer Pfeffer, frisch gemahlen
100 g gegarte Rote Bete (Vakuumpack)
gemahlener Kümmel

Für 4 Personen | ca. 20 Min. Zubereitung
ca. 30 Min. Marinierzeit
Pro Portion ca. 200 kcal, 0 g EW, 20 g F, 3 g KH

1 Die Zwiebel schälen und in feine Würfel schneiden. In einem kleinen Topf (18 cm Ø) 2 EL Olivenöl erhitzen, die Zwiebel darin bei mittlerer Hitze ca. 2 Min. dünsten.

2 Essig und Fond dazugießen, mit Zucker, Salz und Pfeffer würzen, aufkochen und vom Herd nehmen.

3 Die Rote Bete erst in Scheiben, dann in Streifen und zum Schluss in kleine Würfel schneiden und in eine Schüssel geben. Die heiße Marinade darübergießen, 2 Prisen Kümmel dazugeben, 6 EL Öl einrühren und 30 Min. ziehen lassen. Evtl. noch mal mit Salz, Pfeffer und Kümmel abschmecken.

PASST ZU Endiviensalat, Feldsalat, Chinakohl, Novita, Frisée, Chicorée und Radicchio. Zum Salat passen gebratener Fisch oder Jakobsmuscheln.

Mayonnaise

2 ganz frische Eigelb (Größe M)
2 EL mittelscharfer Senf
einige Spritzer Tabascosauce
einige Spritzer Worcestersauce
Salz | schwarzer Pfeffer, frisch gemahlen
150 ml Sonnenblumenöl
Außerdem:
Pürierstab

Ergibt ca. 200 g | ca. 10 Min. Zubereitung
Insgesamt ca. 1505 kcal, 7 g EW, 163 g F, 2 g KH

1 Eigelbe mit dem Senf in einen hohen Rührbecher geben und mit einigen Spritzern Tabasco und Worcestersauce sowie Salz und Pfeffer würzen. Alles mit dem Pürierstab leicht anmixen.

2 Das Öl langsam in einem dünnen Strahl dazugießen, dabei beständig weitermixen, bis sich Eigelbe und Öl zu einer glatten Creme verbinden.

3 Die Mayonnaise mit Salz und Pfeffer abschmecken und je nach Rezept verwenden. Die Mayonnaise ist abgedeckt im Kühlschrank 2–3 Tage haltbar.

TIPP Es ist wichtig, dass alle Zutaten wirklich Zimmertemperatur haben, da die Mayonnaise sonst leicht gerinnen kann.

Knoblauchsauce

1 ganz frisches Eigelb (Größe M)
1 EL mittelscharfer Senf
je einige Spritzer Tabasco- und Worcestersauce
Salz | schwarzer Pfeffer, frisch gemahlen
Zucker | 70 ml Sonnenblumenöl
2 kleine Knoblauchzehen
150 g Crème fraîche
einige Spritzer Zitronensaft, frisch gepresst
1 Msp. abgeriebene Bio-Zitronenschale

Für 4 Personen | ca. 10 Min. Zubereitung
Pro Portion ca. 325 kcal, 2 g EW, 34 g F, 2 g KH

1 Eigelb und Senf in eine Schüssel geben, mit Tabasco, Worcestersauce, Salz, Pfeffer und 1 Prise Zucker würzen. Mit dem Schneebesen glatt rühren.

2 Das Öl langsam dazugießen, dabei beständig weiterrühren, bis eine glatte Creme entsteht.

3 Den Knoblauch schälen und möglichst fein würfeln. Die Mayonnaise mit Crème fraîche, Knoblauch, Zitronenschale und -saft verrühren. Nochmal abschmecken.

TAUSCH-TIPP Statt Tabasco Cayennepfeffer nehmen.

PASST ZU gebratenem oder gegrilltem Lamm-, Rind- oder Schweinefleisch, Geflügel, Fisch und Meeresfrüchten, Kartoffeln und Gemüse. Auch gut als Fonduesauce.

Cocktailsauce

1 ganz frisches Eigelb (Größe M)
1 EL mittelscharfer Senf
je einige Spritzer Worcester- und Tabascosauce
Salz | schwarzer Pfeffer, frisch gemahlen
1 Msp. Cayennepfeffer
70 ml Öl
4 EL Tomatenketchup (s. Seite 42 oder Fertigprodukt)
40 g Crème fraîche
1 TL Weinbrand | 1 EL roter Portwein
1 TL frisch geriebener Meerrettich (oder aus dem Glas)

Für 4 Personen | ca. 10 Min. Zubereitung
Pro Portion ca. 70 kcal, 1 g EW, 6 g F, 1 g KH

1 Eigelb mit Senf, Worcestersauce, Tabasco, Salz, Pfeffer und Cayennepfeffer in eine Schüssel geben und mit dem Schneebesen glatt verrühren. Das Öl langsam zugießen, dabei beständig weiterrühren, bis sich Eigelb und Öl zu einer glatten Creme verbinden.

2 Die Mayonnaise mit Tomatenketchup, Crème fraîche, Weinbrand, Portwein und Meerrettich verrühren und pikant abschmecken.

PASST ZUM Dippen für Gemüsesticks, als Sauce für gebratenes Fleisch, Geflügel, Fisch und Meeresfrüchten

VARIANTEN Die Cocktailsauce ist eine optimale Basis für Fondue, weil sie sich so gut variieren lässt, z. B. mit kleingeschnittener Ananas, Paprika oder Cornichons.

Italienische Mayonnaise mit Mandeloliven

1/2 Knoblauchzehe
20 g schwarze Oliven ohne Stein
4 grüne Oliven, mit Mandeln gefüllt (ca. 35 g)
4 getrocknete Tomaten, in Öl eingelegt (ca. 25 g)
2 Stängel Basilikum | 150 g Crème fraîche
100 g Mayonnaise (frisch s. Seite 34 oder aus dem Glas)
1 Spritzer Zitronensaft, frisch gepresst
Salz | schwarzer Pfeffer, frisch gemahlen
Zucker | Chiliflocken

Für 4 Personen | ca. 15 Min. Zubereitung
ca. 30 Min. Ruhezeit
Pro Portion ca. 345 kcal, 1 g EW, 36 g F, 2 g KH

1 Den Knoblauch schälen und in möglichst feine Würfel schneiden. Die schwarzen und grünen Oliven in feine Würfel schneiden bzw. hacken. Die getrockneten Tomaten mit kaltem Wasser abbrausen, trocken tupfen und in feine Würfel schneiden. Das Basilikum waschen, trocken schütteln, abzupfen und fein schneiden.

2 Die Crème fraîche mit Mayonnaise in einer Schüssel mit dem Schneebesen glatt verrühren. Die Creme mit den vorbereiteten Zutaten verrühren, mit Zitronensaft, Salz, Pfeffer sowie je 1 Prise Zucker und Chiliflocken pikant abschmecken und ca. 30 Min. ziehen lassen.

PASST ZU Schweine-, Lamm- und Rindfleisch, zu Geflügel, Fisch und Gemüse oder als Dip für Ofenkartoffeln

Remoulade mit Perlzwiebeln und Ei

1 hart gekochtes Ei (Größe M)
100 g Mayonnaise | 100 g Crème fraîche
3 Essiggurken (ca. 80 g, aus dem Glas)
8 Perlzwiebeln (ca. 20 g, aus dem Glas)
3 Sardellenfilets in Öl
1 TL eingelegte Kapern
1 kleiner Zweig Estragon
2 Stängel glatte Petersilie
1 Spritzer Zitronensaft, frisch gepresst
Salz | schwarzer Pfeffer, frisch gemahlen
1 Msp. Cayennepfeffer | Zucker

Für 4 Personen | ca. 20 Min. Zubereitung
Pro Portion ca. 310 kcal, 4 g EW, 31 g F, 4 g KH

1 Das Ei pellen, halbieren und klein würfeln. Die Mayonnaise mit Crème fraîche in einer Schüssel mit dem Schneebesen glatt verrühren.

2 Gurken und Perlzwiebeln klein schneiden. Sardellen kalt abbrausen und trocken tupfen. Sardellen und Kapern möglichst fein hacken. Estragon und Petersilie waschen, trocken schütteln, abzupfen und fein hacken. Alles mit den Eierwürfeln in die Creme rühren. Mit 1 Spritzer Zitronensaft, Salz, Pfeffer, Cayennepfeffer und 2 Prisen Zucker abschmecken.

PASST ZU kaltem aufgeschnittenem Roastbeef oder Kalbsrücken, Kartoffeln, Blumenkohl, Backfisch

Basilikum-Pinienkern-Mayonnaise

30 g Pinienkerne
50 g Mayonnaise (frisch, s. Seite 34 oder aus dem Glas)
150 g Crème fraîche
1/2 Knoblauchzehe
2–3 Stängel Basilikum (ca. 20 mittelgroße Blätter)
Salz | schwarzer Pfeffer, frisch gemahlen | Zucker

Für 4 Personen | ca. 15 Min. Zubereitung
Pro Portion ca. 260 kcal, 2 g EW, 26 g F, 4 g KH

1 Pinienkerne in einer Pfanne ohne Fett in 2–3 Min. goldbraun rösten. Herausnehmen, auskühlen lassen.

2 Die Mayonnaise mit der Crème fraîche in eine Schüssel geben und mit dem Schneebesen glatt verrühren.

3 Den Knoblauch schälen und in möglichst feine Würfel schneiden. Das Basilikum waschen, trocken schütteln, abzupfen und fein schneiden. Die ausgekühlten Pinienkerne mit einem Messer grob zerkleinern.

4 Alles in die Creme rühren und mit Salz, Pfeffer und 1 Prise Zucker abschmecken.

PASST ZU Kalb-, Lamm-, Schweine- oder Rindfleisch, Geflügel, Meeresfrüchten, Fisch, Kartoffeln, Gemüse

TAUSCH-TIPP Anstelle der Pinienkerne kann man auch geschälte Mandeln verwenden.

Paprikasauce mit Chili

2 rote Paprikaschoten (à ca. 240 g)
2–3 EL Olivenöl | 1 Knoblauchzehe
50 g Mayonnaise (frisch, s. Seite 34 oder aus dem Glas)
1/2 TL Fenchelsamen | Salz
schwarzer Pfeffer, frisch gemahlen | Chiliflocken
Außerdem:
Pürierstab | Mörser

Für 4 Personen | ca. 30 Min. Zubereitung
Pro Portion ca. 180 kcal, 2 g EW, 18 g F, 4 g KH

1   Den Backofengrill vorheizen. Paprikaschoten waschen, halbieren und putzen. Die Hälften dritteln. Ein Backblech mit etwas Öl einstreichen, die Paprika mit der Hautseite nach oben darauflegen und mit dem restlichen Öl beträufeln. Die Schoten in den Ofen (Mitte) schieben und 12 Min. grillen, bis die Haut dunkel wird.

2   Das Blech aus dem Ofen nehmen, die Paprika etwas zusammenschieben. 4 Bögen Küchenpapier aufeinanderlegen, anfeuchten und darauflegen. Die Paprika auf diese Weise abkühlen lassen, dann die Haut abziehen.

3   Knoblauch schälen und vierteln. Mit der Paprika in einem Rührbecher fein pürieren. Mayonnaise einrühren. Fenchelsamen im Mörser fein zerreiben. Die Mayonnaise mit Salz, Pfeffer, Fenchel und Chili pikant würzen.

PASST ZU jedem Fleisch, zu Geflügel, Meeresfrüchten, Fisch, Kartoffeln und Gemüse

Roquefort-Feigen-Dip

2 frische Feigen (à ca. 40 g)
100 g Crème fraîche
100 g Naturjoghurt
50 g Roquefort (Blauschimmelkäse)
2 TL Cassis- oder Feigenessig
    (ersatzweise Rotweinessig)
Salz | schwarzer Pfeffer, frisch gemahlen
Zucker
Außerdem:
Pürierstab

Für 4 Personen | ca. 10 Min. Zubereitung
ca. 30 Min. Ruhezeit
Pro Portion ca. 170 kcal, 4 g EW, 15 g F, 5 g KH

1   Die Feigen vorsichtig mit einem Sparschäler schälen und das Fruchtfleisch in kleine Würfel schneiden.

2   Crème fraîche, Joghurt und Roquefort in einen hohen Rührbecher geben und mit dem Pürierstab fein mixen. Mit Essig, Salz, Pfeffer und 1 Prise Zucker abschmecken. Die kleingeschnittenen Feigen vorsichtig unter die Sauce rühren und ca. 30 Min. ziehen lassen.

PASST ZU Chicoreéblättern, Romana-Salatherzen und Gemüsesticks zum Dippen, zu Kartoffeln, Gemüse, gebratenem oder gegrilltem Rind-, Schweine- und Lammfleisch und zu Geflügel

DIPS, GRILL- & FONDUESAUCEN

Thunfisch-Weißwein-Sauce

1 Dose Thunfisch in Olivenöl (Abtropfgewicht 180 g)
3 Sardellenfilets in Öl
3 EL Mayonnaise (ca. 60 g; frisch s. Seite 34 oder aus dem Glas)
2 EL Crème fraîche (ca. 40 g)
50 ml trockener Weißwein
1 EL Kapern (aus dem Glas)
einige Spritzer Zitronensaft, frisch gepresst
Salz
schwarzer Pfeffer, frisch gemahlen
Zucker
Außerdem:
Pürierstab

Für 4 Personen | ca. 10 Min. Zubereitung
Pro Portion ca. 290 kcal, 12 g EW, 25 g F, 2 g KH

1 Thunfisch in einem Sieb abtropfen lassen. Sardellen kalt abspülen und mit Küchenpapier trocken tupfen.

2 Mayonnaise und Crème fraîche in einen hohen Rührbecher geben. Thunfisch, Sardellen, Wein und Kapern dazugeben und mit dem Pürierstab fein mixen.

3 Die cremige Sauce mit einigen Spritzern Zitronensaft, Salz, Pfeffer und 1 Prise Zucker abschmecken.

PASST ZU kaltem aufgeschnittenem Rind- und Kalbfleisch, zu Puten- oder Hühnerbrust. Man kann die Sauce auch zu gebratenem Fisch servieren.
Außerdem zum Dippen zu Chicoreé, Romana-Salatherzen und Gemüsesticks, zu Kartoffeln und Gemüse.
Ganz klassisch wird die Thunfischsauce in Italien zum Vitello tonnato angeboten. Zart gegartes und ausgekühltes Kalbfleisch wird in dünne Scheiben geschnitten und mit der Thunfischsauce bestrichen. Als Garnitur noch mit Kapern, Sardellen und jungen Salatblättern belegen und die Vorspeise genießen. Je nach Konsistenz und Qualität des Thunfisches kann die Menge des Weißweins zwischen 50 und 100 ml variieren.

Oliven-Kapern-Marinade mit Orangen

2 Bio-Orangen
30 g schwarze Oliven ohne Stein
1 TL eingelegte Kapern
1 Frühlingszwiebel (ca. 40 g)
Salz
schwarzer Pfeffer, frisch gemahlen
8 EL Olivenöl

Für 4 Personen | ca. 15 Min. Zubereitung
ca. 30 Min. Ruhezeit
Pro Portion ca. 220 kcal, 0 g EW, 23 g F, 3 g KH

1 Eine Orange heiß abspülen und abtrocknen. Die Schale von 1/2 Orange mit der feinen Seite der Küchenreibe abreiben. Alle Orangen auspressen und den Saft (etwa 200 ml) in eine Schüssel gießen.

2 Die Oliven in feine Würfel schneiden. Die Kapern möglichst fein hacken. Die Frühlingszwiebel waschen, putzen und in feine Würfel schneiden.

3 Den Orangensaft mit Orangenschale, Oliven, Kapern und Frühlingszwiebel mischen, mit Salz und Pfeffer abschmecken und zum Schluss das Olivenöl einrühren. Die Marinade ca. 30 Min. ziehen lassen.

PASST ZU Blattsalat mit gebratenem oder gegrilltem Fisch wie Zander, Wolfsbarsch, Kabeljau, Thunfisch, Dorade, Lachs und zu Meeresfrüchten
Außerdem passt die Sauce herrlich für zart gegarten Fisch aus der Salzkruste oder aus dem Dampfgarer.

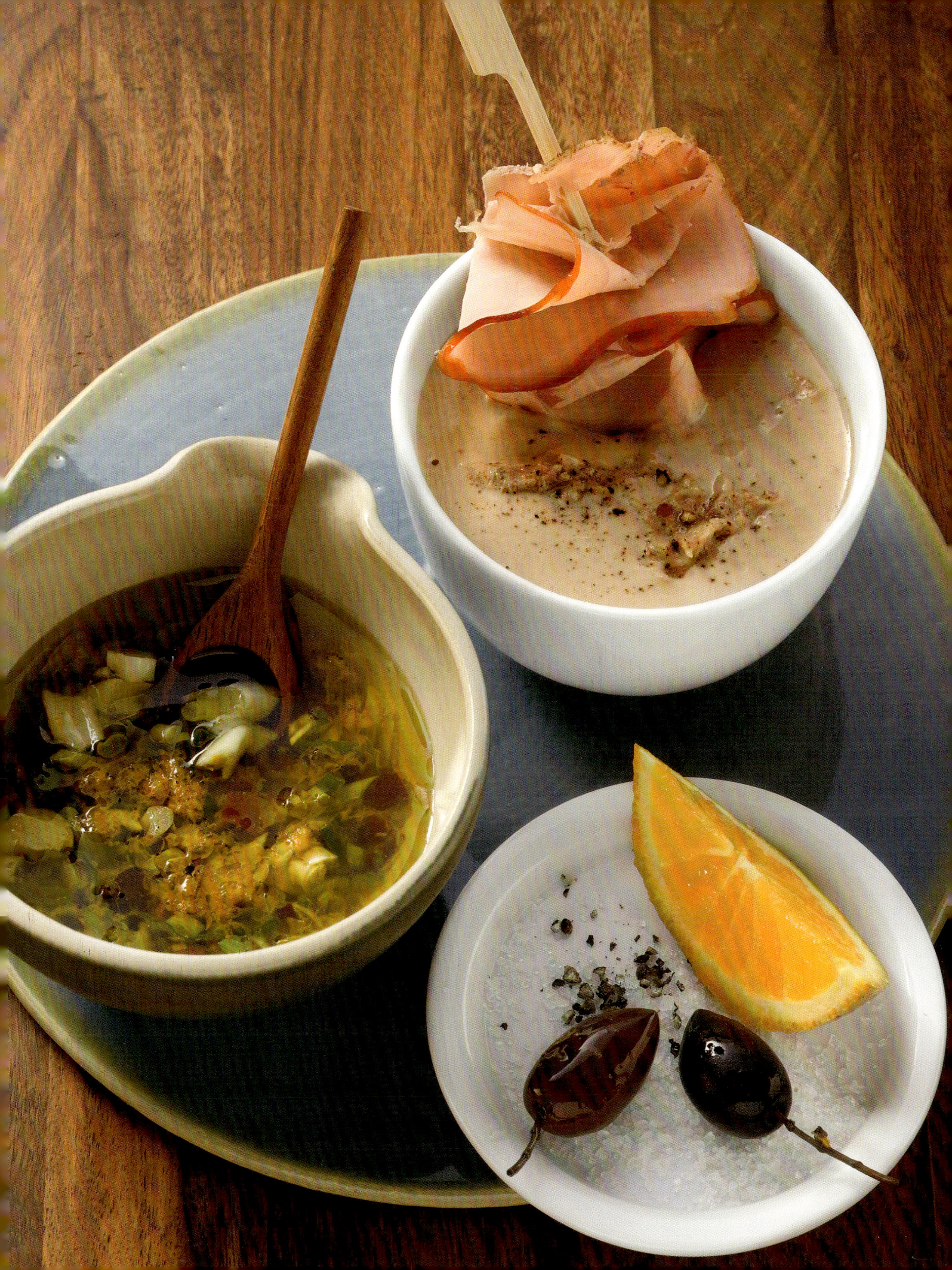

Burger-Sauce

1 Stange Staudensellerie (ca. 30 g)
1 dünne Frühlingszwiebel (ca. 20 g)
1 kleines Stück grüne Paprikaschote (ca. 60 g)
200 g Tomatenketchup (s. Seite 42 oder Fertigprodukt)
1 EL Sweet Chilisauce (Asialaden)
Salz
Chiliflocken

Für 4 Personen | ca. 20 Min. Zubereitung
Pro Portion ca. 30 kcal, 1 g EW, 0 g F, 4 g KH

1 Den Staudensellerie und die Frühlingszwiebel waschen. Sellerie von groben Fäden befreien (s. Tipp). Die Frühlingszwiebel putzen. Die Paprikaschote halbieren, von Kernen und Trennwänden befreien und waschen. Alles in 1/2 cm große Würfel schneiden.

2 Das Tomatenketchup mit Sweet Chilisauce glatt verrühren, die Gemüsewürfel dazugeben und die Sauce mit Salz und 1 Prise Chiliflocken pikant abschmecken.

TIPP Staudensellerie hat in den Rillen dünne Fäden, die man grundsätzlich entfernen sollte, da sie beim Essen sehr stören. Dafür die Stange am oberen Ende mit einem kleinen Messer einritzen und die Fäden ähnlich wie bei Rhabarber abziehen.

PASST ZU Hamburgern aus Rindfleisch, Frikadellen, Frankfurter Würstchen. Gut auch als Fonduesauce zu Rind-, Schweine- und Kalbfleisch und zu Geflügel.

Honigsauce

1 ganz frisches Eigelb (Größe M)
1 EL mittelscharfer Senf
einige Spritzer Tabascosauce | Salz
schwarzer Pfeffer, frisch gemahlen
70 ml Sonnenblumenöl
3–4 Stängel Dill
1 TL scharfer Senf, z. B. Dijonsenf
1 1/2 EL Blüten- oder Akazienhonig

Für 4 Personen | ca. 10 Min. Zubereitung
Pro Portion ca. 205 kcal, 1 g EW, 19 g F, 6 g KH

1 Das Eigelb und den mittelscharfen Senf in eine Schüssel geben, mit einigen Spritzern Tabasco, Salz und Pfeffer würzen. Mit dem Schneebesen glatt rühren.

2 Das Öl langsam dazugießen und weiterrühren, bis sich Eigelb und Öl zu einer glatten Creme verbinden.

3 Den Dill waschen, trocken schütteln, abzupfen und fein hacken. Die Mayonnaise mit Senf, Honig und Dill verrühren und mit Salz und Pfeffer abschmecken.

PASST ZU gebeiztem Lachs – ganz klassisch

Preiselbeer-Mandel-Sauce

20 g Mandelstifte
100 g Johannisbeer-Himbeer-Gelee (oder Johannisbeergelee)
100 g Wildpreiselbeeren (aus dem Glas)
1 Bio-Orange
Außerdem:
Zestenreißer (s. Tipp)

Für 4 Personen | ca. 10 Min. Zubereitung
Pro Portion ca. 140 kcal, 1 g EW, 3 g F, 27 g KH

1 Die Mandelstifte in einer Pfanne ohne Fett in 2–3 Min. goldbraun rösten, aus der Pfanne nehmen und auskühlen lassen.

2 Das Gelee in eine Schüssel geben, mit dem Schneebesen glatt rühren und die Preiselbeeren dazugeben.

3 Die Orange heiß abwaschen, abtrocknen und mit dem Zestenreißer dünne Streifen abziehen. Die Orange halbieren und 2 EL Saft ausdrücken. Die Zesten, den Saft und die ausgekühlten Mandeln zur Sauce geben und alles gut miteinander verrühren.

TIPP Wer keinen Zestenreißer hat, kann die Schale mit der Küchenreibe fein abreiben.

PASST ZU Pasteten wie Leberpasteten oder Wildpasteten, zu kalten Wildgerichten, gebratenen Wild-Buletten

Gurken-Zwiebel-Sauce mit Estragon

1/2 Zwiebel (ca. 50 g)
1 EL Olivenöl | 1 TL Puderzucker
1/4 l Gurkensud (aus dem Glas)
2 g pflanzliches Bindemittel (Bioladen)
1 kleiner Stängel Estragon
2–3 Stängel glatte Petersilie
150 g Essiggurken (aus dem Glas)
1/2 TL mittelscharfer Senf
Salz | schwarzer Pfeffer, frisch gemahlen

Für 4 Personen | ca. 25 Min. Zubereitung
Pro Portion ca. 55 kcal, 1 g EW, 3 g F, 4 g KH

1 Die Zwiebel schälen und in feine Streifen schneiden. Das Olivenöl in einem kleinen Topf (20 cm Ø) erhitzen, die Zwiebelstreifen darin in 2 Min. glasig dünsten, mit Puderzucker bestreuen und 1 Min. weiterdünsten.

2 Mit 200 ml Gurkensud aufgießen und bei kleiner Hitze 2 Min. köcheln. Das Bindemittel einrühren und 3 Min. weiterköcheln. Den Sud vom Herd nehmen und lauwarm abkühlen lassen.

3 Kräuter waschen, abtrocknen und hacken. Gurken in in feine Streifen schneiden. Mit restlichem Gurkensud und Senf in die Sauce rühren, salzen und pfeffern.

PASST ZU Würstchen, Hot Dog, Hackbraten, Buletten, Grillfleisch und vegetarischen Burgern

DIPS, GRILL- & FONDUESAUCEN

Tomatenketchup

1/2 Zwiebel (ca. 50 g)
Selleriesamen (Bioladen)
1/4 TL Korianderkörner
1/4 TL schwarze Pfefferkörner
1 1/2 EL Puderzucker
2 EL Tomatenmark | 5 EL Apfelessig
500 g passierte Tomaten (Fertigprodukt)
1 g pflanzliches Bindemittel (Bioladen)
einige Spritzer Worcestersauce | Currypulver
Cayennepfeffer | Salz
Außerdem:
Mörser

Für ca. 500 g | ca. 35 Min. Zubereitung
Insgesamt ca. 190 kcal, 7 g EW, 1 g F, 33 g KH

1 Zwiebel schälen und fein würfeln. 1 Prise Selleriesamen mit Koriander und Pfeffer im Mörser fein reiben.

2 In einem kleinen Topf (20 cm Ø) 1 EL Puderzucker erhitzen und bei mittlerer Hitze in 3–4 Min. hellbraun karamellisieren. Zwiebel dazugeben und unter Rühren 1 Min. anbraten. Tomatenmark 1 Min. mitbraten. Mit 4 EL Essig ablöschen und 1 Min. einkochen lassen. Tomaten dazugießen, aufkochen und 2 Min. köcheln.

3 Gewürze dazugeben und alles zugedeckt bei kleiner Hitze 15 Min. köcheln lassen.

4 Je nach Konsistenz der Sauce (s. Tipp) das Bindemittel einrühren und 2–3 Min. weiterköcheln lassen. Das Ketchup mit einigen Spritzern Worcestersauce, 2 Prisen Currypulver, Cayennepfeffer, 1/2 EL Puderzucker, 1 EL Essig und Salz kräftig abschmecken. Heiß in Flaschen oder Gläser füllen (s. Seite 12). Es hält sich so mindestens 4 Wochen.

TIPP Zur Prüfung der Konsistenz einen Löffel Ketchup auf einen Teller geben; fließt es schnell auseinander, weiter einkochen lassen oder binden. Das Ketchup sollte am Rand des Tupfens nicht wässrig werden.

BBQ-Sauce mit Rauchmandeln

1/2 Zwiebel (ca. 50 g)
1 Knoblauchzehe
2 EL Olivenöl
2 EL Tomatenmark
3 EL Aceto balsamico
500 g passierte Tomaten (Fertigprodukt)
2 Msp. Ingwer, frisch gehackt oder gerieben
4 EL Sojasauce
3 EL Honig | einige Spritzer Tabascosauce
3 Msp. Currypulver
20 g Rauchmandeln (geröstet, gesalzen; Fertigprodukt)
Salz | schwarzer Pfeffer, frisch gemahlen

Für ca. 600 g | ca. 35 Min. Zubereitung
Insgesamt ca. 690 kcal, 15 g EW, 32 g F, 82 g KH

1 Zwiebel und Knoblauch schälen und fein würfeln. Das Olivenöl in einem kleinen Topf (20 cm Ø) erhitzen, Zwiebel und Knoblauch darin bei mittlerer Hitze glasig dünsten. Tomatenmark einrühren und 2 Min. mitgaren. Mit Essig ablöschen und 1 Min. weiterkochen.

2 Tomaten, Ingwer, Sojasauce, Honig, einige Spritzer Tabasco und Currypulver in den Topf geben, alles aufkochen und offen 8 Min. unter Rühren köcheln. Dann zudecken und 8–10 Min. weiterköcheln lassen.

3 Die Mandeln nicht zu fein hacken. In die Sauce streuen und offen 4–5 Min. mitkochen. Erst jetzt die Sauce mit Salz und Pfeffer würzen. Die Sauce heiß in Flaschen oder Gläser füllen (s. Seite 12). Sie hält sich so mindestens 4 Wochen.

EINMACH-TIPP Alle unsere Saucen sind ohne Konservierungsstoffe zubereitet. Deshalb Saucen ggf. in kleine Gläser füllen und ein Glas nach dem Öffnen möglichst rasch aufbrauchen. Denn kommt einmal Sauerstoff an die Sauce, kann sie leicht verderben.

PASST ZU gegrilltem Rind-, Schweine- oder Kalbfleisch, Spareribs, Chicken wings, Hähnchen und Entenbrust

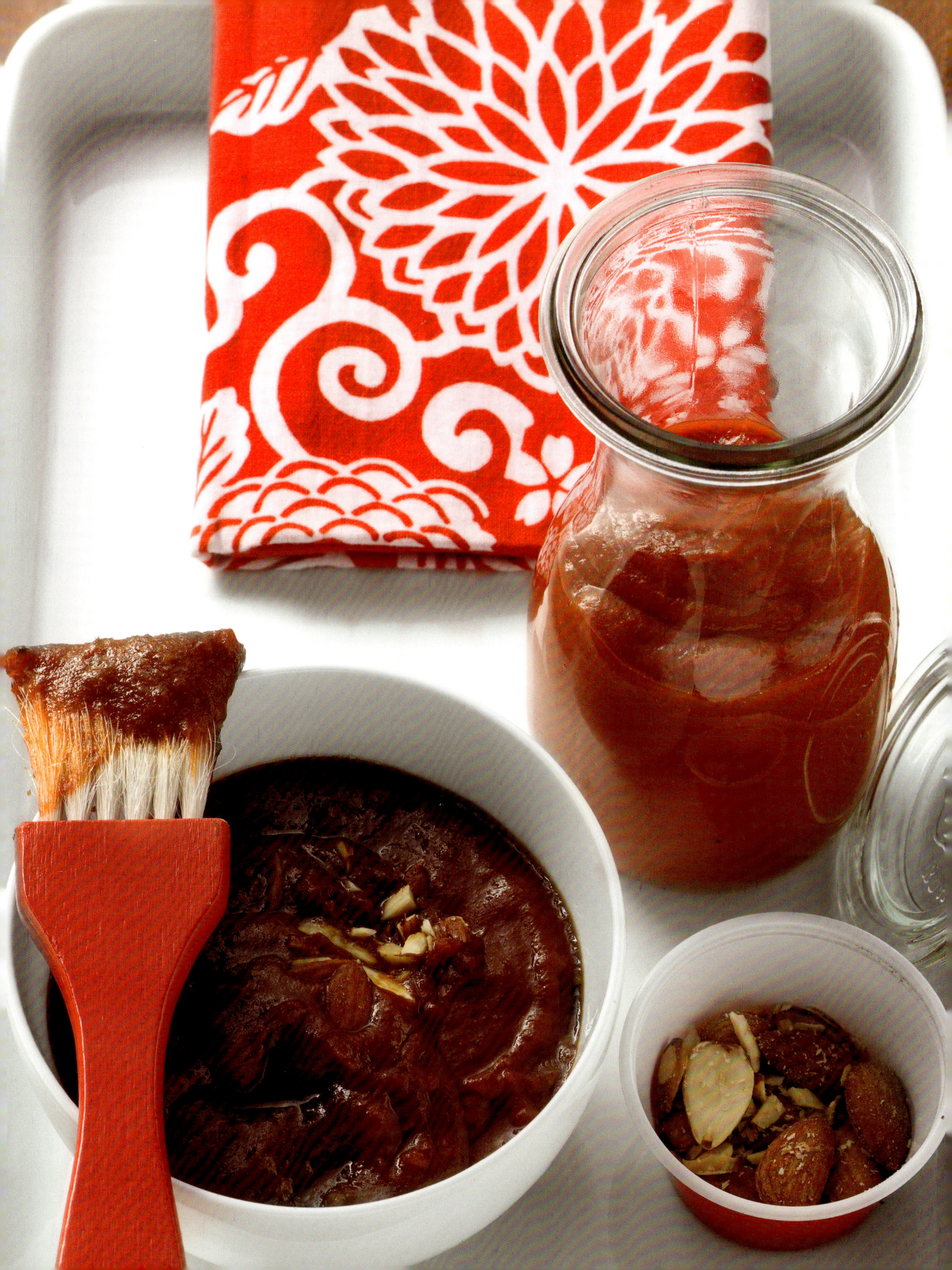

Pesto mit Pecorino

30 g Pinienkerne (oder geschälte Mandeln)
1 Bund Basilikum (abgezupft ca. 30 g)
6–8 Stängel glatte Petersilie (abgezupft ca. 10 g)
1 Knoblauchzehe
50 g Pecorino oder Parmesan, frisch gerieben
200 ml Olivenöl
Meersalz, z. B. Fleur de Sel
schwarzer Pfeffer, frisch gemahlen
Außerdem:
Pürierstab

Für ca. 300 g | ca. 10 Min. Zubereitung
Insgesamt ca. 2215 kcal, 23 g EW, 231 g F, 10 g KH

1 Die Pinienkerne in einer Pfanne ohne Fett in 2–3 Min. goldbraun rösten. Herausnehmen und abkühlen lassen.

2 Basilikum und Petersilie waschen, trocken schütteln, abzupfen und in einen hohen Rührbecher geben. Knoblauch schälen, grob zerkleinern und dazugeben. Pecorino und Pinienkerne dazugeben. Mit Olivenöl übergießen und möglichst fein pürieren. Wird das Pesto sofort verwendet, mit Salz und Pfeffer abschmecken.

PASST ZU Nudeln und Rindercarpaccio; als Dip für Gemüse, Kartoffeln, Suppen oder zu geröstetem Brot

VORRATS-TIPP Pesto erst bei Verwendung abschmecken. In saubere Gläschen füllen und die Oberfläche mit Öl bedecken. So hält es gekühlt mehrere Wochen.

Schafskäsedip mit Zitronenmelisse

1/2 Salatgurke (ca. 250 g) | Salz
150 g Naturjoghurt
100 g Feta | 1 Knoblauchzehe
2 Stängel Dill | 2 Stängel Zitronenmelisse
schwarzer Pfeffer, frisch gemahlen
Cayennepfeffer | Zucker
Außerdem:
Pürierstab

Für 4 Personen | ca. 20 Min. Zubereitung
Pro Portion ca. 90 kcal, 6 g EW, 5 g F, 4 g KH

1 Die Gurke gründlich waschen, mit der Schale grob raspeln und in eine Schüssel geben. Mit 2 Prisen Salz gut durchmischen und 10 Min. stehen lassen.

2 Den Joghurt in einen hohen Rührbecher geben. Feta grob zerbröseln. Knoblauch schälen, grob zerkleinern. Beides in den Becher geben und alles mit dem Pürierstab fein mixen.

3 Kräuter waschen, trocken schütteln, abzupfen und fein hacken. Gurkenraspel gut ausdrücken und mit den Kräutern in den Dip rühren, mit Pfeffer, Cayennepfeffer und 1 Prise Zucker und eventuell Salz würzen.

PASST ZU Gemüsesticks zum Dippen, Kartoffeln, gegrillten Zucchini, Paprika oder Auberginen, zu gegrilltem Lamm- oder Rindfleisch, Hackbällchen, Buletten

Kressesauce

2 Kästchen Gartenkresse
100 g Crème fraîche
50 g Sahne
100 g Naturjoghurt
1 TL mittelscharfer Senf
1 TL Sahnemeerrettich (aus dem Glas)
Salz | schwarzer Pfeffer, frisch gemahlen
brauner Zucker
1 TL Leinöl (s. Info)
Außerdem:
Pürierstab

Für 4 Personen | ca. 5 Min. Zubereitung
Pro Portion ca. 170 kcal, 2 g EW, 16 g F, 3 g KH

1 Die Kresse mit einer Schere vom Beet schneiden und mit Crème fraîche, Sahne, Joghurt, Senf und Meerrettich in einen hohen Rührbecher geben. Alles mit dem Pürierstab fein mixen.

2 Die Sauce mit Salz, Pfeffer, 1 Prise braunem Zucker und dem Leinöl abschmecken.

PASST ZU gekochtem Rindfleisch, gedämpftem und gebratenem Fisch, gegrilltem und gebratenem Gemüse, Kartoffeln, Räucherlachs und Räucherforellen

INFO Das bittere, aber sehr gesunde Leinöl hat einen ganz eigenen Geschmack. Wer's milder mag, kann es durch Olivenöl ersetze.

Bärlauchsauce

150 g Crème fraîche
150 g saure Sahne
2 TL Bärlauchpesto (aus dem Glas; s. Tipp)
1/2 Bio-Zitrone
Salz
schwarzer Pfeffer, frisch gemahlen
Zucker

Für 4 Personen | ca. 5 Min. Zubereitung
Pro Portion ca. 205 kcal, 2 g EW, 20 g F, 3 g KH

1 Die Crème fraîche mit der sauren Sahne in einer Schüssel mit dem Schneebesen glatt verrühren. Das Bärlauchpesto einrühren.

2 Die Zitrone heiß abwaschen, abtrocknen und die Schale mit der Küchenreibe fein abreiben.

3 Die Sauce mit der Zitronenschale verrühren und mit Salz, Pfeffer und 1 Prise Zucker abschmecken.

PASST ZU Lamm-, Schweine- oder Rindfleisch, Meeresfrüchten, Ofenkartoffeln und gegrilltem Gemüse

TIPP Man kann natürlich im zeitigen Frühjahr auch frische Bärlauchblätter verwenden. Dafür 2 mittelgroße Blätter waschen, vom mittleren dicken Stängel befreien, übereinanderlegen und in feine Streifen schneiden. Vorsicht bei der Dosierung, da Bärlauch sehr intensiv schmeckt. Lieber nachwürzen.

DIPS, GRILL- & FONDUESAUCEN

Avocadodip mit Limettensaft

2 reife Avocados (Fruchtfleisch ca. 260 g)
2 EL Limettensaft, frisch gepresst
50 g Naturjoghurt
1 EL Crème fraîche
1/2 rote Zwiebel (ca. 30 g)
1 Knoblauchzehe
2 EL Olivenöl
Salz
schwarzer Pfeffer, frisch gemahlen
Zucker
Chiliflocken
Außerdem:
Pürierstab

Für 4 Personen | ca. 15 Min. Zubereitung
Pro Portion ca. 220 kcal, 2 g EW, 22 g F, 2 g KH

1 Die Avocados halbieren und entkernen. Das Fruchtfleisch mit einem Löffel aus der Schale heben und in grobe Stücke schneiden. Mit Limettensaft, Joghurt und Crème fraîche in einen hohen Rührbecher geben und mit dem Pürierstab fein mixen.

2 Die Zwiebel und den Knoblauch schälen und in möglichst feine Würfel schneiden. Mit dem Olivenöl in den Avocadodip rühren und mit Salz, Pfeffer, 2 Prisen Zucker und 1 Prise Chiliflocken pikant abschmecken.

PASST ZU Lamm-, Schweine- und Rindfleisch, Geflügel, Meeresfrüchten, Ofenkartoffeln, gegrilltem Gemüse, Fladenbrot, Kartoffelchips oder geröstetem Weißbrot

TIPP Gerade im Sommer werden Saucen und Salate mit frischen Zwiebeln sehr schnell sauer. Falls der Avocadodip vorbereitet wird, die Zwiebel und den Knoblauch erst kurz vor dem Servieren unterheben.

Currysauce mit Mandarinen

2 EL Apfelsaft
1 gestrichener TL Currypulver
3 Mandarinen
100 g Mayonnaise (frisch, s. Seite 34 oder
   aus dem Glas)
100 g Crème fraîche
1 TL Honig
Salz
schwarzer Pfeffer, frisch gemahlen

Für 4 Personen | ca. 15 Min. Zubereitung
ca. 30 Min. Ruhezeit
Pro Portion ca. 300 kcal, 1 g EW, 30 g F, 7 g KH

1 Den Apfelsaft in einem kleinen Topf lauwarm erwärmen. Das Currypulver einrühren, den Topf vom Herd nehmen und die Mischung auskühlen lassen.

2 Die Mandarinen filetieren: Boden und Deckel abschneiden, die Frucht auf eine Schnittfläche stellen, die Schale mit einem scharfen Messer großzügig bis auf das Fruchtfleisch abschneiden. Die Mandarinen in die Hand nehmen und die Filets über einer Schüssel zwischen den Häuten herausschneiden. Die Häute über der Schüssel gut ausdrücken.

3 Mayonnaise, Crème fraîche, Honig und den ausgekühlten Apfel-Curry-Saft in eine weitere Schüssel geben, mit dem Schneebesen glatt verrühren und mit Salz und Pfeffer abschmecken. Mandarinenfilets samt Saft unterheben und die Sauce ca. 30 Min. ziehen lassen.

PASST ZU gebratenem oder gegrilltem Fleisch, Geflügel, Fisch, Meeresfrüchten und Gemüse. Sie schmeckt auch gut zum Fleischfondue.

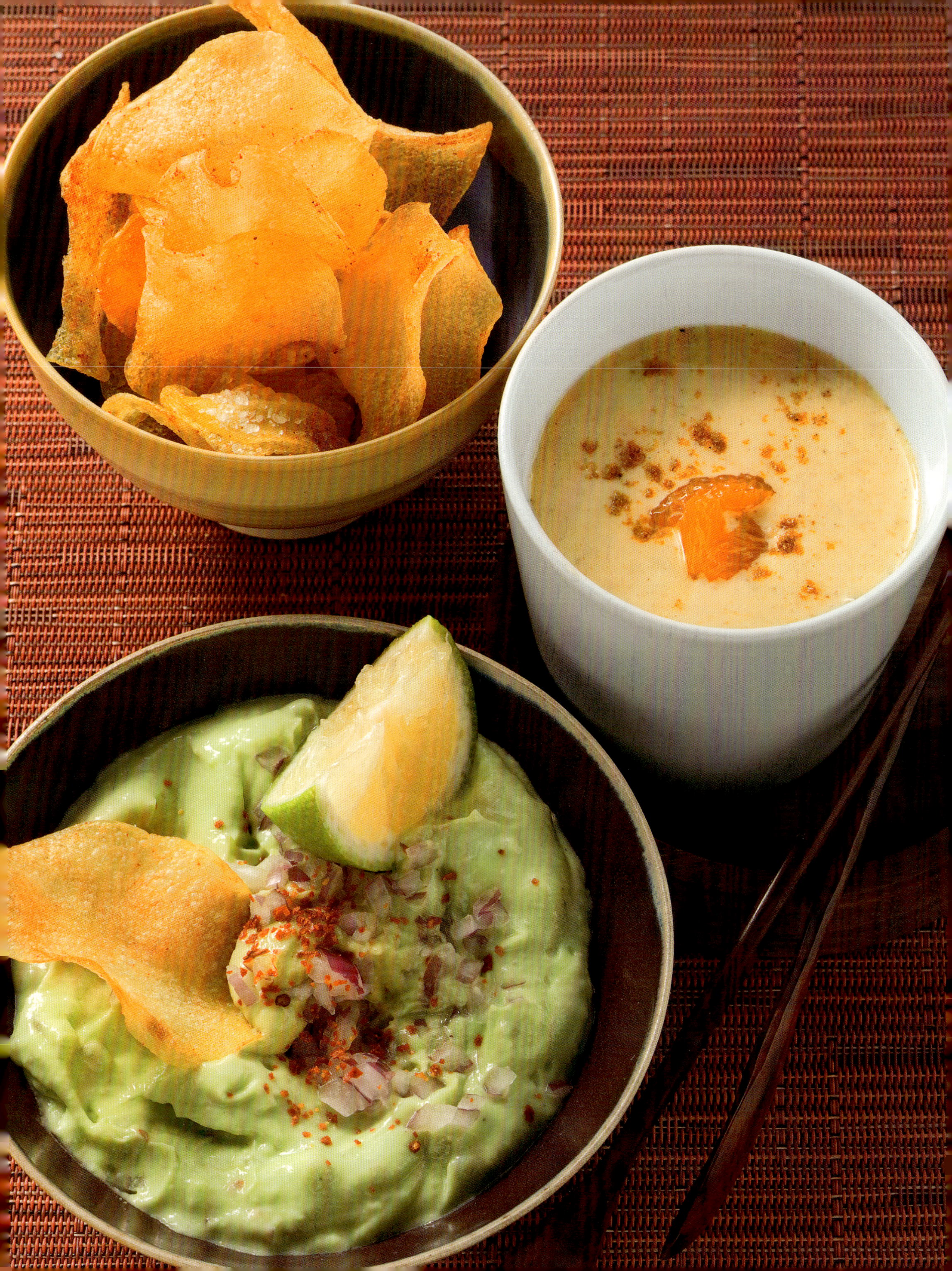

DIPS, GRILL- & FONDUESAUCEN

Zuckermaissauce mit Tomaten

80 g Maiskörner (aus dem Glas)
1 Tomate (ca. 100 g)
1/2 kleine grüne Chilischote
100 g Tomatenketchup (selbst gemacht,
 s. Seite 42 oder Fertigprodukt)
50 g Mayonnaise (frisch s. Seite 34 oder
 aus dem Glas)
50 g Crème fraîche
Salz
schwarzer Pfeffer, frisch gemahlen

Für 4 Personen | ca. 15 Min. Zubereitung
ca. 30 Min. Ruhezeit
Pro Portion ca. 215 kcal, 3 g EW, 16 g F, 15 g KH

1 Die Maiskörner in ein Sieb geben, mit kaltem Wasser abbrausen und gut abtropfen lassen.

2 Die Tomate waschen und den Stielansatz entfernen. Die Tomate vierteln, entkernen, mit Küchenpapier trocken tupfen und in kleine Würfel schneiden. Die Chilischote je nach Schärfewunsch (denn in den Kernen liegt die Schärfe) entkernen, dann zuerst in Streifen und diese in möglichst feine Würfel schneiden.

3 Das Ketchup mit Mayonnaise und Crème fraîche in eine Schüssel geben und mit dem Schneebesen glatt verrühren. Tomatenwürfel, Mais und Chili dazugeben und mit Salz und Pfeffer abschmecken. Die Sauce ca. 30 Min. ziehen lassen.

TIPP Nach dem Schneiden von frischen Chilischoten unbedingt die Hände gründlich mit Seife waschen. Die Schärfe der Chili ist sehr aggressiv und kann über die Finger ganz leicht in Auge, Mund oder Nase geraten.

PASST ZU gebratenem oder gegrilltem Fleisch, Geflügel, Fisch, Meeresfrüchten, Gemüse oder zum Fondue

Apfel-Minz-Sauce

1 säuerlicher Apfel (z. B. Boskop; ca. 180 g)
einige Spritzer Zitronensaft, frisch gepresst
80 ml naturtrüber Apfelsaft
2 Zweige Minze
100 g saure Sahne
100 g Crème fraîche
Salz
schwarzer Pfeffer, frisch gemahlen
Zucker

Für 4 Personen | ca. 20 Min. Zubereitung
ca. 30 Min. Ruhezeit
Pro Portion ca. 155 kcal, 1 g EW, 13 g F, 8 g KH

1 Den Apfel schälen, vierteln, entkernen und in 1/2 cm große Würfel schneiden. Die Würfel in einen kleinen Topf (20 cm ø) geben, mit einigen Spritzern Zitronensaft beträufeln und mit Apfelsaft begießen. Langsam aufkochen und offen bei kleiner Hitze 2 Min. köcheln lassen. Den Topf vom Herd nehmen und die Apfelwürfel vollständig auskühlen lassen.

2 Die Minze waschen, trocken schütteln, die Blätter abzupfen und in feine Streifen schneiden.

3 Saure Sahne mit Crème fraîche in einer Schüssel mit dem Schneebesen glatt verrühren. Die Apfelwürfel samt Saft einrühren und alles mit Salz, Pfeffer und 1 Prise Zucker abschmecken. Jetzt die frische Minze unterrühren. Die Sauce ca. 30 Min. ziehen lassen.

PASST ZU gebratenem oder gegrilltem Lammfleisch, Geflügel, Kartoffeln und Gemüse
Als kalte Sauce zu gekochtem Rind- oder Kalbfleisch servieren. Dann mit 1 TL Sahnemeerrettich aus dem Glas verfeinern.

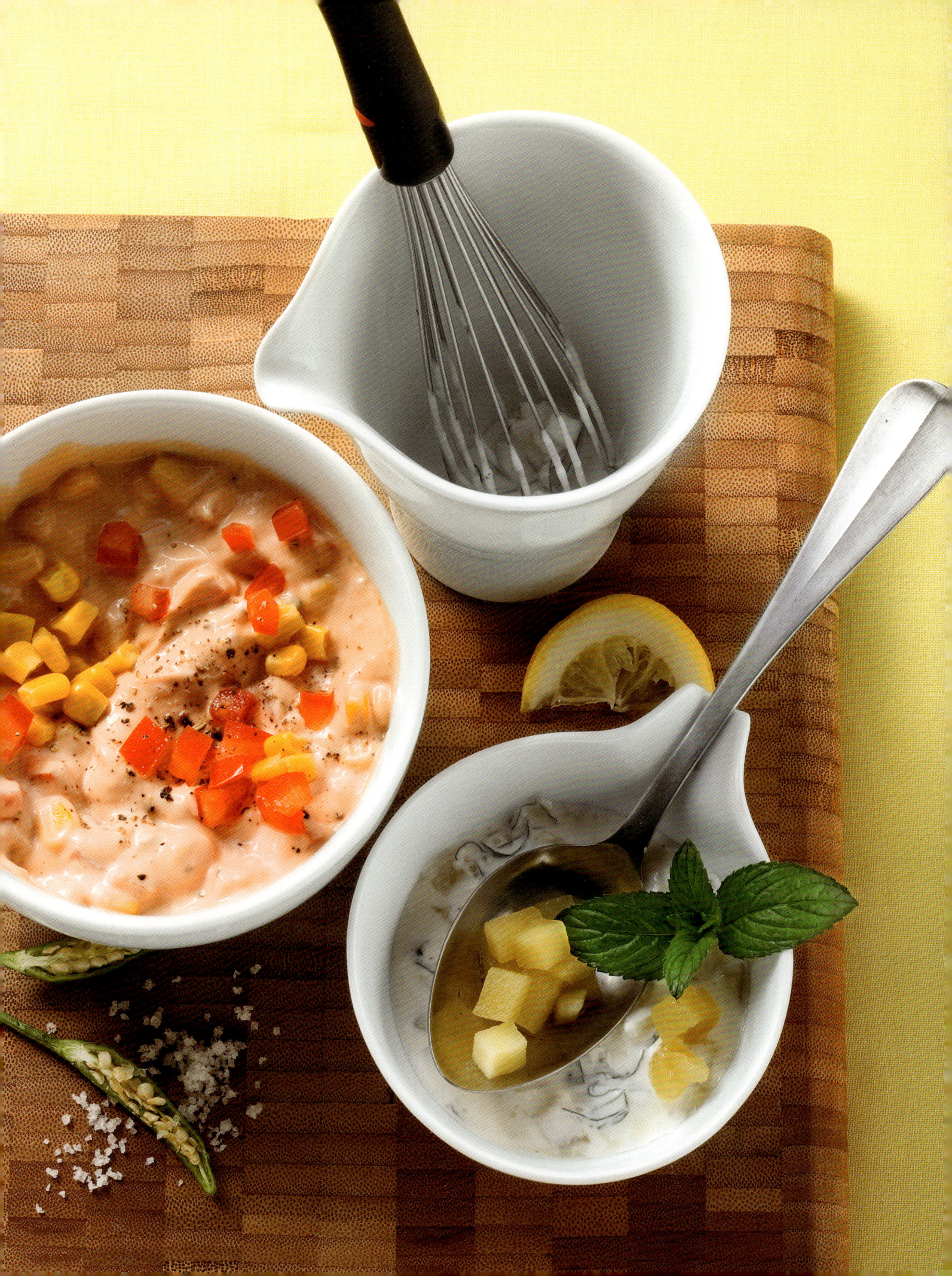

DIPS, GRILL- & FONDUESAUCEN

Würziges Mango-Chutney

1/2 Zwiebel (ca. 50 g)
1 kleine Knoblauchzehe
1/2 reife Mango (ca. 250 g Fruchtfleisch)
1 EL Olivenöl
150 ml Orangensaft, frisch gepresst
1 Lorbeerblatt | 1 Gewürznelke
1 grüne Kardamomkapsel
1 TL brauner Zucker
1 Msp. frisch geriebener Ingwer
Cayennepfeffer | Zimt, gemahlen
Currypulver
1 EL Aceto bianco oder milder Weißweinessig
Meersalz, z. B. Fleur de Sel

Für 4 Personen (ca. 350 g) | ca. 35 Min. Zubereitung
Pro Portion ca. 75 kcal, 1 g EW, 3 g F, 12 g KH

1 Zwiebel und Knoblauch schälen und möglichst fein schneiden. Mango schälen, Fruchtfleisch vom Kern schneiden und in ca. 1 1/2 cm große Würfel schneiden. Olivenöl in einem kleinen Topf (20 cm Ø) erhitzen, Zwiebel und Knoblauch darin bei kleiner Hitze in 2 Min. unter Rühren glasig dünsten.

2 Mango dazugeben und 2 Min. mitgaren. Orangensaft, 100 ml Wasser, Gewürze und Zucker einrühren und offen bei kleiner Hitze in ca. 15 Min. unter Rühren sämig einkochen lassen. Ingwer dazugeben und die Sauce in 5 Min. fertig garen.

3 Lorbeer, Kardamom und Nelke aus dem Chutney nehmen und wegwerfen. Chutney mit je 1 Prise Cayennepfeffer, Zimt, Curry, dem Essig und Meersalz abschmecken. Ausgekühlt servieren.

PASST ZU Lamm- oder Schweinefleisch, Hähnchen, Wildschwein, Fisch und Meeresfrüchte

EINMACH-TIPP Das Chutney heiß in Gläser füllen (s. Seite 12) und im Kühlschrank aufbewahren. So hält es sich mindestens 4 Wochen. 30 Min. vor dem Servieren aus dem Kühlschrank nehmen, dann schmeckt es besser.

Ananas-Chutney mit Cranberrys

1/2 Zwiebel (ca. 50 g)
400 g reife Ananas (geschält ca. 250 g)
1 EL Olivenöl
200 ml Ananassaft (Fertigprodukt)
10 g getrocknete Cranberrys
1 Msp. Kurkuma
2 Zacken von 1 Sternanis
1 g pflanzliches Bindemittel (Bioladen)
1 EL Himbeeressig
Meersalz, z. B. Fleur de Sel
grob gestoßene schwarze Pfefferkörner
Chiliflocken

Für 4 Personen (ca. 400 g) | ca. 35 Min. Zubereitung
Pro Portion ca. 95 kcal, 1 g EW, 3 g F, 16 g KH

1 Zwiebel schälen und fein würfeln. Ananas großzügig schälen, vom harten Strunk und braunen Stellen befreien und in ca. 1 cm große Würfel schneiden.

2 Olivenöl in einem kleinen Topf (20 cm Ø) erhitzen und die Zwiebel darin bei kleiner Hitze in 4 Min. glasig dünsten. Ananas dazugeben und 1 Min. mitgaren. Ananassaft, Cranberrys, Kurkuma und Sternanis unterrühren und alles offen gut 10 Min. köcheln lassen.

3 Das Bindemittel einrühren und die Sauce in weiteren 2–3 Min. sämig einkochen lassen. Ganz zum Schluss mit Himbeeressig verfeinern und mit Meersalz sowie je 1 Prise Pfeffer und Chiliflocken pikant abschmecken.

EINMACH-TIPP Das Chutney heiß in Gläser füllen, verschließen und kühl stellen (s. Seite 12). So hält es sich mindestens 4 Wochen. 30 Min. vor dem Servieren aus dem Kühlschrank nehmen, dann schmeckt es besser.

TIPP Sternanis ist sehr intensiv im Geschmack und daher sehr ergiebig. Wirklich nur wenig davon verwenden.

PASST ZU gebratenem oder gegrilltem Lamm- oder Schweinefleisch, Geflügel, Fisch und Meeresfrüchte

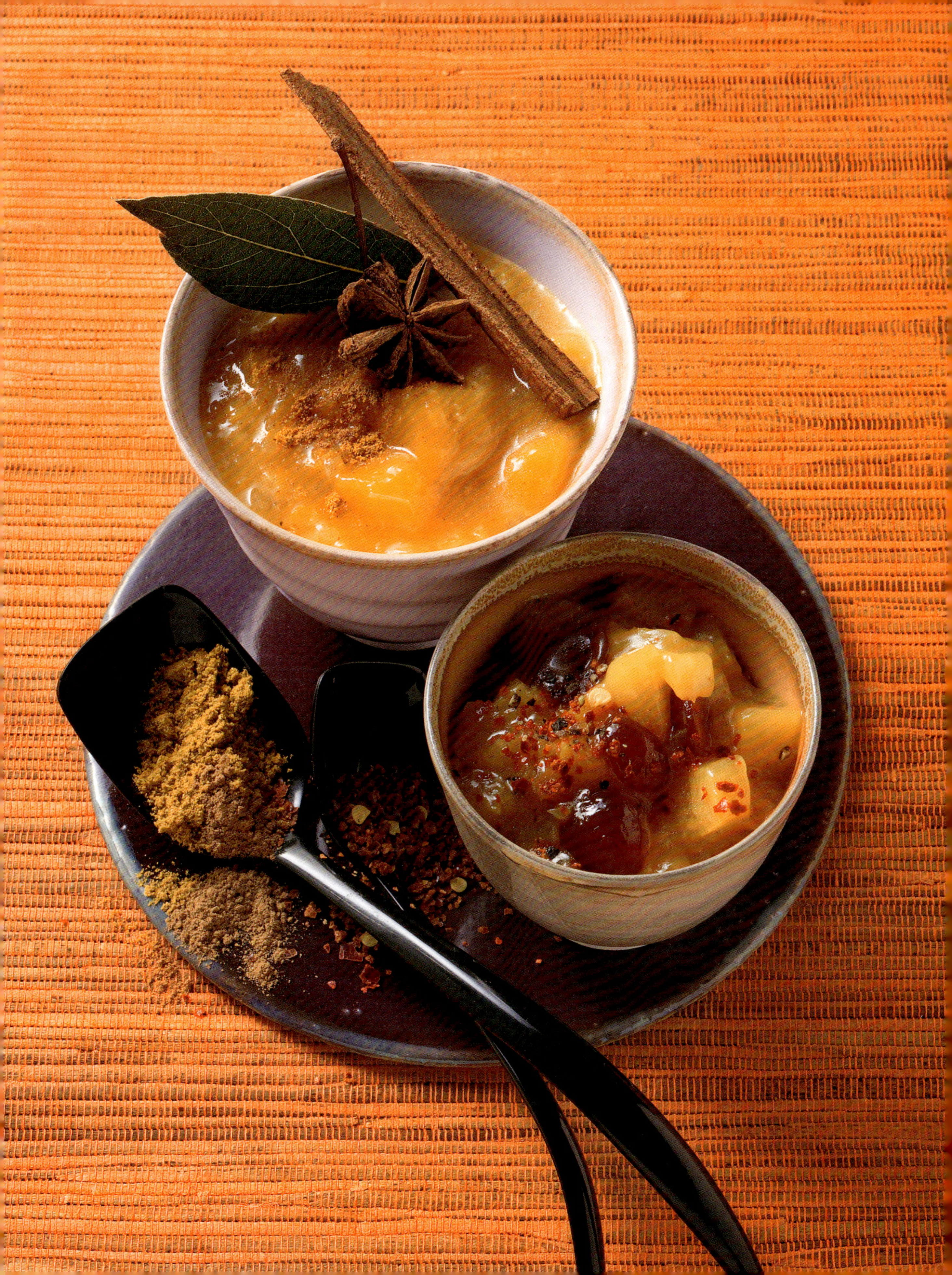

Klassische Kräuterbutter

4 Stängel glatte Petersilie
2 Stängel Dill | 1 Stängel Basilikum
1/2 Bund Schnittlauch
100 g weiche Butter
1 TL mittelscharfer Senf
1 Spritzer Worcestersauce
Salz | schwarzer Pfeffer, frisch gemahlen

Für 4 Personen | ca. 10 Min. Zubereitung
Pro Portion ca. 195 kcal, 0 g EW, 21 g F, 1 g KH

1 Kräuter waschen, trocknen und die Blättchen abzupfen. Gebraucht werden ca. 20 g. Alles fein schneiden.

2 Butter mit dem Handrührgerät in ca. 5 Min. weißcremig aufschlagen. Mit Kräutern und Senf verrühren und mit Worcestersauce, Salz und Pfeffer würzen.

3 Die Butter auf ein Stück Pergamentpapier geben, dieses aufrollen und an den Enden – ähnlich wie bei einem Bonbon – zusammendrehen. Butter gleich verwenden oder bis zu 1 Woche im Kühlschrank aufbewahren.

PASST ZU gebratenem oder gegrilltem Rind-, Kalb-, Lamm- oder Schweinefleisch, Geflügel, Fisch, Meeresfrüchten, Kartoffeln und Gemüse

ERGÄNZUNGS-TIPP Noch würziger mit etwas Knoblauch, Schalotten oder roten Zwiebeln.

Senfbutter mit Meersalz

2 Zweige Thymian
100 g weiche Butter
1 TL grobkörniger Senf
1 TL mittelscharfer Senf
Meersalz, z. B. Fleur de Sel
schwarzer Pfeffer, frisch gemahlen
Cayennepfeffer

Für 4 Personen | ca. 10 Min. Zubereitung
Pro Portion ca. 190 kcal, 0 g EW, 21 g F, 0 g KH

1 Den Thymian waschen, trocken schütteln, die Blättchen abzupfen und grob schneiden.

2 Die Butter mit dem Handrührgerät in ca. 5 Min. weißcremig aufschlagen. Beide Senfsorten und den Thymian unterrühren und die Butter mit Meersalz, Pfeffer und Cayennepfeffer abschmecken.

3 Die Butter wie links beschrieben formen oder in Schälchen füllen. Gleich verwenden oder abgedeckt bis zu 1 Woche im Kühlschrank aufbewahren.

PASST ZU gebratenem oder gegrilltem Rind-, Kalb-, Lamm- oder Schweinefleisch sowie Fisch

TIPP Die Buttermischungen kann man auch einfrieren. Dafür die Butter erst wie beschrieben in Pergament wickeln und dann in einen Gefrierbeutel geben.

Pfefferbutter
mit Aceto balsamico

1 TL schwarze Pfefferkörner (s. Tipp)
100 g weiche Butter
1 EL Weinbrand (nach Belieben)
einige Spritzer alter Aceto balsamico
Meersalz, z. B. Fleur de Sel
Außerdem:
Mörser

Für 4 Personen | ca. 10 Min. Zubereitung
Pro Portion ca. 195 kcal, 0 g EW, 21 g F, 0 g KH

1 Die Pfefferkörner im Mörser grob zerstoßen. Die Butter mit dem Handrührgerät in ca. 5 Min. weiß-cremig aufschlagen. Den Pfeffer, den Weinbrand und den Aceto balsamico gut unterrühren und die Butter mit Meersalz abschmecken.

2 Die Butter wie auf Seite 52 beschrieben formen oder in Schälchen füllen. Gleich verwenden oder abgedeckt bis zu 1 Woche im Kühlschrank aufbewahren.

PASST ZU gebratenem oder gegrilltem Rind-, Kalb-, Lamm- oder Schweinefleisch, Geflügel, Reh, Hirsch, Gemüse, Kartoffeln oder geröstetem Brot

TIPP Für Gewürze gilt allgemein: unbedingt frisch mahlen oder zerstoßen. So behalten sie ihr frisches Aroma.

Tomaten-Chili-
Butter

4 getrocknete Tomaten, in Öl eingelegt (ca. 20 g)
8 große Basilikumblätter
100 g weiche Butter
2 TL Tomatenmark
Chiliflocken
Salz | schwarzer Pfeffer, frisch gemahlen

Für 4 Personen | ca. 10 Min. Zubereitung
Pro Portion ca. 195 kcal, 0 g EW, 21 g F, 0 g KH

1 Die Tomaten etwas abtupfen und in kleine Würfel schneiden. Das Basilikum waschen, trocken schütteln und in feine Streifen schneiden.

2 Die Butter mit dem Handrührgerät in ca. 5 Min. weiß-cremig aufschlagen. Das Tomatenmark, die Tomatenwürfel und das Basilikum gut unterrühren und die Butter mit 2 Prisen Chiliflocken sowie Salz und Pfeffer pikant abschmecken.

3 Die Butter wie auf Seite 52 beschrieben formen. Oder in Silikonförmchen drücken und kühlen. Die Butter je nach Rezept gleich verwenden oder abgedeckt bis zu 1 Woche im Kühlschrank aufbewahren.

PASST ZU gebratenem oder gegrilltem Rind-, Kalb-, Lamm- oder Schweinefleisch, Geflügel, Gemüse, Kartoffeln und geröstetem Brot

Zitronengras-Ingwer-Butter

1 Stängel Zitronengras
1/2 Knoblauchzehe | 1 Scheibe Ingwer (ca. 5 g)
1/2 kleine rote Chilischote
150 g weiche Butter
abgeriebene Schale von 1/2 Bio-Limette
Salz | schwarzer Pfeffer, frisch gemahlen

Für 4 Personen | ca. 15 Min. Zubereitung
ca. 30 Min. Kühlzeit
Pro Portion ca. 285 kcal, 0 g EW, 31 g F, 1 g KH

1 Zitronengras längs halbieren und fein würfeln. Knoblauch und Ingwer schälen und ebenfalls in feine Würfel schneiden. Die Chilischote entkernen und fein würfeln.

2 In einem kleinen Topf (16 cm Ø) 50 g Butter aufschäumen lassen. Zitronengras, Knoblauch, Ingwer und Chili dazugeben und offen 5 Min. köcheln lassen, dabei umrühren. Die Butter durch ein feines Sieb in eine kleine Schüssel gießen und abgedeckt für 30 Min. ins Tiefkühlfach stellen.

3 100 g weiche Butter mit dem Handrührgerät in ca. 5 Min. weiß-cremig schlagen. Die kalte Butter unterrühren. Mit Limettenschale, Salz und Pfeffer abschmecken. Gleich verwenden oder im Kühlschrank aufbewahren.

PASST ZU gebratenem oder gegrilltem Rind-, Kalb-, Lamm- oder Schweinefleisch, Geflügel, Fisch, Meeresfrüchten und Gemüse

Currybutter mit Vanille

100 g weiche Butter
1/4 Vanilleschote
1 dünne Scheibe Ingwer (ca. 3 g)
1 TL Currypulver | Chiliflocken
Meersalz, z. B. Fleur de Sel
schwarzer Pfeffer, frisch gemahlen

Für 4 Personen | ca. 10 Min. Zubereitung
Pro Portion ca. 190 kcal, 0 g EW, 21 g F, 0 g KH

1 Die Butter mit dem Handrührgerät in ca. 5 Min. weiß-cremig aufschlagen.

2 Die Vanilleschote der Länge nach aufschlitzen und das Mark mit dem Messerrücken herausschaben. Den Ingwer schälen und sehr fein würfeln.

3 Die Butter mit Vanillemark, Ingwer und Curry verrühren und mit 2 Prisen Chiliflocken, Meersalz und Pfeffer abschmecken. Die Butter zum Formen auf ein Stück Pergamentpapier geben, dieses aufrollen und an den Enden – ähnlich wie bei einem großen Bonbon – zusammendrehen. Gleich verwenden oder bis zu 1 Woche im Kühlschrank aufbewahren.

PASST ZU gebratenem oder gegrilltem Rind-, Kalb-, Lamm- oder Schweinefleisch, Geflügel und Gemüse

TIPP Curry schmeckt nur erwärmt. Deshalb eignet sich die Butter nicht als kalter Brotaufstrich.

Fenchel-Wacholder-Butter

4 Wacholderbeeren
1/2 TL Fenchelsamen
1 Stängel Dill
100 g weiche Butter
abgeriebene Schale von 1/2 Bio-Orange
1 TL Anisschnaps, z. B. Pernod
Meersalz, z. B. Fleur de Sel
schwarzer Pfeffer, frisch gemahlen
Außerdem:
Mörser

Für 4 Personen | ca. 10 Min. Zubereitung
Pro Portion ca. 195 kcal, 0 g EW, 21 g F, 0 g KH

1 Wacholderbeeren und Fenchelsamen in einer Pfanne ohne Fett ca. 2 Min. rösten, in den Mörser geben, auskühlen lassen und dann fein zerreiben. Den Dill waschen, trocken schütteln, abzupfen und fein schneiden.

2 Die Butter mit dem Handrührgerät in ca. 5 Min. weiß-cremig aufschlagen und mit Wacholder, Fenchel, Dill, Orangenschale und Anisschnaps verrühren, mit Meersalz und Pfeffer abschmecken. Die Butter gleich verwenden oder im Kühlschrank aufbewahren.

PASST ZU Fisch, Meeresfrüchten und Gemüse

TAUSCH-TIPP Die Butter passt auch zu gebratener Enten- und Geflügelbrust oder Lammrücken. Dafür den Dill durch Thymian ersetzen.

Kümmel-Koriander-Butter

1/2 TL Korianderkörner
1 TL Kümmelsamen
1/2 Knoblauchzehe
1 Zweig Majoran | 2 Stängel glatte Petersilie
100 g weiche Butter
abgeriebene Schale von 1/2 Bio-Zitrone
Salz | schwarzer Pfeffer, frisch gemahlen
Außerdem:
Mörser

Für 4 Personen | ca. 10 Min. Zubereitung
Pro Portion ca. 190 kcal, 0 g EW, 21 g F, 0 g KH

1 Koriander und Kümmel in einer Pfanne ohne Fett bei mittlerer Hitze 2 Min. rösten, in den Mörser geben und auskühlen lassen.

2 Knoblauch schälen und in Stücke schneiden. Zu den Gewürzen in den Mörser geben und alles fein zerreiben. Majoran und Petersilie waschen, trocken schütteln, die Blätter abzupfen und fein schneiden.

3 Die weiche Butter mit dem Handrührgerät in ca. 5 Min. weiß-cremig aufschlagen. Mit den Gewürzen, Zitronenschale und Kräutern verrühren und mit Salz und Pfeffer abschmecken. Die Butter gleich verwenden oder bis zu 1 Woche im Kühlschrank aufbewahren.

PASST ZU Schweine- oder Lammfleisch und Geflügel

WARME SAUCEN

Nur mit einer guten Basis schmecken Saucen erst richtig gut. Oft ist das ein Fond. Übrigens - Fond ist nur die französische Übersetzung von Brühe – also bitte nicht verwirren lassen! Die folgenden »Allrounder« passen zu Fisch, Fleisch und Geflügel, Wild und Gemüse.

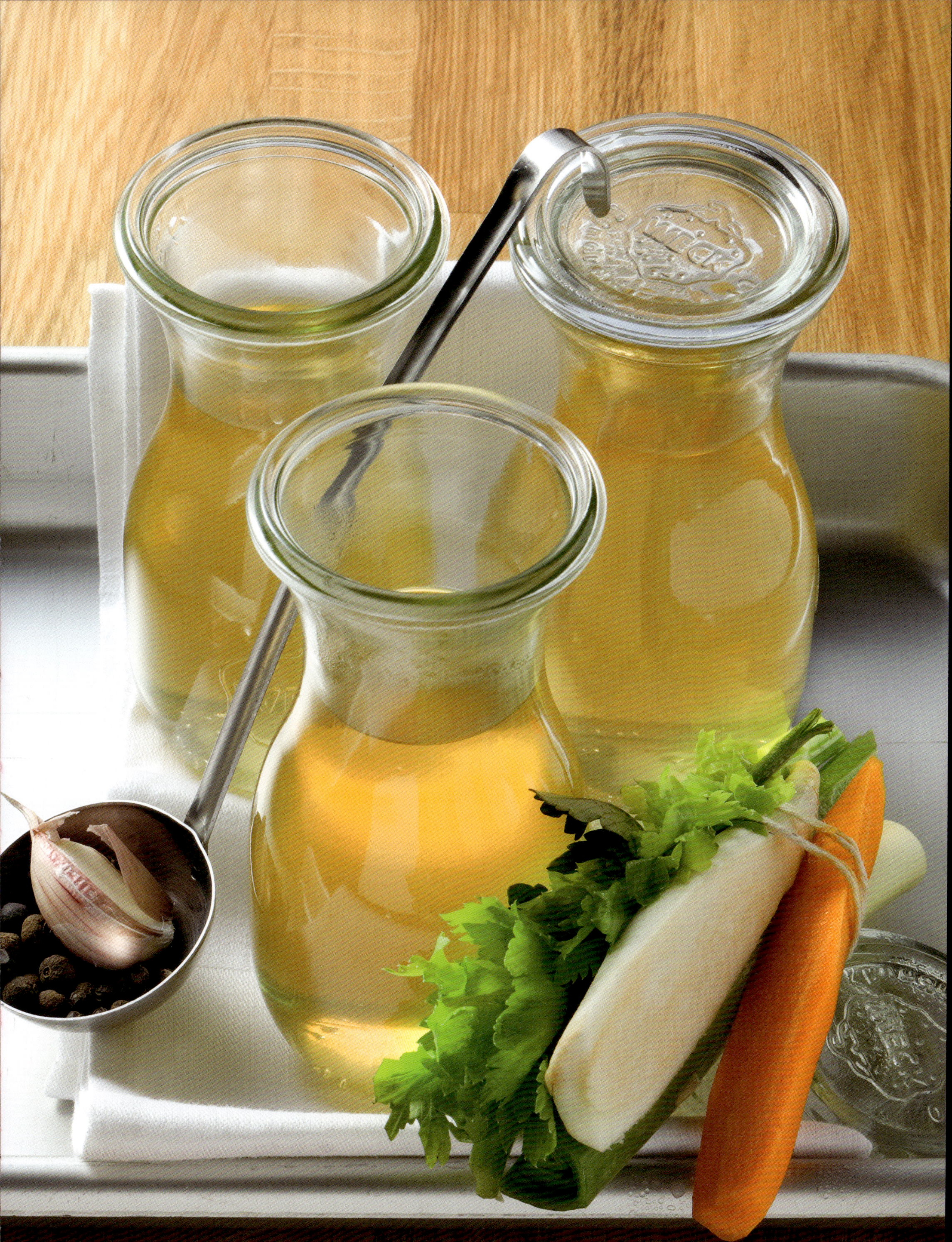
WECK

1   Die Knochen auf dem Backblech verteilen und im Backofen goldbraun rösten. Dabei die Knochen mehrmals wenden bzw. vom Blech lösen.

2   Geröstetes Gemüse und Knochen mit einem Schuss Rotwein ablöschen. Ganz einkochen lassen, noch einmal mit einem Schuss Wein ablöschen und einkochen lassen.

3   Auftretenden Schaum immer wieder mit einem Schaumlöffel von der Oberfläche abnehmen. Das Eiweiß, das hier ausflockt, macht den Fond trüb.

FONDS ZUM AUFGIESSEN

Dunkler Bratenfond

1 1/2 kg fleischige, gemischte Kalbs- und Schweineknochen (beim Metzger vorbestellen und in kleine Stücke schneiden bzw. hacken lassen)
200 g Zwiebeln
1 Stück Knollensellerie (ca. 150 g)
1 Möhre (ca. 80 g)
2 EL Olivenöl
2 EL Tomatenmark
1/2 l kräftiger Rotwein, z. B. Cabernet Sauvignon
Salz
1 Stück Lauch (ca. 80 g)
1 kleine Knoblauchzehe
4 Zweige Thymian
1 Stängel Salbei
2 Lorbeerblätter
1 TL schwarze Pfefferkörner
1/2 TL Pimentkörner
Außerdem:
Passiertuch

Für ca. 1 l | ca. 1 Std. Zubereitung
ca. 2 Std. 30 Min. Garzeit
Insgesamt ca. 405 kcal, 10 g EW, 22 g F, 41 g KH

1 Den Backofen auf 220° (Umluft 200°) vorheizen. Die Knochen im Backofen in 30 Min. rösten (Bild 1).

2 Nach ca. 15 Min. Zwiebeln, Sellerie und Möhre schälen und grob würfeln.

3 Das Olivenöl in einem Topf (28 cm Ø) erhitzen. Zwiebeln darin bei mittlerer Hitze ca. 3 Min. rösten, Möhren und Sellerie weitere 5 Min. mitrösten (Bild 2). Knochen zum Gemüse geben. Tomatenmark einrühren und 5 Min. unter ständigem Rühren rösten.

4 Mit Rotwein ablöschen. Restlichen Rotwein und ca. 2,2 l Wasser dazugießen, kräftig salzen und alles aufkochen. Evtl. auftretenden Schaum abschöpfen (Bild 3). Die Sauce offen bei kleiner Hitze ca. 1 Std. köcheln.

5 Lauch putzen, längs einschneiden, waschen (Bild 4) und in grobe Stücke schneiden. Knoblauch schälen und halbieren. Thymian und Salbei waschen und trocken schütteln. Lauch, Knoblauch, Thymian, Salbei, Lorbeerblätter, Pfeffer- und Pimentkörner zum Fond geben und diesen offen weitere 1 Std. 30 Min. köcheln.

6 Den Fond durchpassieren (Bild 5 und 6) und gleich weiterverarbeiten. Oder auskühlen lassen, portionsweise einmachen oder einfrieren (s. Seite 12/13).

4 Den Lauch längs ein-, aber nicht durchschneiden und gründlich waschen, auch zwischen den Blättern.

5 Ein feines Sieb mit einem feuchten Passiertuch auslegen und über einen großen Topf hängen.

6 Den Fond durch das Sieb gießen. Die Knochen wegwerfen und das Gemüse mit dem Schöpferrücken leicht durchdrücken. Reste ebenfalls wegwerfen.

FONDS ZUM AUFGIESSEN

Heller Kalbsfond

1 kg fleischige Kalbsknochen (beim Metzger vorbestellen und in kleine Stücke schneiden bzw. hacken lassen)
1 Stück Knollensellerie (ca. 200 g)
1 Möhre (ca. 100 g)
1 Tomate (ca. 100 g)
2 große Champignons (ca. 50 g)
1 Knoblauchzehe
200 g Zwiebeln
1 Stück Weißes vom Lauch (ca. 80 g)
3–4 Zweige Thymian
1 kleiner Stängel Salbei
6–8 Petersilienstängel ohne Blätter
2 Lorbeerblätter
1 TL schwarze Pfefferkörner
1/2 TL Wacholderbeeren
1/2 TL Pimentkörner
Salz
Außerdem:
Küchengarn
Passiertuch

Für ca. 1,6 l | ca. 40 Min. Zubereitung
ca. 2 Std. 20 Min. Garzeit
Insgesamt ca. 365 kcal, 6 g EW, 22 g F, 32 g KH

1 Den Backofen auf 220° (Umluft 200°) vorheizen. Die Knochen auf dem Backblech verteilen, in den Ofen schieben und in 30 Min. goldbraun rösten. Die Knochen dabei mehrmals wenden.

2 Inzwischen Sellerie und Möhre schälen und in grobe Stücke schneiden. Die Tomate waschen, vom Stielansatz befreien und vierteln. Champignons, falls nötig, mit einem trockenen Küchenpapier abwischen, trockene Stielansätze abschneiden und die Pilze halbieren. Den Knoblauch schälen und halbieren. Die Zwiebeln samt Schale halbieren.

3 Den Lauch putzen, längs halbieren und gründlich – auch zwischen den Blättern – waschen. Thymian und Salbei waschen und trocken schütteln.

4 Einige Lauchblätter nebeneinander legen, die Kräuterstängel und Lorbeerblätter darauflegen, mit Lauch abdecken und mit Küchengarn fest zusammenbinden.

5 Die Knochen aus dem Ofen nehmen, in einen hohen Topf (20 cm Ø; s. Tipps) geben, 2,5 l kaltes Wasser dazugießen, aufkochen und 20 Min. köcheln lassen.

6 Möhre, Sellerie, Zwiebeln, Knoblauch, Champignons und Tomate in die Brühe geben und alles offen 1 Std. köcheln lassen.

7 Jetzt die Gewürze und das Lauchbündel einlegen, 2–3 Prisen Salz dazugeben und alles noch offen 1 Std. weiterköcheln lassen.

8 Den klaren Kalbsfond durch ein feines Sieb (am besten mit einem feuchten Passiertuch ausgelegt) in einen Topf passieren, Knochen wegwerfen. Das Gemüse mit dem Schöpferrücken leicht durchdrücken. Kalbsfond weiterverarbeiten oder gleich heiß in ausgekochte und saubere Gläser füllen. Die Gläser verschließen, auskühlen lassen und kühl stellen. Man kann den Fond auch in gefriertauglichen Gefäßen einfrieren.

TIPPS Die Schale der Zwiebel ruhig dran lassen, sie gibt Farbe und Geschmack.
Am besten gelingt ein Fond in einem nicht zu breiten, aber dafür hohen Topf, in dem die Flüssigkeit die Knochen während des Kochens gut auslaugen kann. So gelangt deren Geschmack optimal in den Fond.

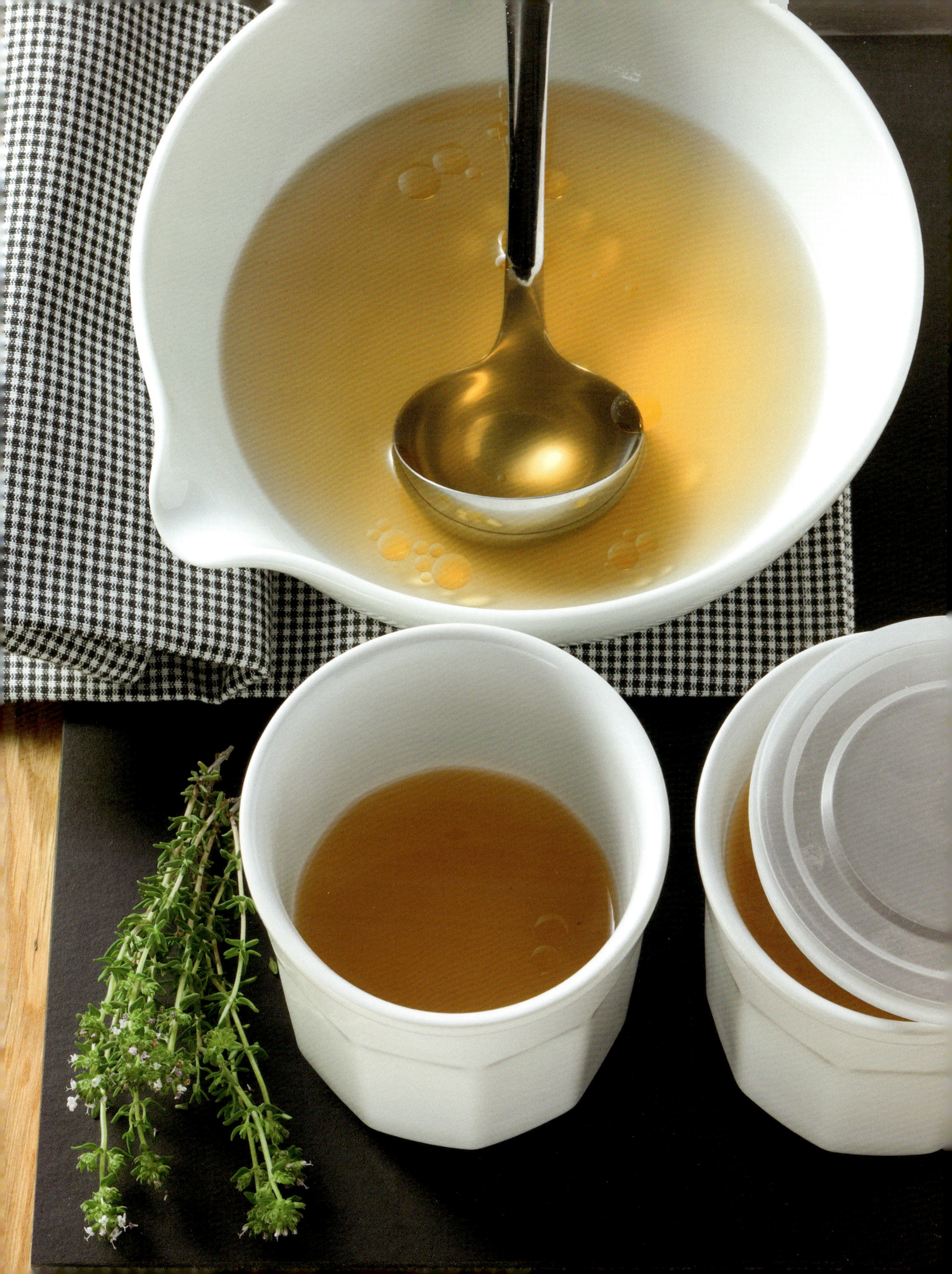

1 Das Suppenhuhn gründlich innen und außen waschen. In einen hohen Topf (20 cm Ø; s. Tipps Seite 60) mit 3 l kaltem Wasser geben und aufkochen lassen.

2 Nach 1 Std. Garzeit auftretenden Schaum mit einem Schöpfer von der Oberfläche der Brühe abnehmen.

3 Die Wacholderbeeren in einem Mörser leicht andrücken. Das setzt die Aromastoffe in den Beeren frei.

FONDS ZUM AUFGIESSEN

Geflügelfond

1 ganzes küchenfertiges Suppenhuhn (ca. 1,2 kg)
1 TL Salz
200 g Möhren
1 Stück Knollensellerie (ca. 200 g)
1 Stück Lauch (ca. 80 g)
100 g Zwiebeln
1 Knoblauchzehe
4 Wacholderbeeren
6–8 Stängel Petersilie ohne Blätter
2 Lorbeerblätter
1/2 TL schwarze Pfefferkörner
1/2 TL Fenchelsamen
Außerdem:
Mörser
Passiertuch

Für etwa 2 l | ca. 30 Min. Zubereitung
ca. 2 Std. Garzeit
Insgesamt ca. 280 kcal, 6 g EW, 8 g F, 46 g KH

1 Das Suppenhuhn gründlich innen und außen waschen, dann in einen hohen Topf (20 cm Ø) mit 3 l kaltem Wasser geben (Bild 1) und aufkochen lassen. Jetzt erst das Salz dazugeben. Offen bei kleiner Hitze 1 Std. köcheln lassen. Den dabei auftretenden Schaum abschöpfen (Bild 2).

2 Inzwischen die Möhren und den Sellerie schälen. Den Sellerie halbieren. Den Lauch putzen, der Länge nach halbieren und gründlich – auch zwischen den Blättern – waschen. Die Zwiebel und den Knoblauch schälen und halbieren. Die Wacholderbeeren am besten im Mörser leicht andrücken (Bild 3). Die Petersilienstängel waschen.

3 Alle übrigen Zutaten zur Brühe geben und diese offen weitere 1 Std. 30 Min. garen (Bild 4).

4 Am Ende der Garzeit das Gemüse und das Suppenhuhn aus der Brühe herausheben (Bild 5). Die Brühe in einen Topf passieren (Bild 6) und gleich weiterverwenden oder kühl aufbewahren.

TIPP Wer mag, kann das Suppenhuhn noch verwenden, z. B. als Einlage für eine Nudelsuppe. Dafür die Haut abziehen und das Fleisch von Brust und Keulen von den Knochen lösen. In mundgerechte Stücke zupfen.

4 Möhren, Sellerie, Lauch, Petersilienstängel, Zwiebeln, Knoblauch und alle Würzzutaten zur Brühe geben und weitergaren.

5 Gemüse und Suppenhuhn mit einem Schaumlöffel aus der Brühe heben.

6 Die Brühe durch ein mit einem feuchten Passiertuch ausgelegtes Sieb gießen und die Rückstände wegwerfen.

FONDS ZUM AUFGIESSEN

Wildfond

1,2 kg Wildknochen (vorbestellen und vom Metzger in kleine Stücke schneiden bzw. hacken lassen)
1 große Zwiebel (ca. 150 g)
1 Stück Knollensellerie (ca. 250 g)
1 Möhre (ca. 80 g)
2 EL Öl
1 EL Tomatenmark
200 ml kräftiger Rotwein, z. B. Cabernet Sauvignon
2–3 Zweige Thymian
2 Lorbeerblätter
1 TL schwarze Pfefferkörner
1 TL Pimentkörner
1 TL Wacholderbeeren
10 g getrocknete Champignons
Außerdem:
Mörser
Passiertuch

Für etwa 1,6 l | ca. 45 Min. Zubereitung
ca. 2 Std. Garzeit
Pro Portion ca. 830 kcal, 77 g EW, 33 g F, 0 g KH

1 Den Backofen auf 220° (Umluft 200°) vorheizen. Die Knochen auf dem Blech verteilen und im Backofen in 20 Min. goldbraun rösten, dabei mehrmals die Knochen wenden bzw. vom Blech lösen.

2 Dann etwa 200 ml Wasser aufs Blech gießen, den Bratensatz mit einem Bratenwender lösen und alles noch 5 Min. weitergaren.

3 Inzwischen die Zwiebel schälen, halbieren und in etwa 1 cm große Würfel schneiden. Den Sellerie und die Möhre schälen und ebenfalls klein schneiden.

4 Das Öl in einem hohen Topf (20 cm Ø) erhitzen. Zwiebel, Sellerie und Möhre darin bei mittlerer Hitze ca. 4 Min. rösten. Tomatenmark einrühren, 2 Min. weiterrösten und mit Rotwein ablöschen. Knochen samt Bratensatz vom Blech dazugeben und alles 2 Min. kochen. Mit 2,5 l Wasser aufgießen, aufkochen und offen bei kleiner Hitze ca. 1 Std. köcheln lassen. Dabei immer wieder den auftretenden Schaum mit einem Schaumlöffel abnehmen.

5 Den Thymian waschen und trocken schütteln. Lorbeerblätter grob zerkleinern. Pfefferkörner, Pimentkörner, Wacholderbeeren und Champignons im Mörser grob zerstoßen. Alles zum Fond geben und noch 1 weitere Std. offen köcheln lassen.

6 Den braunen Wildfond durch ein feines Sieb (am besten mit einem feuchten Passiertuch ausgelegt) in einen Topf passieren, die Knochen wegwerfen. Das Gemüse leicht durchdrücken und wegwerfen. Den Wildfond weiterverarbeiten oder gleich heiß in ausgekochte und saubere Gläser füllen. Diese mit einem Deckel verschließen, auskühlen lassen und kühl stellen. Man kann den Fond auch in gefriertauglichen Gefäßen einfrieren (s. Seite 13).

TIPP Während des Kochens setzen sich Trübstoffe sowie geronnenes Eiweiß an der Oberfläche des Fonds ab. Deshalb muss man den auftretenden Schaum öfters abschöpfen. So bleibt der Fond »sauber« und klar.

INFO – KNOCHEN RÖSTEN Die Knochen im Backofen auf dem Blech zu rösten und nicht, wie man das in vielen Kochbüchern liest, im Topf, ist in mehrfacher Hinsicht vorteilhaft: Man braucht kein Fett zum Anbraten; die Hitze wirkt rundum auf die Knochen, so wird der Geschmack intensiver, und man spart sich das Wenden, das beim Braten im Topf nötig wäre. So kann man in der Zeit schon die weiteren Zutaten für den Fond vorbereiten.

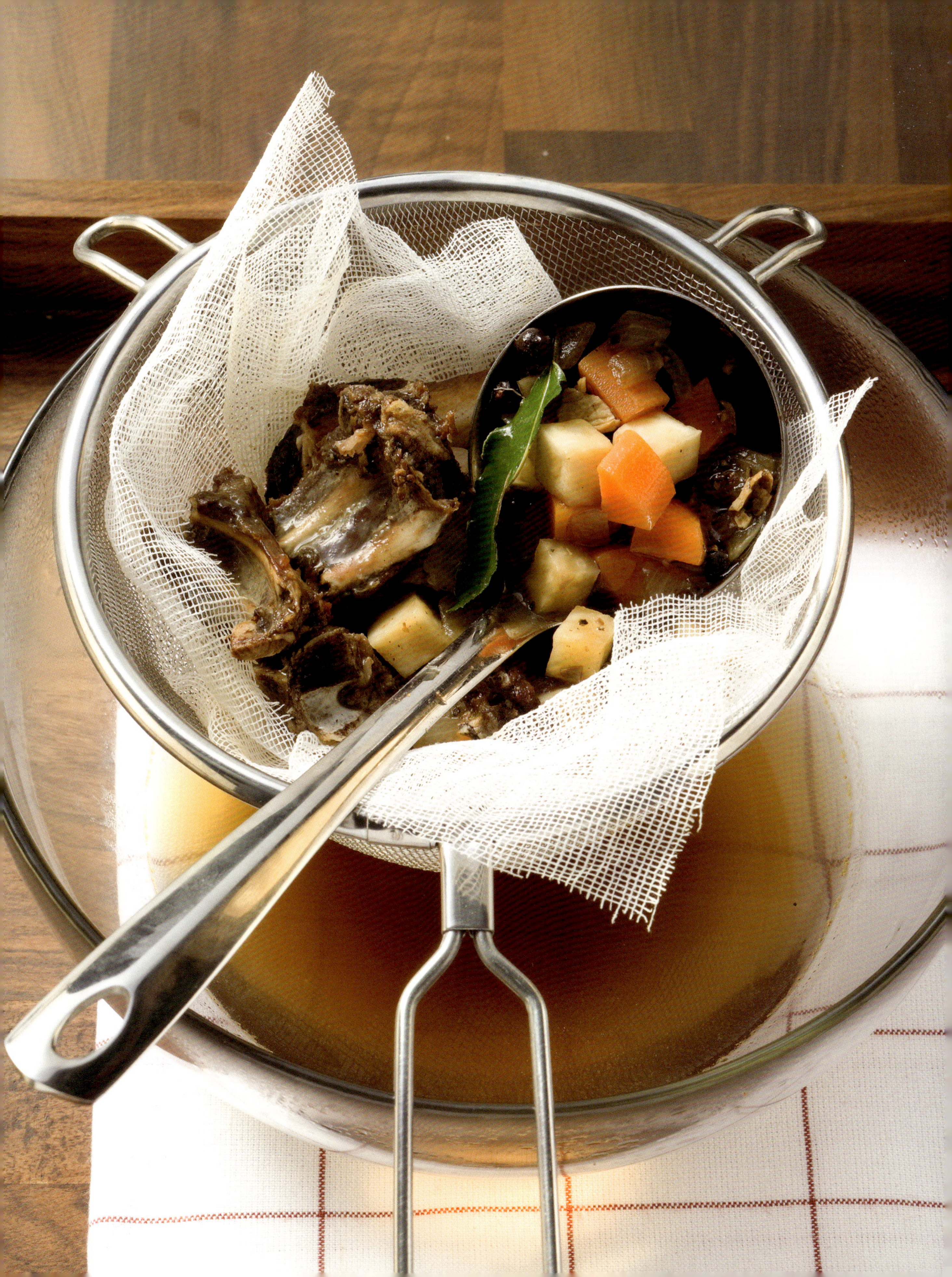

1 Fischkarkassen (Gerippe, Panzer, Schalen etc.) kleiner schneiden. Wenn Köpfe verwendet werden, die Kiemen herausschneiden und wegwerfen. Sie würden den Fond bitter machen.

2 Fischkarkassen 20–30 Min. wässern, um Blutreste zu entfernen. Dabei das (kalte) Wasser immer wieder wechseln. Am Schluss sind die Karkassen weiß.

3 Das Gemüse waschen, putzen bzw. schälen und in grobe Stücke schneiden.

FONDS ZUM AUFGIESSEN

Fischfond

1 kg Fischkarkassen (s. Tipp)
1 große Tomate (ca. 120 g)
1/2 Fenchelknolle (ca. 100 g)
1 Stange Staudensellerie (ca. 100 g)
1 weißes Stück Lauch (ca. 50 g)
60 g weiße Champignons
1 Knoblauchzehe | 100 g Schalotten
2 Stängel Dill | 4 EL Olivenöl
1 TL Fenchelsamen
1 TL schwarze Pfefferkörner
1 TL Pimentkörner
1 TL Wacholderbeeren | 3 Lorbeerblätter
2 TL Meersalz, z. B. Fleur de Sel
2 Prisen Safranfäden
1 Msp. Cayennepfeffer
300 ml trockener Weißwein
200 ml weißer Wermut, z. B. Noilly Prat
50 ml Anisschnaps, z. B. Pernod
Außerdem:
  Passiertuch

Für etwa 1,5 l | ca. 30 Min. Zubereitung
ca. 50 Min. Garzeit
Insgesamt ca. 120 kcal, 18 g EW, 0 g F, 9 g KH

1 Karkassen mit einer Schere in grobe Stücke schneiden (Bild 1) und wässern (Bild 2). Dann in einem Sieb gut abtropfen lassen.

2 Inzwischen das Gemüse (bis auf die Pilze) waschen. Tomate vierteln und Stielansatz entfernen. Fenchel, Sellerie und Lauch putzen und grob zerkleinern (Bild 3). Champignons trocken abreiben, putzen und vierteln. Knoblauch und Schalotten schälen und halbieren. Dill waschen und trocken schütteln.

3 Das Olivenöl in einem großen weiten Topf (28 cm Ø) erhitzen und die Fischkarkassen darin bei mittlerer Hitze ca. 3 Min. ohne Farbe anbraten. Alle Würzzutaten einrühren (Bild 4). Alle übrigen Zutaten und 1,2 l kaltes Wasser dazugeben (Bild 5). In 10 Min. langsam aufkochen lassen. Den auftretenden Schaum abschöpfen. Den Fond offen bei sehr schwacher Hitze ca. 20 Min. köcheln lassen. Fond vom Herd nehmen, 20–30 Min. ziehen lassen.

4 Den fertigen Fond durchpassieren (Bild 6).

EINKAUFS-TIPP Karkassen von hellen Meeresfischen, z. B. Seezunge, Seeteufel, Steinbutt, Wolfsbarsch, Rotbarbe, verwenden. Lachskarkassen sind nicht geeignet, sie, speziell der Kopf, machen den Fond trüb; er kann dann auch etwas »modrig« schmecken.

4 Karkassen anbraten. Kräuter, Gewürze (Wacholderbeeren nach Belieben anquetschen), Salz und Safran unterrühren.

5 Wein, Wermut, Anisschnaps und etwa 1,2 l kaltes Wasser in den Topf zu den angebratenen Karkassen gießen. Tomate, Fenchel, Sellerie, Lauch, Pilze, Knoblauch und Schalotten einlegen.

6 Ein feines Sieb mit einem feuchten Passiertuch auslegen. Den Fond Schöpfer für Schöpfer durch das Sieb passieren. Karkassen und Gemüse wegwerfen.

Fonds zum Aufgiessen

Gemüsefond

1 große Zwiebel (ca. 150 g)
1 Stück Knollensellerie (ca. 150 g)
200 g Möhren
1 Petersilienwurzel (ca. 100 g)
200 g Staudensellerie
1 kleine Knoblauchzehe
200 g Tomaten
60 g Champignons
1 Stück Lauch (ca. 80 g)
6–8 Petersiliestängel ohne Blätter
1 kleiner Zweig frischer Liebstöckel
2 EL Olivenöl
Salz
1/2 TL Wacholderbeeren
1 TL schwarze Pfefferkörner
2 Lorbeerblätter
1/2 TL Pimentkörner
Außerdem:
Passiertuch

Für 2 l | ca. 30 Min. Zubereitung
ca. 1 Std. 30 Min. Garzeit
Pro Portion ca. 80 kcal, ‹1 g EW, ‹1 g F, ‹1 g KH

1 Die Zwiebel schälen, halbieren und in grobe Würfel schneiden. Knollensellerie, Möhren und Petersilienwurzel schälen und in ca. 3 cm große Würfel schneiden. Den Staudensellerie waschen, putzen und ebenfalls würfeln. Den Knoblauch schälen und halbieren.

2 Die Tomaten waschen, von Stielansätzen befreien und in grobe Würfel schneiden. Die Champignons mit Küchenpapier trocken abreiben, putzen und halbieren. Den Lauch putzen, längs halbieren und – auch zwischen den Blättern – waschen. Die Petersilienstängel und den Liebstöckel waschen und trocken schütteln.

3 Das Olivenöl in einem Topf (24 cm Ø) erhitzen, Zwiebeln, Knoblauch, Knollensellerie, Möhren und Petersilienwurzel darin bei mittlerer Hitze ca. 5 Min. anschwitzen und mit 2 Prisen Salz würzen. Staudensellerie, Tomaten und Champignons dazugeben, mit 2,5 l Wasser aufgießen und aufkochen lassen. Evtl. auftretenden Schaum immer wieder mit einem Schaumlöffel abschöpfen; den Sud bei kleiner Hitze ca. 45 Min. köcheln.

4 Jetzt Petersilienstängel, Liebstöckel, Lauch, Wacholder, Pfefferkörner, Lorbeerblätter und Pimentkörner einlegen und den Fond weitere 45 Min. kochen.

5 Dann den Gemüsefond durch ein feines Sieb (am besten mit einem feuchten Passiertuch ausgelegt) in einen Topf passieren, das Gemüse mit dem Schöpferrücken leicht durchdrücken und dann wegwerfen. Den Fond gleich weiterverarbeiten oder heiß in saubere Gläser füllen. Diese verschließen, auf den Kopf stellen und auskühlen lassen. Man kann den Fond auch in gefriertauglichen Gefäßen einfrieren.

KOCH-TIPPS Suppengemüse grundsätzlich waschen und schälen. Die Schalen lassen Saucen und Fonds bitter schmecken. Das Gemüse gleich nach dem Anschwitzen salzen. Salz entzieht dem Gemüse Geschmack, der dann in den Fond geht.

TAUSCH-TIPP Anstelle von frischen Champignons kann man durchaus auch ca. 1 EL getrocknete verwenden. Sie schmecken etwas intensiver.

VERWENDUNGS-TIPP Den Gemüsefond kann man natürlich nicht nur zum Aufgießen für Saucen, Suppen und Eintöpfen verwenden, sondern auch als klare Suppe genießen. Als Einlage eignen sich Suppennudeln, Grießknödel, kleine Semmelknödel, Pfannkuchen und auf jeden Fall frisch geschnittener Schnittlauch und frisch geriebene Muskatnuss.

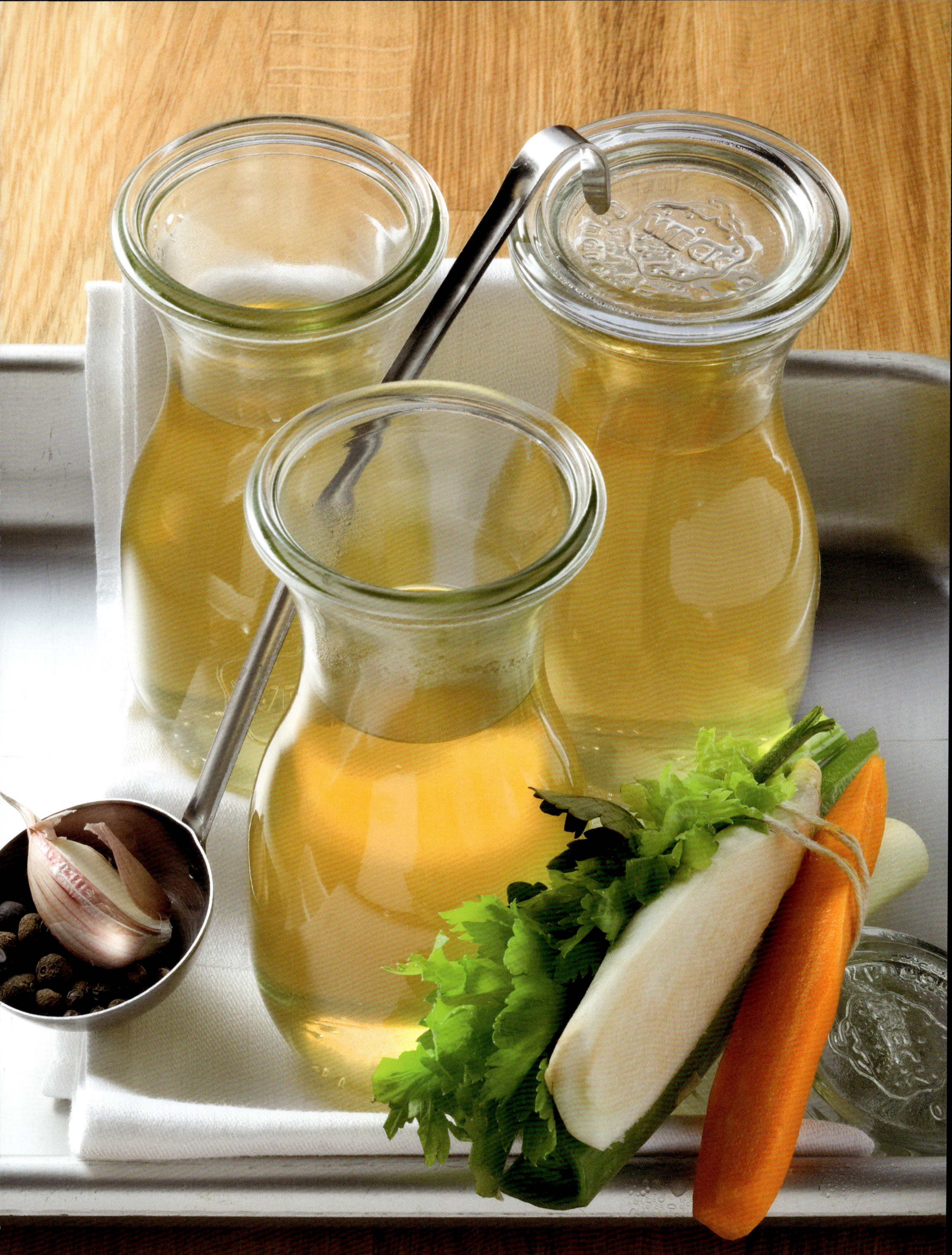

Asiafond

1 Zwiebel (ca. 80 g)
1 Möhre (ca. 60 g)
2 Stangen Staudensellerie (ca. 100 g)
1 Stück frischer Ingwer (ca. 20 g)
1 Stück Galgant (ca. 20 g; Asialaden)
1 Knoblauchzehe
2 Stängel Zitronengras (Asialaden)
2 getrocknete Shiitake-Pilze (ca. 6 g)
4 Kaffirlimettenblätter (Asialaden)
1 TL brauner Zucker
1 frische kleine rote oder grüne Chilischote

Für ca. 1,2 l | ca. 25 Min. Zubereitung
ca. 55 Min. Garzeit
Pro Portion ca. 85 kcal, 7 g EW, 2 g F, 8 g KH

1 Die Zwiebel schälen, halbieren und in grobe Würfel schneiden. Möhre schälen. Staudensellerie waschen, putzen und mit der Möhre in ca. 3 cm große Würfel schneiden. Ingwer und Galgant mit dem Sparschäler grob schälen und in dünne Scheiben schneiden.

2 Den Knoblauch schälen und in Scheiben schneiden. Das Zitronengras am dickeren Ende flach klopfen (das geht am besten mit dem Messerrücken) und in dünne Scheiben schneiden. Die Pilze je nach Größe halbieren oder vierteln. Die Limettenblätter grob zerzupfen.

3 Den Zucker in einen kleinen hohen Topf (18 cm Ø) geben und bei mittlerer Hitze in 1–2 Min. hellbraun karamellisieren lassen.

4 Zwiebel, Möhre und Staudensellerie dazugeben und ca. 2 Min. anbraten. Dabei mit einem Kochlöffel immer wieder umrühren.

5 Ingwer, Galgant, Knoblauch, Zitronengras, Pilze und Limettenblätter dazugeben, nochmals 2 Min. braten. Dann 1,5 l Wasser dazugießen und aufkochen lassen. Die Chilischote einlegen und die Brühe offen bei kleiner Hitze ca. 30 Min. köcheln lassen.

6 Den Topf vom Herd nehmen und die Brühe darauf noch ca. 25 Min. ziehen lassen. Den Fond durch ein feines Sieb in einen Topf passieren, auskühlen lassen und je nach Rezept weiterverarbeiten. Die ausgekochten Zutaten wegwerfen.

EINKAUFS-TIPP Mittlerweile führen auch gut sortierte Supermärkte Aromaspender wie Zitronengras, Ingwer und Chilischoten. Zitronengras, Kaffirlimettenblätter und Chili lassen sich wunderbar einfrieren. Ingwer hält sich eine Weile im Gemüsefach des Kühlschranks.

VERWENDUNGS-TIPP Der Asiafond eignet sich zum Aufgießen von Saucen, Suppen, Currys oder Eintöpfen. Man kann ihn aber auch pur mit gekochtem Hähnchenfleisch und Reis als heiße Suppe servieren. Kurz vor dem Servieren noch mit Salz und Pfeffer abschmecken und mit klein geschnittenem frischem Koriander bestreuen.

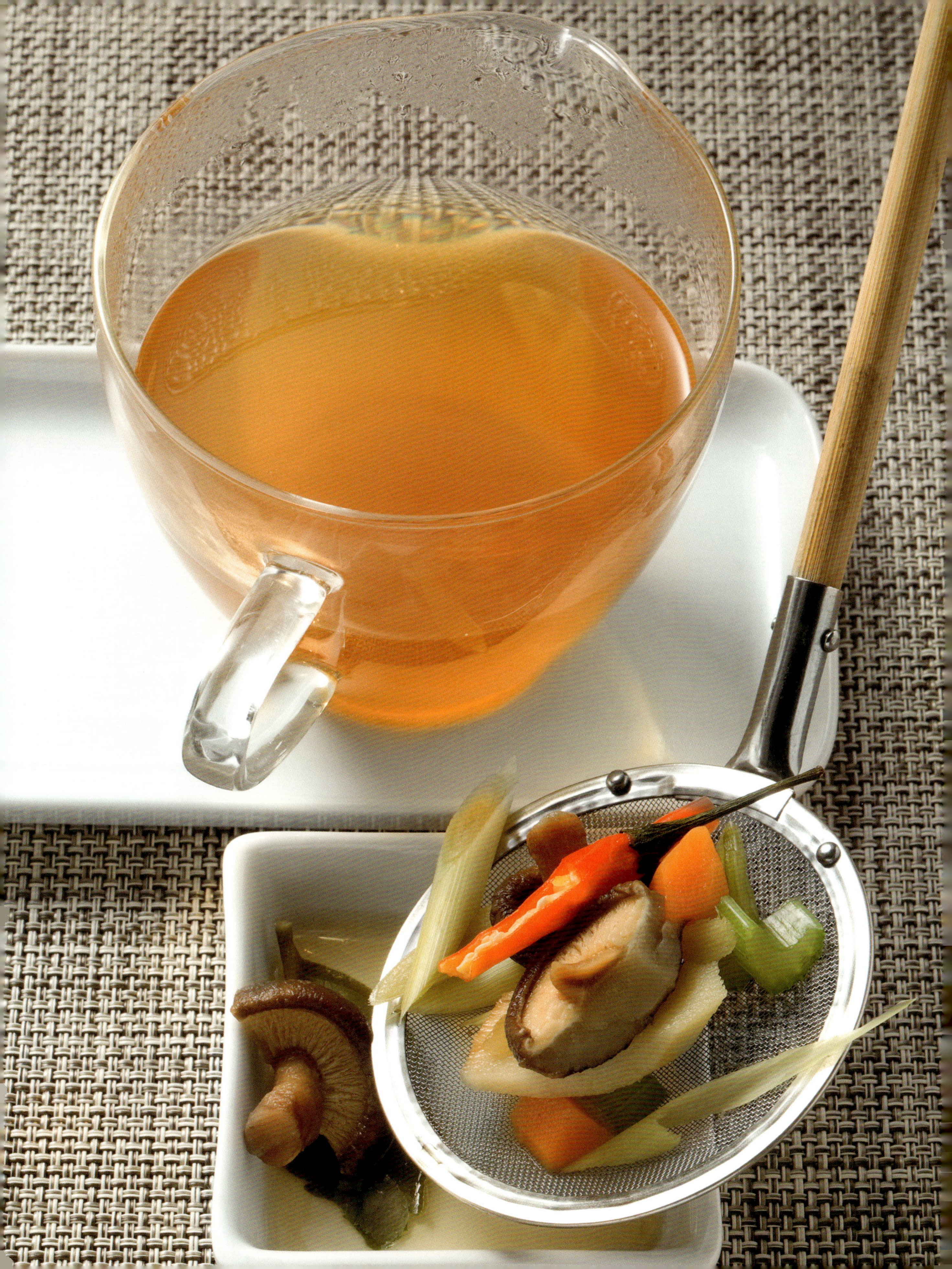

GRUNDSAUCEN

Braune Sauce

1 kg fleischige, gemischte Kalbs- und Schweineknochen (vom Metzger in kleine Stücke schneiden bzw. hacken lassen)
200 g Zwiebeln
1 Möhre (ca. 80 g)
1 Stück Knollensellerie (ca. 200 g)
2 EL Öl
2 EL Tomatenmark
1/2 l kräftiger Rotwein, z. B. Cabernet Sauvignon
1 EL Mehl (Type 405)
100 ml Sherry, medium dry
1,6 l Heller Kalbsfond (s. Seite 60)
2 EL Sauerbratengewürz (Fertigmischung; s. Tipp)
2 Salbeiblätter
Salz | schwarzer Pfeffer, frisch gemahlen
Zucker

Für etwa 800 ml | ca. 1 Std. Zubereitung
ca. 3 Std. Garzeit
Insgesamt ca. 795 kcal, 36 g EW, 46 g F, 62 g KH

1 Den Backofen auf 220° (Umluft 200°) vorheizen. Die Knochen auf dem Backblech verteilen und im Backofen in 30 Min. goldbraun rösten, dabei mehrmals wenden bzw. vom Blech lösen.

2 Nach ca. 15 Min. die Zwiebeln schälen, halbieren und in 1 cm große Würfel schneiden. Möhre und Sellerie waschen, putzen, schälen und klein schneiden.

3 Das Öl in einem großen Topf (28 cm Ø) erhitzen, Zwiebeln darin bei mittlerer Hitze ca. 3 Min. rösten. Möhre und Sellerie dazugeben, weitere 5 Min. rösten. Die Knochen dazugeben. Das Tomatenmark einrühren und alles noch 5 Min. unter ständigem Rühren rösten.

4 Mit einem Schuss Rotwein ablöschen. Die Flüssigkeit vollständig einkochen lassen. Alles mit Mehl bestäuben, mit Rotwein ablöschen und wieder einkochen lassen. Restlichen Rotwein und Sherry dazugießen, in 3 Min. einkochen lassen. Kalbsfond dazugießen und aufkochen lassen. Die Sauce offen bei schwacher Hitze ca. 1 Std. eher ziehen als köcheln lassen.

5 Das Sauerbratengewürz dazugeben und die Sauce weitere 2 Std. köcheln lassen. Nach 1 Std. 30 Min. die Salbeiblätter einlegen.

6 Die Sauce durch ein feines Sieb passieren, in einen kleinen Stieltopf (20 cm Ø) geben, aufkochen und bei mittlerer Hitze in ca. 15 Min. sämig einkochen lassen. Evtl. auftretenden Schaum immer wieder mit einem Schaumlöffel abschöpfen. Die fertige Sauce gleich oder erst bei Verwendung (s. Varianten) mit Salz, Pfeffer und 1 Prise Zucker abschmecken.

TIPP Das Sauerbratengewürz besteht aus getrocknetem Gemüse und Gewürzen, z. B. Möhren, Knollensellerie, Zwiebeln, Lauch, Lorbeer, schwarzem Pfeffer, Senfkörnern, Piment, Wacholder und Gewürznelke.

VARIANTEN (für je 4 Personen, ca. 400 ml)
Für eine *Portweinsauce* 2 klein geschnittene Schalotten in einem Topf (24 cm Ø) in 2 EL Butter anschwitzen, mit 300 ml rotem Portwein und 200 ml Rotwein ablöschen und in 15 Min. sirupartig einkochen lassen. 1/2 l Braune Sauce dazugeben und in weiteren 10 Min. einkochen lassen. Abpassieren und mit Salz und Pfeffer abschmecken. Passt zu gebratenem Rind- und Kalbfleisch, Ente, Geflügel und Kaninchen.

Für eine *Madeirasauce* 2 klein geschnittene Schalotten in einem Topf (24 cm Ø) in 2 EL Butter anschwitzen, mit 1/4 l Madeira, 150 ml Rotwein und 100 ml rotem Portwein ablöschen und in 15 Min. einkochen lassen. 1/2 l Braune Sauce dazugeben und in weiteren 10 Min. einkochen lassen. Abpassieren und mit Salz und Pfeffer abschmecken. Passt zu gebratenem Rind- und Kalbfleisch.

Für eine *Orangensauce* 1 1/2 EL Orangenmarmelade in einem kleinen Topf (18 cm Ø) erhitzen, mit 80 ml Orangensaft ablöschen und 2 Min. köcheln lassen. 30 ml Weinbrand und 1/2 l Braune Sauce dazugießen, 5 Min. köcheln lassen. 1 EL kalte Butterwürfel einrühren und die Sauce mit reichlich schwarzem Pfeffer abschmecken. Passt zu gebratenem Rind- und Schweinefleisch, Ente und anderem Geflügel.

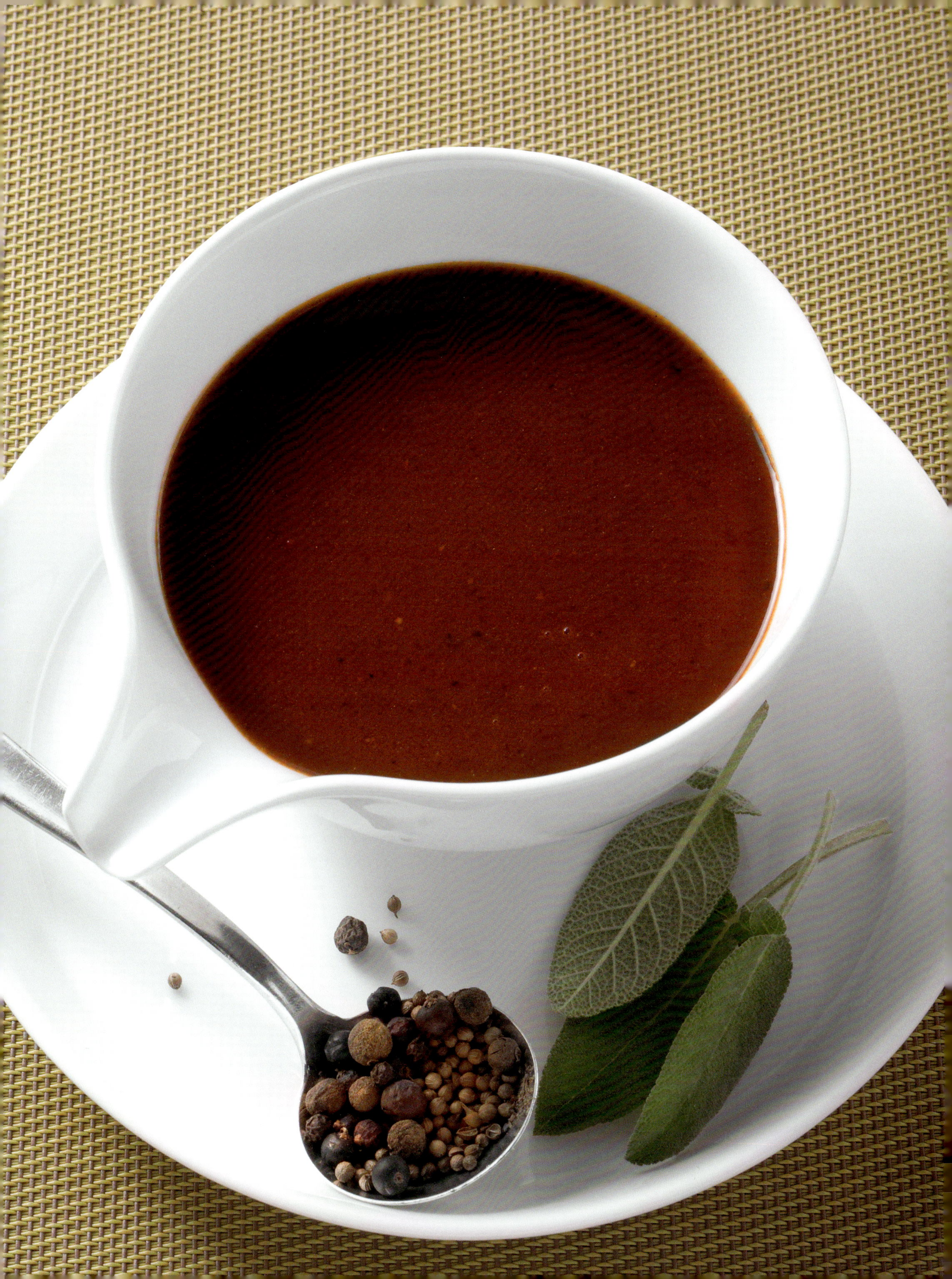

GRUNDSAUCEN

Helle Sauce

1 Schalotte (ca. 40 g)
1 Lorbeerblatt
3 Gewürznelken
30 g Butter
1 gehäufter EL Mehl (Type 405; ca. 25 g)
400 ml ausgekühlter Heller Kalbs- oder Geflügelfond
    (s. Seite 60 bzw. 62)
100 ml trockener Weißwein
200 g Sahne
Salz | schwarzer Pfeffer, frisch gemahlen
1 EL Butter
Außerdem:
Pürierstab

Für etwa 450 ml | ca. 15 Min. Zubereitung
20–25 Min. Garzeit
Insgesamt ca. 1095 kcal, 9 g EW, 103 g F, 33 g KH

1 Die Schalotte schälen. Das Lorbeerblatt auf die Schalotte legen und mit den Nelken darauf befestigen (Nelken durch das Blatt in die Schalotte drücken).

2 Die Butter in einem kleinen Stieltopf (20 cm Ø) aufschäumen lassen, das Mehl mit einem Kochlöffel einrühren und kurz durchrühren. Mit einem Schuss Kalbs- oder Geflügelfond ablöschen und mit einem Schneebesen glatt rühren. Den restlichen Fond nach und nach einrühren und aufkochen lassen, die gespickte Schalotte einlegen und den Fond bei kleiner Hitze 5 Min. köcheln lassen. Dabei ständig rühren, da die Sauce leicht anbrennt. Den Weißwein dazugießen und weitere 5 Min. köcheln.

3 Die Sahne einrühren und die Sauce 20–25 Min. köcheln lassen. Erst jetzt mit Salz und Pfeffer würzen.

4 Die Sauce durch ein feines Sieb passieren und wieder zurück in den Topf gießen. Kurz vor dem Servieren nochmals aufkochen lassen. Die kalte Butter in kleine Stücke schneiden und mit dem Pürierstab einmixen. Die Sauce vom Herd ziehen, d. h., nicht mehr kochen lassen. Je nach Geschmack gleich weiterverwenden oder abwandeln (s. Varianten).

WÜRZVARIANTEN Man kann die Sauce mit vielen Aromen ganz unterschiedlich abwandeln: Zitronensaft und -schale; Senf (Geschmack ganz nach Vorliebe); Meerrettich; Kapern; eingelegte grüne Pfefferkörner; frische Kräuter wie Petersilie, Schnittlauch, Basilikum, Kerbel oder Estragon; Weinbrand.

VERWENDUNGS-TIPP Die Sauce sollte jeweils zu der Hauptzutat passen, d. h., für Fischgerichte Fischfond, für Geflügelgerichte Geflügelfond usw. verwenden.
Helle Grundsaucen passen am besten zu gekochtem oder gedämpftem Fleisch, Fisch, Geflügel oder Gemüse.

Grundsaucen

Béchamelsauce

1/2 Zwiebel (ca. 50 g)
1 kleines Lorbeerblatt
2 Gewürznelken
30 g Butter
30 g Mehl (Type 405)
600 ml Milch
Salz
schwarzer Pfeffer, frisch gemahlen
Muskatnuss, frisch gerieben

Für etwa 400 ml | ca. 15 Min. Zubereitung
ca. 25 Min. Garzeit
Insgesamt ca. 710 kcal, 23 g EW, 46 g F, 50 g KH

1 Die Zwiebelhälfte schälen, das Lorbeerblatt mit den Nelken auf die Zwiebel spicken (s. Seite 74, Step 1).

2 Die Butter in einem kleinen Stieltopf (20 cm Ø) erhitzen, das Mehl einstreuen und glatt rühren. Die kalte Milch nach und nach dazugießen und – am besten mit einem Schneebesen – gut einrühren. Aufkochen lassen, die gespickte Zwiebelhälfte dazugeben und die Sauce offen bei kleiner Hitze ca. 25 Min. köcheln lassen. Dabei immer wieder umrühren, damit nichts anbrennt.

3 Die Die Béchamelsauce mit Salz, Pfeffer und Muskat würzen, durch ein feines Sieb gießen und je nach Rezept weiterverarbeiten.

TIPP Die heiße Mehlschwitze immer mit kalter Flüssigkeit ablöschen. Ist die Mehlschwitze kalt, wird dagegen mit heißer Flüssigkeit abgelöscht, sonst würde das Mehl Klümpchen bilden.
Die Sauce braucht doch etwas Geduld, nur so kann sich der Mehlgeschmack auch richtig auskochen.

VERWENDUNGS-TIPP Die Béchamelsauce eignet sich z. B. für die Zubereitung von Lasagne oder anderen Aufläufen. Man kann sie mit unterschiedlichen Aromen verfeinern (s. Helle Sauce auf Seite 74) und dann entsprechend zu gekochtem oder gedünstetem Fleisch, Geflügel, Fisch oder Gemüse servieren.

VORRATS-TIPP Die Sauce kann man durchaus auch auf Vorrat zubereiten. Sie wird beim Abkühlen fest. Zum Erwärmen je nach Konsistenz noch Flüssigkeit dazugießen.

VARIANTE – SCHNELLE MEHLSCHWITZE zum Einrühren
Gleiche Teile Mehl und weiche Butter (z. B. 1 EL Mehl und 1 EL Butter) mit einem Löffel zu einer glatten Paste rühren. Nach und nach mit einem Schneebesen in die kochende Flüssigkeit (1/2 l) rühren und 20 Min. köcheln lassen, sodass sich der Mehlgeschmack auskochen kann. Bindet man mit angerührter Speisestärke, geht das viel schneller, denn die Stärke muss nur einige Minuten kochen. Allerdings wird dann die Konsistenz der Sauce oft recht klebrig. Außerdem löst sich die Stärke, wenn man die Sauce länger aufbewahrt; das passiert bei mehlgebundenen Saucen nicht.
Übrigens: Mit der Mehlbutter lassen sich natürlich auch Suppen wunderbar abbinden.

GRUNDSAUCEN

Wildsauce

1 kg fleischige Wildknochen (beim Händler vorbestellen und klein hacken lassen)
150 g Zwiebeln
1 Möhre (ca. 80 g)
1 Stück Knollensellerie (ca. 150 g)
2 EL Öl
2 EL Tomatenmark
1/2 l kräftiger Rotwein, z. B. Cabernet Sauvignon
1 EL Mehl (Type 405)
1,6 l Wildfond (s. Seite 64)
1 TL schwarze Pfefferkörner
3 TL grob zerstoßene Wacholderbeeren
2 TL Wildgewürz, gemahlen
2 Lorbeerblätter
2–3 Zweige Thymian
50 g Sahne
2 EL Johannisbeergelee
Salz | schwarzer Pfeffer, frisch gemahlen

Für etwa 800 ml | ca. 1 Std. Zubereitung
ca. 3 Std. 50 Min. Garzeit
Insgesamt ca. 1500 kcal, 106 g EW, 42 g F, 54 g KH

1 Den Backofen auf 220° (Umluft 200°) vorheizen. Die Knochen auf dem Backblech verteilen und im Backofen in 30 Min. goldbraun rösten, dabei mehrmals wenden bzw. vom Blech lösen.

2 Die Zwiebeln schälen, halbieren und in 1 cm große Würfel schneiden. Möhre und Sellerie waschen, putzen, schälen und klein schneiden.

3 Das Öl in einem großen Topf (28 cm Ø) erhitzen, die Zwiebeln darin bei mittlerer Hitze ca. 3 Min. rösten. Möhren und Sellerie dazugeben und weitere 5 Min. rösten. Die Knochen aus dem Ofen nehmen und zum Gemüse geben. Das Tomatenmark einrühren und weitere 5 Min. unter ständigem Rühren rösten.

4 Mit einem Schuss Rotwein ablöschen und diesen vollständig einkochen lassen. Alles mit Mehl bestäuben, noch zweimal mit etwas Rotwein ablöschen und einkochen lassen. Restlichen Rotwein dazugießen, mit Wildfond aufgießen und die Sauce aufkochen lassen.

5 Die Sauce offen bei kleiner Hitze ca. 2 Std. eher ziehen als köcheln lassen.

6 Pfefferkörner, 2 TL Wacholder, Wildgewürz und Lorbeerblätter dazugeben und noch 1 Std. köcheln lassen.

7 Den Thymian waschen und trocken schütteln. Die Sauce durch ein feines Sieb passieren, in einen kleinen Stieltopf (20 cm Ø) geben und aufkochen lassen. Sahne, Johannisbeergelee, Thymian und restliche Wacholderbeeren dazugeben und die Sauce bei mittlerer Hitze in 15–20 Min. sämig einkochen lassen. Die Sauce nochmals durch ein Sieb streichen und erst jetzt mit Salz und Pfeffer abschmecken.

TAUSCH-TIPP Anstelle von Johannisbeergelee kann man auch Wildpreiselbeeren aus dem Glas nehmen. Die fertige passierte und abgeschmeckte Sauce dann mit den Preiselbeeren verfeinern.

Lammsauce

1,2 kg fleischige Lammknochen (beim Metzger vorbestellen und grob hacken lassen)
150 g Zwiebeln | 2 Knoblauchzehen
1 Möhre (ca. 100 g)
1 Stück Knollensellerie (ca. 150 g)
2 EL Olivenöl
2 EL Tomatenmark
1/2 l kräftiger Rotwein, z. B. Cabernet Sauvignon
2,2 l Gemüse- oder Kalbsfond (s. Seite 68 bzw. 60)
1 Stück Lauch (ca. 30 g)
3–4 Zweige Thymian
1 kleiner Zweig Rosmarin
1 TL schwarze Pfefferkörner
1 EL Speisestärke
Salz
Außerdem:
Küchengarn

Für etwa 800 ml | ca. 1 Std. Zubereitung
ca. 3 Std. 15 Min. Garzeit
Insgesamt ca. 540 kcal, 32 g EW, 23 g F, 43 g KH

1 Den Backofen auf 220° (Umluft 200°) vorheizen. Die Knochen auf ein Backblech geben, in den Ofen schieben und in 30 Min. goldbraun rösten, dabei immer wieder wenden und vom Blech lösen.

2 Inzwischen Zwiebeln und Knoblauch schälen, Zwiebeln in 1 cm große Würfel, Knoblauch in Scheiben schneiden. Möhre und Sellerie waschen, putzen, schälen und ebenfalls klein schneiden.

3 Das Olivenöl in einem Topf (28 cm Ø) erhitzen, Zwiebeln und Knoblauch darin bei mittlerer Hitze ca. 2 Min. rösten. Möhren und Sellerie dazugeben, 3 Min. braten, Tomatenmark einrühren und weitere 3 Min. rösten.

4 Mit einem Schuss Rotwein ablöschen und diesen vollständig einkochen lassen, diesen Vorgang noch zweimal wiederholen. Restlichen Rotwein sowie Gemüse- oder Kalbsfond dazugießen und die Knochen vom Blech dazugeben. Einmal aufkochen und offen bei kleiner Hitze 1 Std. köcheln lassen.

5 In der Zwischenzeit den Lauch putzen, längs halbieren und mit den Kräutern waschen. Lauchblätter und Kräuter mit Küchengarn zu einem kleinen Bund binden und mit den Pfefferkörnern zur Sauce geben. Bei kleiner Hitze noch 1 Std. 30 Min. köcheln lassen.

6 Die Sauce durch ein feines Sieb passieren, in einen kleinen Stieltopf (20 cm Ø) gießen, aufkochen lassen und bei mittlerer Hitze in 15–20 Min. einkochen lassen. Auftretendes Fett abschöpfen (s. Tipp). Die Stärke mit einem Schuss kaltem Wasser glatt rühren, in die kochende Sauce geben und ca. 5 Min. einkochen lassen. Die fertige Sauce erst jetzt mit Salz abschmecken und je nach Bedarf gleich weiterverarbeiten.

TIPP Je nach Konsistenz die Sauce erst zum Schluss mit Stärke binden, denn je länger man die passierte Sauce einkocht, desto dichter wird die Konsistenz. Auch der Geschmack wird intensiver – deshalb zum Schluss salzen. Um die Sauce zu entfetten, mit einem kleinen Schöpfer von der Mitte her einen großen Teil des Fetts von der Oberfläche der Sauce abnehmen und weggießen.

KLASSIKER

Tomatensauce

1 Zwiebel (ca. 100 g)
1 Knoblauchzehe
3 EL Olivenöl
2 EL Tomatenmark
1 EL Zucker
800 ml passierte Tomaten (Fertigprodukt)
200 ml Gemüsefond (s. Seite 68)
2 kleine Zweige Oregano oder 2 Prisen getrockneter
2–3 Zweige Thymian
2 Stängel Basilikum
Salz
schwarzer Pfeffer, frisch gemahlen
Cayennepfeffer

Für 4 Personen | ca. 25 Min. Zubereitung
ca. 45 Min. Garzeit
Pro Portion ca. 135 kcal, 3 g EW, 8 g F, 11 g KH

1 Die Zwiebel und den Knoblauch schälen und in feine Würfel schneiden. Olivenöl in einem Topf (20 cm Ø) erhitzen, Zwiebel und Knoblauch darin bei mittlerer Hitze 3 Min. dünsten, ohne dass sie Farbe annehmen.

2 Das Tomatenmark einrühren, 2 Min. mitdünsten, mit dem Zucker bestreuen und weitere 5 Min. unter ständigem Rühren garen. Die passierten Tomaten und den Gemüsefond dazugießen. Die Sauce aufkochen und zugedeckt bei kleiner Hitze 30 Min. köcheln lassen, dabei immer wieder umrühren.

3 Den Deckel jetzt nur halb auf den Topf legen – so spritzt es nicht, aber die Flüssigkeit kann trotzdem einkochen – und die Sauce in weiteren 15 Min. einkochen.

4 Die Kräuter waschen, trocken schütteln, abzupfen und fein hacken. Die fertige Sauce erst jetzt mit Salz, Pfeffer und Cayennepfeffer pikant abschmecken und mit den Kräutern verfeinern.

WÜRZVARIANTEN Man kann die Sauce auch mit verschiedenen Aromen würzen, z. B. Chiliflocken, Oliven, Kapern, rohen hauchdünn geschnittenen roten Zwiebeln, Sahne und/oder getrockneten Tomaten.

VORRATS-TIPP Die Sauce kann man gut auf Vorrat kochen, dann sollten Sie aber die frischen Kräuter weglassen und die Sauce erst bei Verwendung damit abschmecken. Zum Aufbewahren die Sauce heiß in ausgekochte Gläser füllen und mit ausgekochten Deckeln verschließen. Die Gläser auf den Kopf stellen und auskühlen lassen (s. Seite 12). Die Sauce hält dann 4 Wochen.

VARIANTE – CREMIGE TOMATENSAUCE MIT MOZZARELLA
Für 2 Personen 1 kleine Zwiebel (60 g) schälen und in feine Würfel schneiden. 2 EL Olivenöl in einem kleinen Topf (20 cm Ø) erhitzen, Zwiebel darin 3 Min. glasig anbraten, 1 gehäuften EL Tomatenmark einrühren und 1 Min. weitergaren. 1 Dose Pizzatomaten (400 g) dazugeben. Die Dose mit 200 ml Wasser (noch besser mit Gemüsefond) ausschwenken und das Wasser dazugießen. In etwa 3 Min. aufkochen und offen bei kleiner Hitze köcheln lassen. Dabei immer wieder umrühren. In der Zwischenzeit 1 Kugel Mozzarella (125 g; am besten vom Büffel) in kleine Würfel schneiden. 100 g Sahne in die kochende Sauce rühren, Mozzarella und 1 EL frisch geriebenen Parmesan dazugeben und 3–4 Min. bei kleiner Hitze köcheln lassen. Dabei ständig rühren, damit sich die beiden Käsesorten gut mit der Tomatensauce verbinden. Die cremige Sauce mit Salz, Pfeffer, 1–2 Prisen Zucker, 2 Prisen Chiliflocken und (je nach Geschmack) 2 Prisen getrocknetem Basilikum oder 6–8 klein geschnittenen frischen Basilikumblättern abschmecken. Die cremige Sauce dann zu Ihrer Lieblingsnudelsorte servieren.

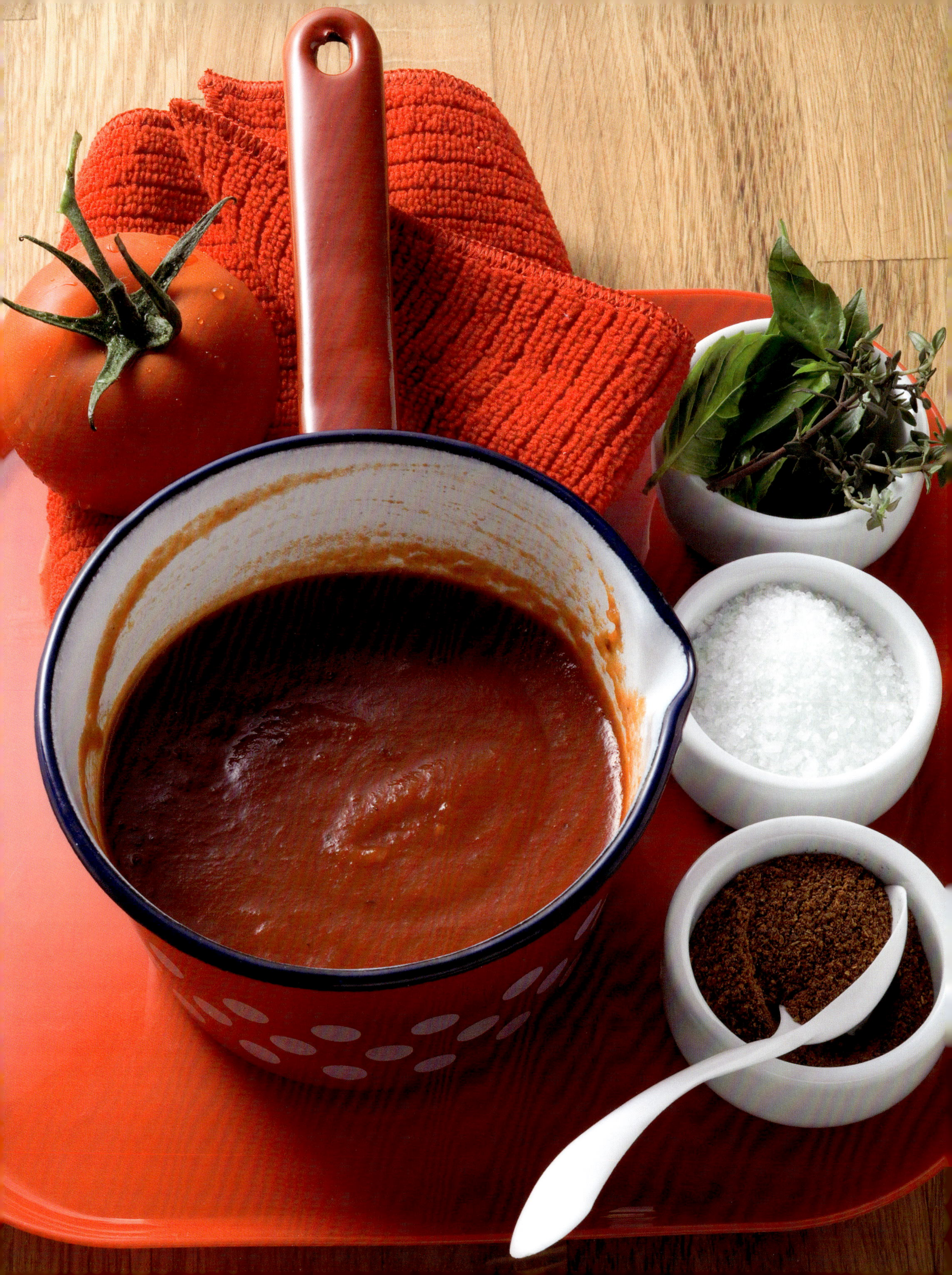

KLASSIKER

Sauce bolognese mit Oregano zu Butternudeln

Für die Sauce:
1 große Zwiebel (ca. 150 g)
1 große Knoblauchzehe
1 Möhre (ca. 100 g)
1 Stück Knollensellerie (ca. 100 g)
3 EL Olivenöl
600 g gemischtes Hackfleisch (von Schwein und Rind)
3 EL Tomatenmark
Salz
schwarzer Pfeffer, frisch gemahlen
100 ml kräftiger Rotwein, z. B. Cabernet Sauvignon
2 Dosen Pizzatomaten (à 400 g)
1 Stück Parmesanrinde (ca. 30 g; s. Tipp)
2 Stängel Basilikum
2 Zweige Oregano oder 2 Prisen getrockneter Chiliflocken
Für die Nudeln:
500 g Spaghetti
2 EL Butter
Zum Anrichten:
frisch geriebener Parmesan

Für 4 Personen | ca. 30 Min. Zubereitung
ca. 2 Std. Garzeit
Pro Portion ca. 1100 kcal, 54 g EW, 52 g F, 103 g KH

1 Die Zwiebel und den Knoblauch schälen, halbieren und in feine Würfel schneiden. Die Möhre und den Knollensellerie putzen und schälen. Beides in feine Würfel schneiden.

2 Das Olivenöl in einem großen Topf (28 cm Ø) erhitzen, das Hackfleisch darin bei mittlerer Hitze 10 Min. anbraten. Gemüse, Zwiebel und Knoblauch dazugeben, 4 Min. weiterbraten. Tomatenmark einrühren, mit Salz und Pfeffer würzen und alles noch 3 Min. rösten. Mit Rotwein ablöschen, ca. 1 Min. einkochen lassen.

3 Die Tomaten dazugießen, beide Dosen mit insgesamt 400 ml Wasser ausschwenken und ebenfalls zur Sauce geben. Die Sauce aufkochen lassen, die Parmesanrinde einlegen und die Sauce zugedeckt bei kleiner Hitze 2 Std. köcheln lassen.

4 Etwa 15 Min. vor dem Servieren der Sauce für die Nudeln in einem großen Topf Wasser aufkochen lassen, gut salzen und die Nudeln darin nach Packungsangabe kochen. In ein Sieb abgießen und abtropfen lassen.

5 Die Butter im selben Topf aufschäumen lassen, die heißen Nudeln darin schwenken.

6 Die Kräuter waschen, trocken schütteln, die Blätter abzupfen und grob zerkleinern. Die Sauce mit Salz, Pfeffer und 2 Prisen Chiliflocken abschmecken, die Parmesanrinde entfernen und wegwerfen. Ganz zum Schluss die Kräuter einrühren. Die Butternudeln mit der Sauce auf vorgewärmten Tellern anrichten, mit Parmesan bestreuen und servieren.

TIPP Das letzte Stück Parmesan lässt sich meist nicht mehr reiben, weil es zu trocken und zu hart ist. Zum Mitkochen in der Sauce hingegen ist die Rinde ideal, so lässt sich auch der Rest gut verwerten.

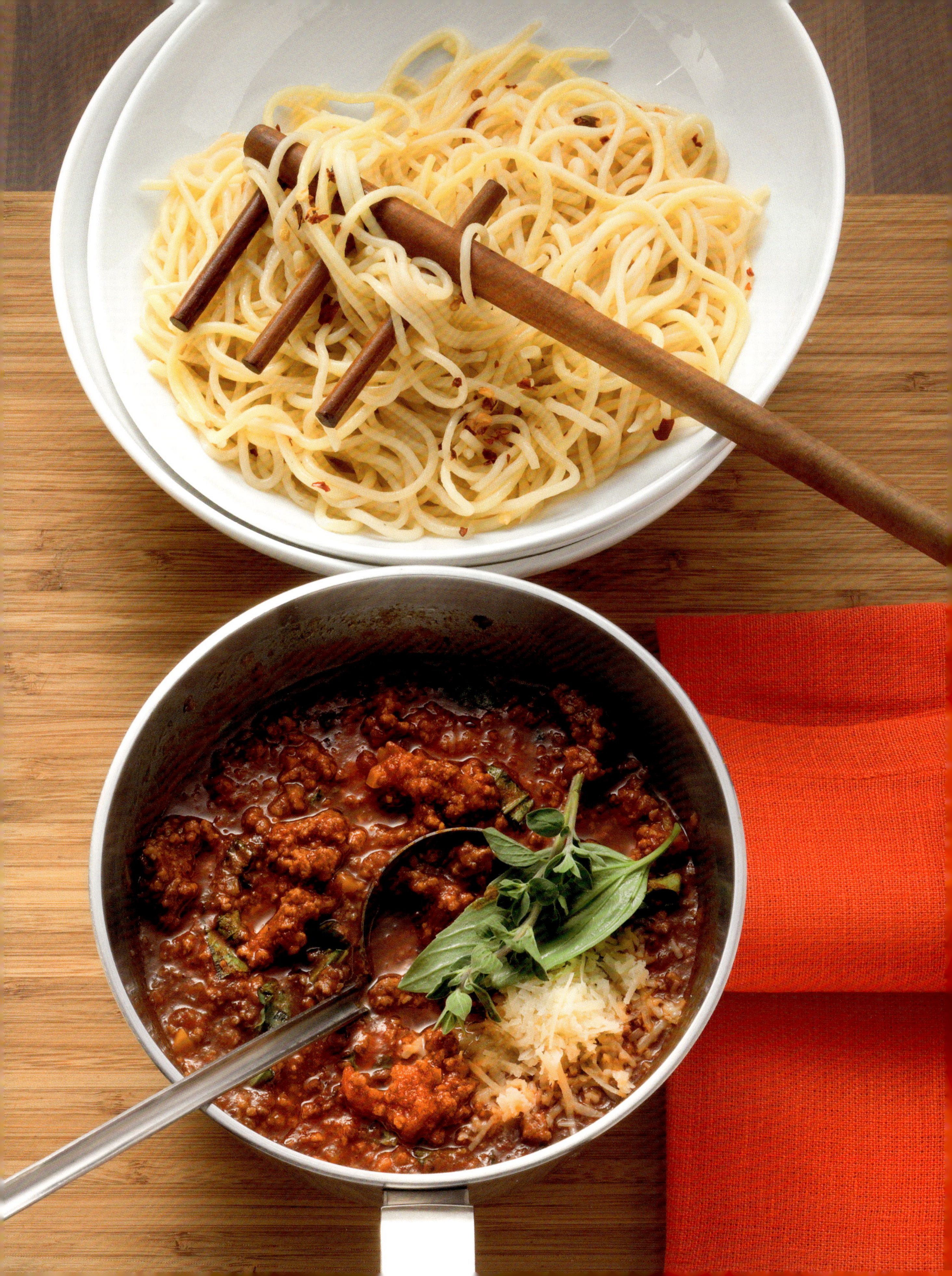

Saucen mit Ei

Sauce hollandaise

200 g Butter | 2 Eigelb (Größe M)
50 ml trockener Weißwein
1 TL Worcestersauce
Salz | schwarzer Pfeffer, frisch gemahlen
Cayennepfeffer
Zitronensaft, frisch gepresst
Muskatnuss, frisch gerieben, nach Geschmack

Für 4 Personen | ca. 15 Min. Zubereitung
Pro Portion ca. 420 kcal, 2 g EW, 45 g F, 1 g KH

1 Die Butter in einem kleinen Topf bei kleiner Hitze schmelzen lassen. Vom Herd nehmen.

2 Die Eigelbe mit Weißwein in einer kleinen Metallschüssel mit rundem Boden (Schlagkessel) verrühren und mit Worcestersauce, Salz, Pfeffer und Cayennepfeffer würzen. Über ein heißes Wasserbad stellen und mit einem Schneebesen in ca. 3 Min. zu einer cremigen, luftigen und glänzenden Masse schlagen. Die Schüssel vom Wasserbad nehmen.

3 Die flüssige, nicht zu heiße Butter unter ständigem Rühren langsam mit einem Schneebesen einrühren. Zum Schluss die Sauce mit einigen Tropfen Zitronensaft und frisch geriebener Muskatnuss nach Belieben abschmecken und je nach Rezept weiterverarbeiten.

PASST ZU gebratenem Rind-, Kalb- und Schweinefleisch, Geflügel, Fisch, Meeresfrüchten und Pilzen. Außerdem zu gekochten/gedämpften Kartoffeln, Spargel, Blumenkohl und Brokkoli.

TIPPS Das heiße Wasserbad (auch Bainmarie ganannt) verhindert, dass warme Saucen, die mit Ei zubereitet werden, zu schnell heiß werden und gerinnen. Der Schlagkessel sollte dabei nicht im heißen Wasser stehen. Die Masse wird langsam nur durch den heißen Dampf erwärmt.
Zum kurzfristigen Warmhalten einfach die Schüssel wieder über das heiße Wasserbad stellen. Allerdings sollte das Wasser im Topf dabei nicht mehr kochen.

Sauce béarnaise

1 kleine Schalotte (ca. 20 g)
150 ml trockener Weißwein
Estragonessig (nach Belieben)
2 Wacholderbeeren
1 Lorbeerblatt | 1 Pimentkorn
4 schwarze Pfefferkörner
200 g Butter | 2 Eigelb (Größe M)
Worcestersauce | Salz | Cayennepfeffer
Zitronensaft, frisch gepresst | Zucker
1/2 Bund Schnittlauch
2 kleine Salbeiblätter
1 Zweig Thymian | 1 Zweig Estragon
2 Stängel glatte Petersilie

Für 4 Personen | ca. 25 Min. Zubereitung
Pro Portion ca. 420 kcal, 2 g EW, 1 g F, 2 g KH

1 Schalotte schälen und fein würfeln. Wein und 1 Spritzer Essig mit Schalotte, Wacholder, Lorbeer, Piment und Pfeffer in einem kleinen Topf (18 cm Ø) erhitzen und die Flüssigkeit bei kleiner Hitze in 5 Min. um zwei Drittel einkochen lassen. Die reduzierte Flüssigkeit (ca. 50 ml) durch ein feines Sieb streichen und auf Zimmertemperatur abkühlen lassen.

2 Die Butter schmelzen lassen und vom Herd nehmen. Die Eigelbe mit der Weinreduktion in einem Schlagkessel verrühren und mit einigen Spritzern Worcestersauce, Salz, Pfeffer und Cayennepfeffer würzen. Über dem heißen Wasserbad mit einem weichen Schneebesen in ca. 3 Min. zu einer cremig-festen Masse aufschlagen.

3 Die Schüssel vom Wasserbad nehmen und die flüssige, nicht zu heiße Butter langsam einrühren. Mit einigen Tropfen Zitronensaft und 1 Prise Zucker abschmecken. Kräuter waschen, trocken schütteln, die Blätter abzupfen und mit dem Schnittlauch fein schneiden. Unter die Sauce ziehen.

PASST ZU gebratenem Rind- (Roastbeef, Filet), Kalb- und Schweinefleisch, Geflügel, Fisch, Meeresfrüchten, Pilzen

TIPP Die Sauce erst kurz vor dem Servieren aufschlagen.

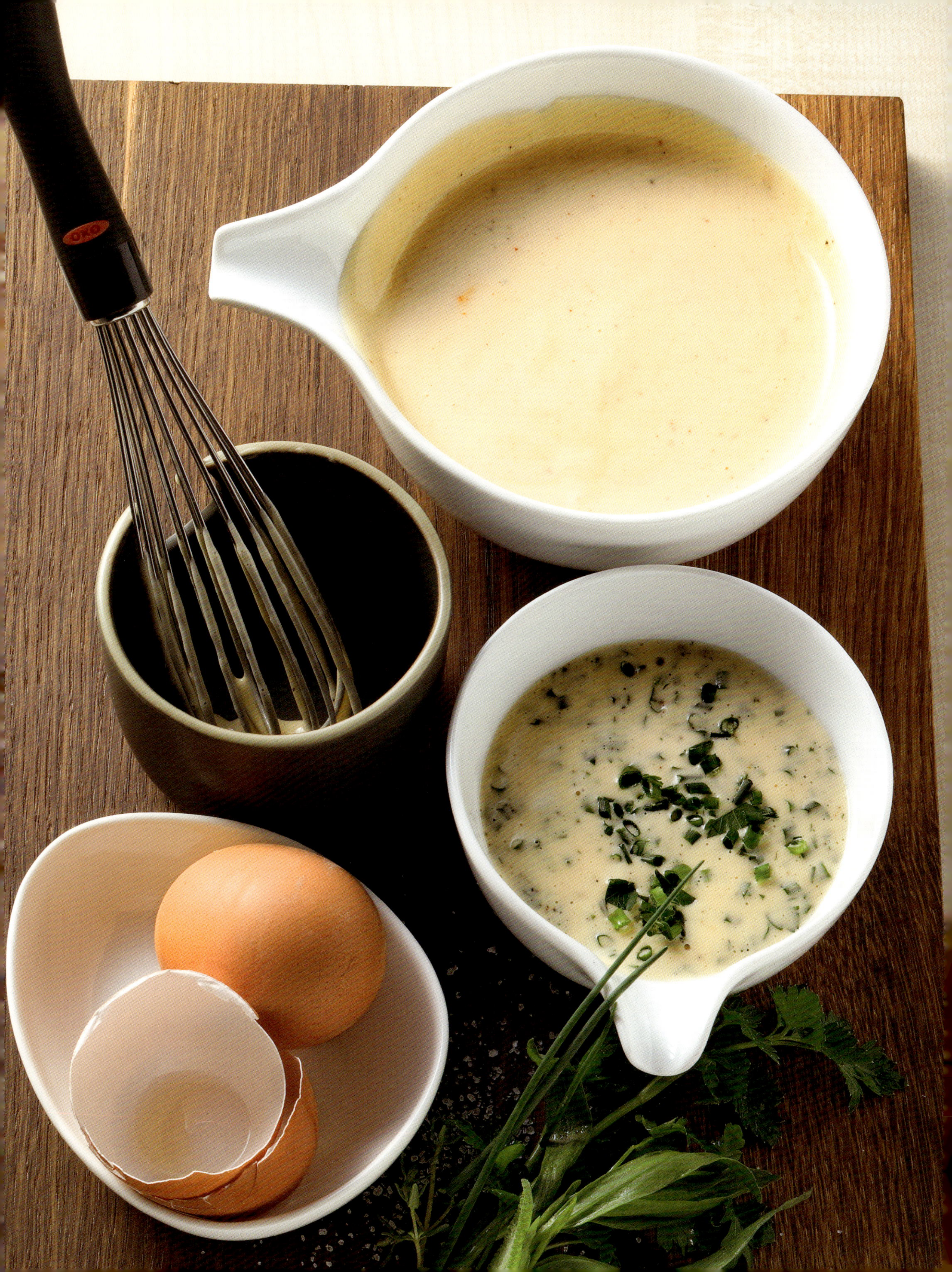
OXO

SAUCEN MIT EI

Chili-Sabayon mit Basilikum

3 Eigelb (Größe M)
100 ml trockener Weißwein
4 große Basilikumblätter
1 Stängel glatte Petersilie
1 EL Crème fraîche
Salz | schwarzer Pfeffer, frisch gemahlen
Chiliflocken

Für 4 Personen | ca. 10 Min. Zubereitung
Pro Portion ca. 80 kcal, 2 g EW, 6 g F, 1 g KH

1 Die Eigelbe in eine Schüssel mit rundem Boden (Schlagkessel) geben und mit dem Weißwein verrühren. Die Schüssel über ein heißes Wasserbad stellen. Die Schüssel sollte dabei nicht im Wasser stehen, sondern nur durch den heißen Dampf erwärmt werden. Die Eimasse mit einem Schneebesen in 4–5 Min. schaumig aufschlagen. Die Masse ist fertig, wenn sie seidig glänzt. Die luftige Sabayon vom Wasserbad nehmen.

2 Die Kräuter waschen, die Blätter abzupfen und fein schneiden. Die Sauce mit den Kräutern und der Crème fraîche verrühren und mit Salz, Pfeffer und 2 Prisen Chiliflocken pikant abschmecken.

WÜRZVARIANTEN Die Sauce kann man beliebig abschmecken, z. B. mit Knoblauch, abgeriebener Bio-Zitronen- oder Orangenschale, Petersilie, Estragon, Kerbel, Schnittlauch, Bärlauch oder Brunnenkresse.

PASST ZU gebratenem Rind-, Kalb-, Lamm- und Schweinefleisch, Geflügel, Fisch, Meeresfrüchten, Pilzen, zu gekochtem/gedämpftem Gemüse und Kartoffeln

INFO – BASILIKUM ist sehr hitze- und kälteempfindlich. Es eignet sich ganz klassisch für ein Pesto, schmeckt aber auch gut zu Fisch, Kalb, Schwein, Lamm, Meeresfrüchten und vor allem zu Gemüse und Salat. Erst kurz vor der Verwendung schneiden, damit das frische Aroma nicht verfliegt. In warme Gerichte ganz zum Schluss zugeben und nicht mehr mitkochen lassen.

Käsesauce

200 g gemischter Käse, z. B. Appenzeller, Vacherin, Greyerzer; oder nur Fontina
1/4 l Milch
3 Eigelb (Größe M)
Salz
Cayennepfeffer
Kümmel, gemahlen
Außerdem:
Bratenthermometer

Für 4 Personen | ca. 20 Min. Zubereitung
Pro Portion ca. 290 kcal, 18 g EW, 23 g F, 3 g KH

1 Vom Käse die Rinde entfernen, den Käse in feine Streifen oder Würfel schneiden. In eine Schüssel mit rundem Boden (Schlagkessel) geben und mit der Milch bedecken. Die Schüssel über ein heißes Wasserbad (s. links) stellen. Die Käse langsam in 7–8 Min. schmelzen lassen. Dabei mit einem Gummispatel ständig rühren.

2 Die Eigelbe in eine kleine Schüssel geben. Einen kleinen Schöpfer heiße Käsemilch unterrühren. Die angerührten Eigelbe langsam in die heiße Käsemilch gießen und dabei mit dem Gummispatel rühren, bis eine cremige abgebundene Sauce entsteht. Das dauert 5–6 Min. Zur Sicherheit das Bratenthermometer in die heiße Sauce stecken. Bei ca. 70° ist die Käsesauce perfekt gebunden.

3 Je nachdem, wie salzig die Käse sind, die Sauce nur leicht salzen und mit Cayennepfeffer und 1 Prise Kümmel abschmecken.

PASST ZU gebratenem Kalb- und Schweinefleisch, Geflügel, Pilzen. Außerdem zu gekochtem oder gedämpftem Gemüse, Kartoffeln, Gnocchi und Nudeln.

VARIANTE Im Piemont wird die Käsesauce (Fonduta) pur mit frisch gehobeltem weißem Trüffel und Weißbrot serviert. Die Fonduta wird nur mit Fontina-Käse zubereitet. Auf den Kümmel dann verzichten. Je nach Menü die Menge verdoppeln.

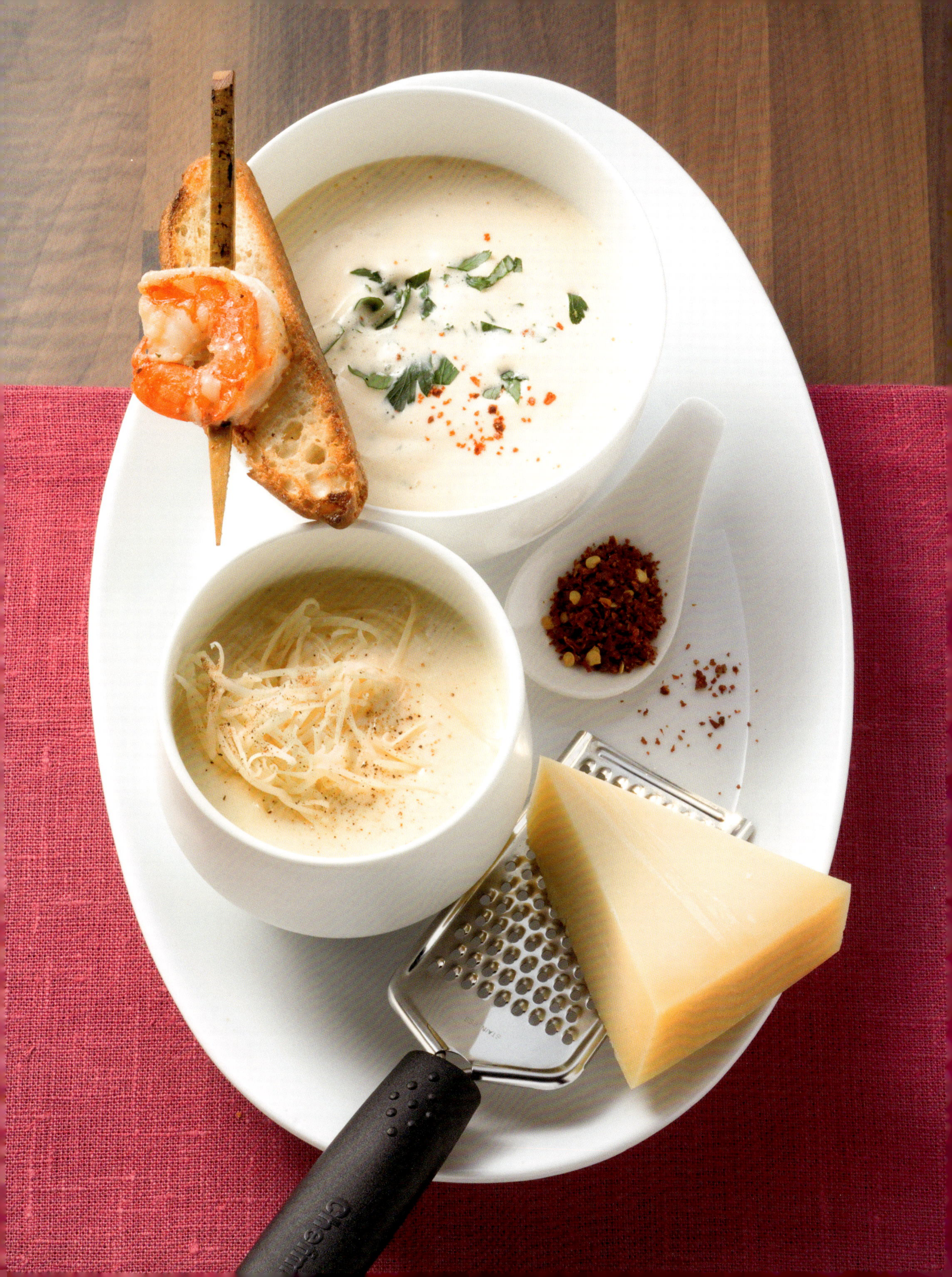

Weißwein-Senf-Sauce

1 Schalotte (ca. 40 g)
1 1/2 EL Butter
1 EL Mehl (Type 405)
200 ml trockener Weißwein
200 ml Heller Kalbsfond (s. Seite 60)
1 Lorbeerblatt
200 g Sahne
1 EL mittelscharfer Senf
1 TL grobkörniger Senf
Salz
schwarzer Pfeffer, frisch gemahlen
Cayennepfeffer
Zucker
Außerdem:
Pürierstab

Für 4 Personen, ca. 25 Min. Zubereitung
Pro Portion ca. 215 kcal, 2 g EW, 20 g F, 6 g KH

1 Die Schalotte schälen, halbieren und in feine Würfel schneiden. 1 EL Butter in einem kleinen Topf (20 cm Ø) aufschäumen lassen, die Schalotte darin 2 Min. dünsten. Das Mehl einstreuen und kurz durchrühren. Den Weißwein nach und nach dazugießen und mit einem Schneebesen glatt verrühren. Mit dem Kalbsfond aufgießen und aufkochen lassen. Das Lorbeerblatt einlegen und die Sauce offen bei kleiner Hitze ca. 5 Min. köcheln lassen. Dabei immer wieder umrühren.

2 Die Sahne dazugeben und weitere 5 Min. köcheln lassen. Das Lorbeerblatt entfernen, beide Senfsorten einrühren, die restliche Butter dazugeben und alles mit dem Pürierstab fein und schaumig aufmixen. Die Sauce mit Salz, Pfeffer, Cayennepfeffer und 1 Prise Zucker abschmecken.

TIPP Je nach Fleischsorte den passenden Fond verwenden, d.h., für gebratenen Fisch oder Meeresfrüchte dann Fischfond nehmen.

PASST ZU gebratenem hellen Fleisch wie Geflügel, Kalb, Schwein oder Kaninchen. Außerdem zu Fisch und Meeresfrüchten.

Petersiliensauce mit grünem Öl

1 Petersilienwurzel (ca. 80 g)
1 kleine Zwiebel (ca. 30 g)
300 ml Gemüsefond (s. Seite 68)
2 Bund glatte Petersilie (abgezupft ca. 30 g)
80 ml Olivenöl
200 g Sahne | Salz
schwarzer Pfeffer, frisch gemahlen
Muskatnuss, frisch gerieben
1 Msp. abgeriebene Schale von 1 Bio-Zitrone
Außerdem:
Pürierstab

Für 4 Personen | ca. 25 Min. Zubereitung
Pro Portion ca. 350 kcal, 2 g EW, 36 g F, 4 g KH

1 Die Petersilienwurzel waschen, schälen und in kleine Würfel schneiden. Die Zwiebel schälen, halbieren und in feine Würfel schneiden. Den Gemüsefond in einen Stieltopf (20 cm Ø) geben, Zwiebel und Petersilienwurzel einlegen, aufkochen lassen und das Gemüse offen bei kleiner Hitze in ca. 10 Min. weich kochen.

2 In der Zwischenzeit die Petersilie waschen, trocken schütteln, die Blätter abzupfen und in ein hohes Gefäß geben. Mit dem Olivenöl begießen und kalt stellen.

3 Die Sahne in die kochende Sauce rühren, 2 Min. köcheln und mit dem Pürierstab fein mixen. Die Sauce in 3–4 Min. sämig einköcheln lassen. Mit Salz, Pfeffer, Muskatnuss und Zitronenschale abschmecken.

4 Kurz vor dem Servieren die Petersilie im Öl mit dem Pürierstab möglichst schnell fein pürieren. In die heiße Sauce mixen, abschmecken und sofort servieren.

TIPP Das Öl erst ganz kurz vor dem Servieren in die Sauce rühren und nicht mehr kochen lassen. Die Sauce verliert sonst ihren frischen Geschmack und ihre Farbe.

PASST ZU gebratenem hellen Fleisch wie Geflügel, Kalb, Schwein, Kaninchen zu gekochtem und gedämpftem Rind- oder Kalbfleisch und zu Fisch und Meeresfrüchten

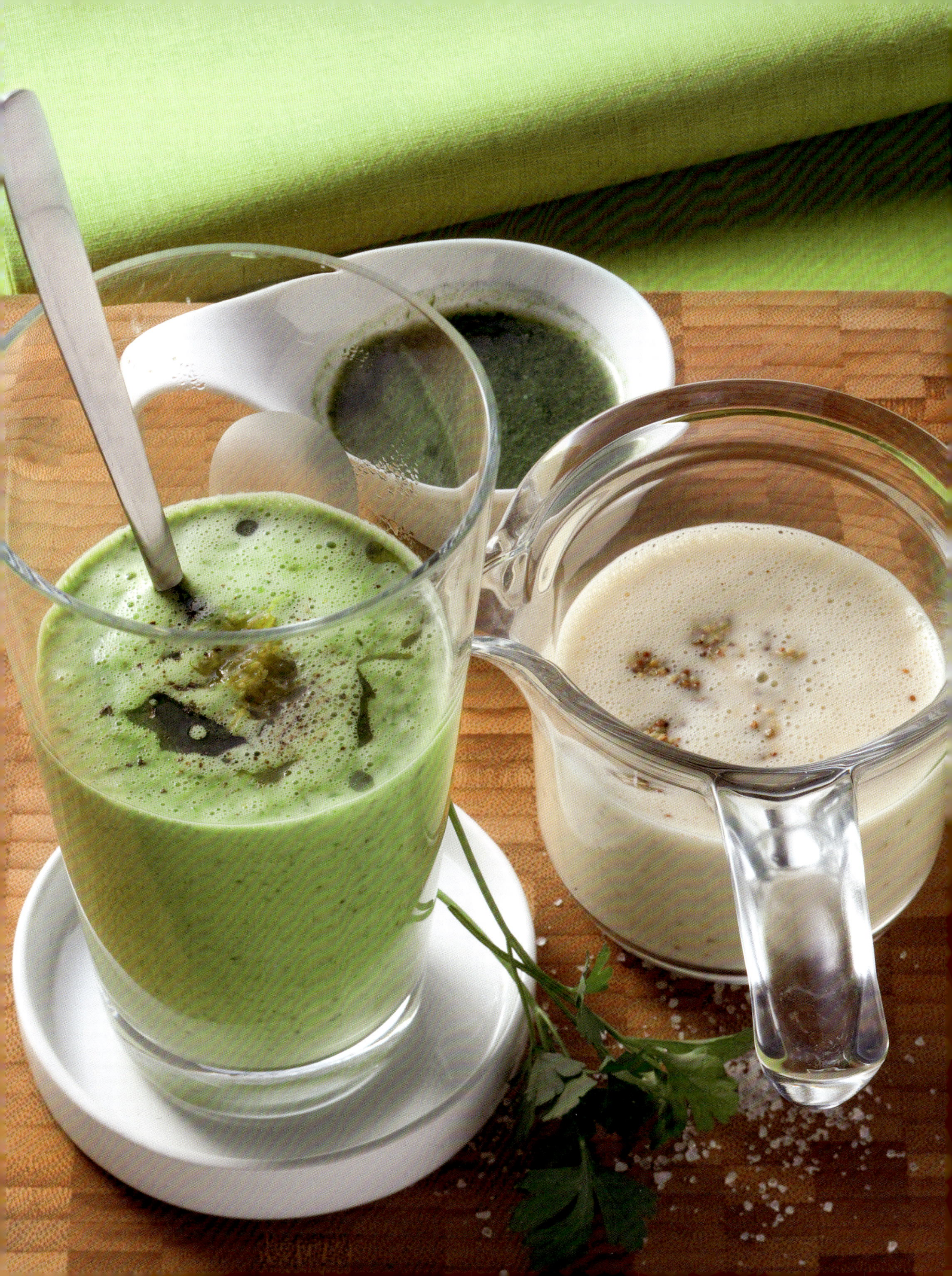

Allroundsaucen

Schalotten-Karamell-Sauce

250 g nicht zu große Schalotten (s. Tipp)
1 1/2 EL Puderzucker
200 ml trockener Weißwein
100 ml weißer Portwein
400 ml Dunkler Bratenfond (s. Seite 58)
2 kleine Zweige Thymian
1 TL Speisestärke
1 EL kalte Butter
1 Spritzer Champagneressig (ersatzweise Weißweinessig)
Meersalz, z. B. Fleur de Sel
schwarzer Pfeffer, frisch gemahlen

Für 4 Personen | ca. 20 Min. Zubereitung
ca. 55 Min. Garzeit
Pro Portion ca. 70 kcal, 2 g EW, 3 g F, 8 g KH

1 Schalotten schälen, halbieren und in 1 1/2–2 cm breite Spalten schneiden. Den Puderzucker in einen Stieltopf (20 cm Ø) geben und bei mittlerer Hitze hellbraun karamellisieren lassen. Die Schalotten darin schwenken, bis sich der Karamell ganz vom Topfboden gelöst hat. Das dauert ca. 2 Min.

2 Weißwein und Portwein zu den Scharlotten gießen, dann den Bratenfond dazugeben und alles aufkochen lassen. Den Thymian waschen, in die Zwiebelbrühe legen und alles offen bei kleiner Hitze 50 Min. kochen. Die Schalotten sollen schön weich sein.

3 Die Speisestärke mit einem Schuss kaltem Wasser glatt rühren. Je nach Konsistenz der Sauce erst die Hälfte der angerührten Stärke hineingeben und aufkochen lassen. Falls nötig, die restliche Stärke einrühren und die Sauce in 2–3 Min. sämig einkochen lassen. Den Thymian aus der Sauce nehmen.

4 Die Butter in kleine Stücke schneiden und mit dem Schneebesen in die heiße Sauce rühren. Die Sauce mit Essig, Meersalz und Pfeffer abschmecken.

PASST ZU gebratenem Geflügel, Kalb, Schwein, Kaninchen und Wildschwein

TIPP Beim Schälen und Zerkleinern der Schalotten die Wurzel nicht abschneiden. Sie hält die Spalten beim Kochen zusammen.

INFO – SCHALOTTEN sind besonders mild und fein im Aroma. Deshalb haben sie in der Saucenküche einen besonderen Platz. Zum scharfen Anbraten nimmt man sie eher nicht.

8-Kräuter-Sauce mit rosa Pfeffer

1 Schalotte (ca. 40 g)
2 Scheiben Toastbrot
1 EL Butter
50 ml trockener Weißwein
400 ml Geflügel- oder Gemüsefond (s. Seite 62 bzw. 68)
200 g Sahne
1 Bund gemischte Kräuter (abgezupft ca. 40 g; s. Info)
1 TL getrocknete rosa Pfefferbeeren
Meersalz, z. B. Fleur de Sel
schwarzer Pfeffer, frisch gemahlen

Außerdem:
Mörser
Pürierstab

Für 4 Personen | ca. 30 Min. Zubereitung
Pro Portion ca. 210 kcal, 4 g EW, 18 g F, 7 g KH

1 Die Schalotte schälen, halbieren und in feine Würfel schneiden. Vom Toastbrot die Rinde abschneiden (diese z. B. trocknen lassen und für Semmelbrösel in einer Küchenmaschine fein zerkleinern), das Brot in kleine Würfel schneiden.

2 Die Butter in einem kleinen Stieltopf (20 cm Ø) aufschäumen lassen, die Schalotte darin in ca. 2 Min. glasig dünsten. Mit Wein ablöschen, bei kleiner Hitze 1 Min. einkochen lassen. Den Fond dazugießen, aufkochen und offen 5 Min. köcheln lassen.

3 Die Sahne dazugießen und in weiteren 4 Min. einkochen lassen. Die Brotwürfel einlegen und alles noch 4 Min. köcheln lassen.

4 Die Kräuter waschen und trocken schütteln, die Blättchen abzupfen und fein hacken. Den Schnittlauch in feine Röllchen schneiden. Die Sauce mit dem Pürierstab schaumig aufmixen. Die rosa Pfefferbeeren im Mörser oder zwischen den Fingern grob zerreiben. Die Sauce mit Salz und Pfeffer abschmecken und mit Kräutern und 2 Prisen Pfefferbeeren verfeinern. Nicht mehr kochen lassen, da sie sonst ihren frischen Geschmack und ihre schöne Farbe verliert.

PASST ZU gekochtem/gedämpftem Rind- und Kalbfleisch, Geflügel, Fisch, Spargel, Blumenkohl, Kartoffeln

TIPP Man kann die Sauce auch vorbereiten. Dann erst kurz vor dem Servieren aufkochen und mit den Kräutern verfeinern. Wählen Sie je nachdem, ob die Sauce für ein Fleisch- oder ein Fischgericht verwendet werden soll, den passenden Fond.

INFO Das gemischte Kräuterbund wird auch als Kräuter für die Frankfurter Grüne Sauce angeboten. Es besteht meist aus Kerbel, Estragon, Sauerampfer, Dill, Pimpinelle, Petersilie, Schnittlauch und Zitronenmelisse.

Allroundsaucen

Pilzsauce mit Zitrone und Knoblauch

1 EL Butter
1 EL Mehl (Type 405)
200 ml Milch
200 g Sahne
1 Msp. Instant-Gemüsebrühe (am besten Bio)
500 g gemischte Pilze (Champignons, Egerlinge, Austernpilze)
1 Zwiebel (ca. 60 g)
1/2 Knoblauchzehe
2 EL Olivenöl
Salz
schwarzer Pfeffer, frisch gemahlen
100 ml Gemüsefond (s. Seite 68)
3–4 Stängel glatte Petersilie
1 Msp. abgeriebene Schale von 1 Bio-Zitrone
Muskatnuss, frisch gerieben
Kümmel, gemahlen

Für 4 Personen | ca. 40 Min. Zubereitung
Pro Portion ca. 280 kcal, 6 g EW, 25 g F, 7 g KH

1 Die Butter in einem Topf (20 cm Ø) aufschäumen lassen, das Mehl einstreuen und gut verrühren. Nach und nach die Milch dazugießen, mit dem Schneebesen glatt rühren und aufkochen lassen. Sahne und Instant-Brühe einrühren und offen bei kleiner Hitze ca. 12 Min. köcheln lassen. Dabei immer wieder umrühren.

2 In der Zwischenzeit die Pilze putzen, erdige Stellen mit einem Küchenpapier abreiben, die Stielenden abschneiden. Champignons und Egerlinge in dicke Scheiben schneiden. Austernpilze von groben Stielen befreien, die Kappen in grobe Stücke zupfen. Zwiebel und Knoblauch schälen und in feine Würfel schneiden.

3 1 EL Olivenöl in einer großen Pfanne erhitzen, die Hälfte der Pilze einlegen und bei mittlerer Hitze 2 Min. anbraten. Die Hälfte von Zwiebel und Knoblauch dazugeben und 1 weitere Min. unter ständigem Rühren braten. Die Pilze mit Salz und Pfeffer würzen und gleich zur Sauce geben.

4 Restliches Öl in derselben Pfanne erhitzen und die übrigen Pilze samt dem Rest von Zwiebel und Knoblauch darin braten. Zur Sauce geben, bei kleiner Hitze noch 5 Min. köcheln. Ganz zum Schluss den Gemüsefond einrühren.

5 Die Petersilie waschen, trocken schütteln, abzupfen und nicht zu fein schneiden. Die Sauce mit Zitronenschale, Salz, Pfeffer, Muskatnuss und 1 Prise Kümmel abschmecken und mit Petersilie verfeinern.

PASST ZU gebratenem Geflügel, Kalb, Schwein, Kaninchen. Und zu gekochtem oder gedämpftem Gemüse, zu Semmelknödeln und Nudeln.

TIPP Je nach Saison passen auch Pfifferlinge oder Steinpilze. Für die klassischen Pilze mit Semmelknödeln sollte man die 1 1/2-fache Menge der Pilzsauce zubereiten.

Lauchsauce mit Koriander und Curry

1 kleine Stange Lauch (ca. 150 g)
1 EL Butter
1 TL Mehl (Type 405)
100 ml trockener Weißwein
200 ml Gemüsefond (s. Seite 68)
1 Lorbeerblatt
200 g Sahne
1 EL Crème fraîche
1 Msp. Currypulver
Salz
schwarzer Pfeffer, frisch gemahlen
Cayennepfeffer
gemahlener Koriander
Außerdem:
Pürierstab

Für 4 Personen | ca. 35 Min. Zubereitung
Pro Portion ca. 200 kcal, 2 g EW, 20 g F, 4 g KH

1 Den Lauch putzen, der Länge nach halbieren, gründlich waschen, auch zwischen den Schichten, und trocken schütteln. Das Weiße in ca. 1 cm große Stücke schneiden. Das Grüne vom Lauch (ca. 50 g) in 1 cm große Rauten schneiden und beiseitestellen.

2 Die Butter in einem Topf (20 cm Ø) aufschäumen lassen, die weißen Lauchstücke einrühren und 2 Min. dünsten. Das Mehl einstreuen und gut einrühren. Den Weißwein nach und nach dazugießen, mit einem Schneebesen glatt verrühren und aufkochen lassen. Den Gemüsefond dazugießen, das Lorbeerblatt einlegen und die Sauce offen bei kleiner Hitze 7–8 Min. köcheln lassen.

3 Sahne und Crème fraîche einrühren, 3–4 Min. weiterköcheln lassen. Das Lorbeerblatt entfernen und die Sauce mit dem Pürierstab fein mixen.

4 Die grünen Lauchrauten in die Sauce rühren und weitere 5 Min. köcheln lassen. Die Sauce mit Curry, Salz, Pfeffer, Cayennepfeffer und 1 Prise Koriander abschmecken und servieren.

PASST ZU gebratenem Geflügel, Kalb- und Schweinefleisch, Kaninchen, Fisch und Meeresfrüchten. Außerdem zu gekochtem oder gedämpftem Gemüse, Rind- und Kalbfleisch, Fisch und Meeresfrüchten.

INFO – CURRYPULVER ist eine Mischung aus verschiedenen Gewürzen, z. B. aus Chili, Ingwer, Koriander, Kurkuma, Paprika, Zimt, Kreuzkümmel – um nur einige zu nennen. Es verleiht nicht nur asiatischen Gerichten eine ganz eigene Note. Auch in der europäischen Küche unterstützt schon eine kleine Prise den Geschmack.

SAUCEN ZU FLEISCH

Jedes Fleischgericht in diesem Kapitel bekommt eine genau abgestimmte und abgeschmeckte Sauce. Das Variieren mit Kräutern und Gewürzen wird Ihnen gefallen und vor allem gut schmecken!

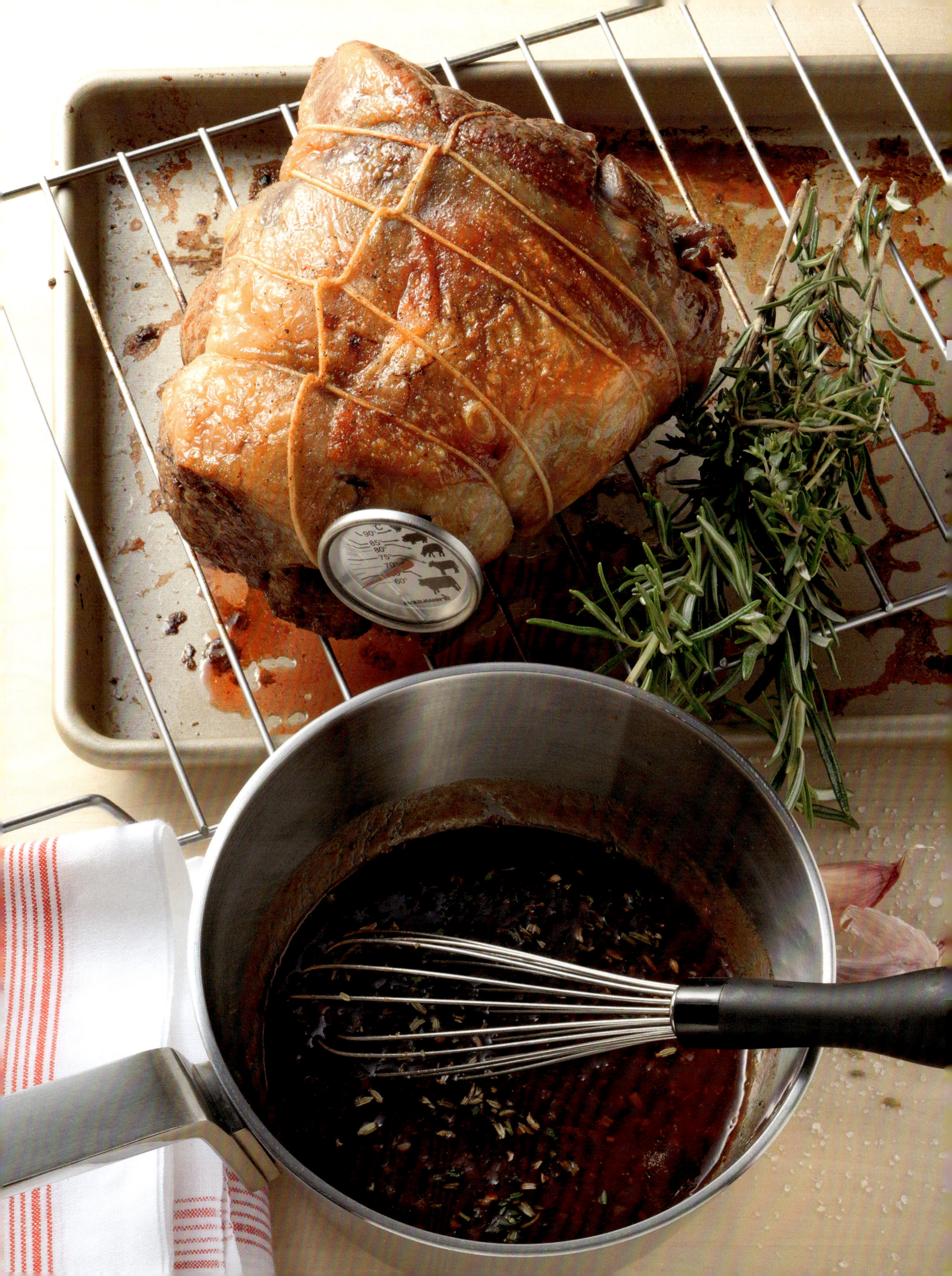
°C
90°
85°
80°
75°
70°
60°

SAUCEN ZU UNSEREN LIEBSTEN FLEISCHSTÜCKEN

Schalotten-Balsamico-Sauce zu gebratenem Rinderfilet

Für die Sauce:
200 g Schalotten
1–2 Zweige Thymian
1 EL Zucker
1 TL Butter
300 ml roter Portwein
100 ml Braune Sauce (s. Seite 72)
50 ml Aceto balsamico
Salz
schwarzer Pfeffer, frisch gemahlen

Für das Fleisch:
4 Rinderfiletsteaks (à ca. 200 g)
Meersalz, z. B. Fleur de Sel
schwarzer Pfeffer, frisch gemahlen
2 EL Olivenöl
2–3 Zweige Thymian
1 kleine Knoblauchzehe
1 EL Butter

Für 4 Personen | ca. 25 Min. Zubereitung
ca. 40 Min. Garzeit
Pro Portion ca. 380 kcal, 44 g EW, 18 g F, 11 g KH

1 Für die Sauce die Schalotten schälen und je nach Größe in 6–8 Spalten schneiden. Den Thymian waschen und trocken schütteln.

2 Den Zucker in einem Topf (20 cm Ø) bei kleiner Hitze in 3–4 Min. hellbraun karamellisieren. Schalotten und Butter dazugeben, 2 Min. unter ständigem Rühren braten, dann den Portwein angießen. Braune Sauce und Essig dazugeben, aufkochen lassen. Den Thymian einlegen und die Sauce offen bei kleiner Hitze ca. 40 Min. kochen. Mit Salz und reichlich Pfeffer würzen.

3 Gleichzeitig den Backofen auf 100° (Ober- und Unterhitze) vorheizen. Das Fleisch trocken tupfen und, falls nötig, von Sehnen befreien. Die Steaks auf ein Küchenbrett legen, etwas flach drücken und mit dem Küchengarn rundum binden, sodass das Fleisch beim Braten in Form bleibt, mit Meersalz und Pfeffer würzen.

4 Das Olivenöl in einer großen Pfanne erhitzen, die Filetstücke sofort einlegen und bei mittlerer Hitze 1 Min. anbraten, wenden und 2 Min. weiterbraten. Dabei die Filetstücke in der Pfanne so aufstellen, dass auch die Ränder angebraten werden.

5 Das Fleisch auf ein Ofengitter legen, in den Backofen (Mitte) schieben (ein Backblech als Tropfschutz darunterschieben) und in 40 Min. rosa garen.

6 Den Thymian waschen und trocken schütteln. Den Knoblauch schälen und in Scheiben schneiden. Die Butter in der Pfanne aufschäumen lassen, Thymian und Knoblauch einlegen. Die Rinderfilets aus dem Ofen nehmen und 1 Min. in der heißen Kräuterbutter braten (s. Tipp), dabei mehrmals wenden. Mit den Schalotten auf vorgewärmten Tellern anrichten.

DAS PASST DAZU Röstkartoffeln oder Kartoffelgratin

PASST AUCH ZU gebratenem Fleisch wie Rind, Schwein, Kalb, Hähnchen, Ente und Wild

TIPP Fleischstücke, die bei niedriger Temperatur gegart werden, sollte man noch kurz in heißer Butter bzw. Kräuter- oder Gewürzbutter schwenken. So wird das Fleisch heiß und nimmt außerdem noch den Geschmack der frischen Kräuter auf.

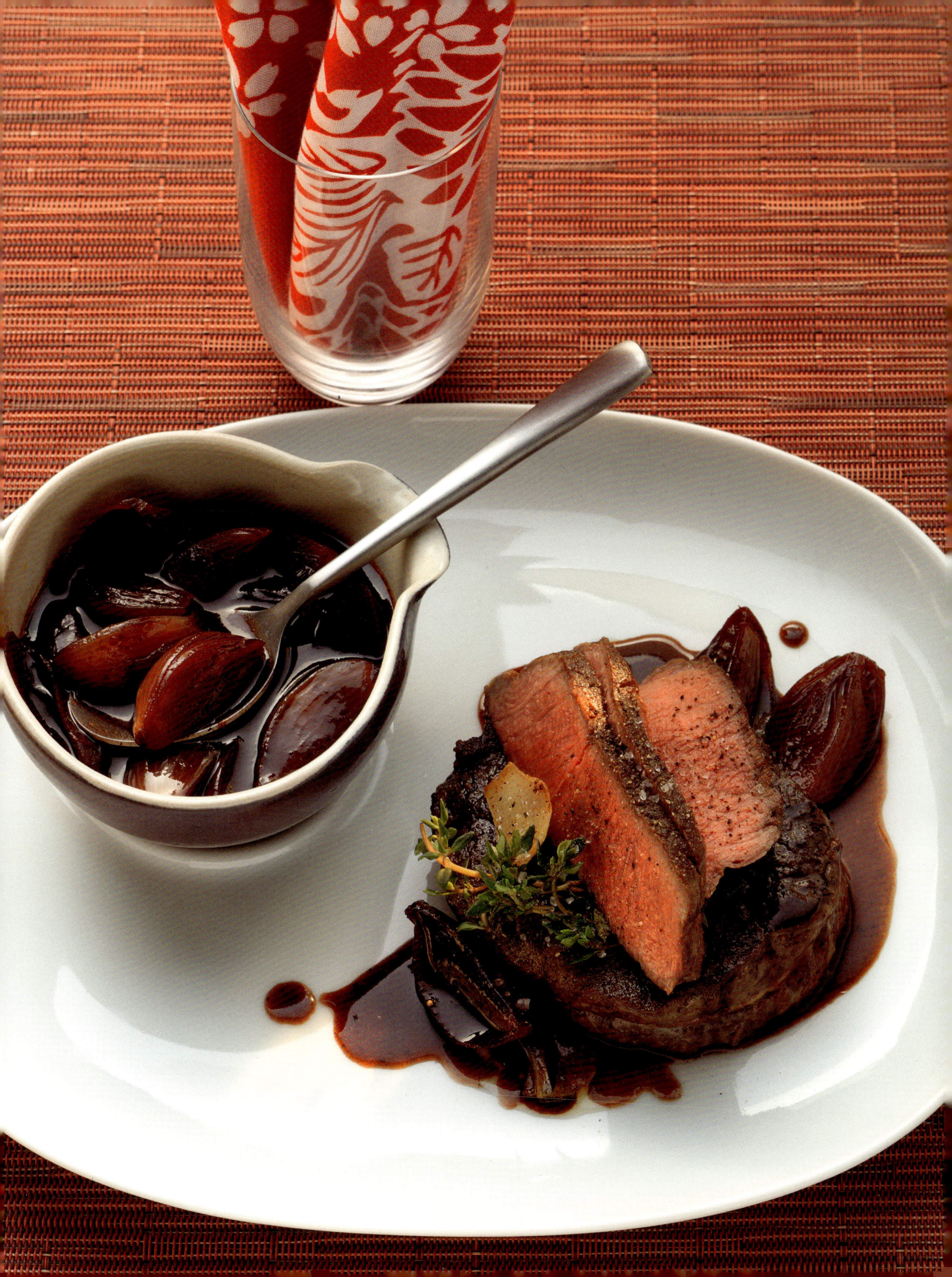

Glühweinsauce zu Rinderschmorbraten

200 g Zwiebeln
1 Möhre (ca. 90 g)
1 Stück Knollensellerie (ca. 160 g)
1,3 kg abgehangene Rinderschulter
   (z. B. Schaufelstück)
Salz
schwarzer Pfeffer, frisch gemahlen
3 EL Öl
2 EL Tomatenmark
1 TL brauner Zucker
1/2 l kräftiger Rotwein, z. B. Cabernet Sauvigon
1 l Bratenfond (s. Seite 58)
1/2 Zimtstange
2–3 Zacken von 1 Sternanis
2 grüne Kardamomkapseln
2 Gewürznelken
1/2 TL Pimentkörner
1/2 Vanilleschote
2 Lorbeerblätter
3 Stück Bio-Orangenschale (à 5–8 cm)
1 EL Speisestärke
1 TL Quittengelee
Muskatnuss, frisch gerieben
Außerdem:
Mörser

Für 4 Personen | ca. 45 Min. Zubereitung
ca. 3 Std. Schmorzeit
Pro Portion ca. 750 kcal, 65 g EW, 50 g F, 10 g KH

1 Die Zwiebeln schälen, halbieren und in grobe Würfel schneiden. Das Gemüse waschen, putzen, schälen und in ca. 2 cm große Würfel schneiden. Das Fleisch mit Salz und Pfeffer würzen.

2 Das Öl in einem Topf (24 cm Ø) erhitzen. Das Fleisch einlegen, 2 Min. braten, wenden und rundum noch 4 Min. anbraten. Das Fleisch aus dem Topf nehmen, Zwiebeln und Gemüse einlegen und 5 Min. bei mittlerer Hitze rösten. Dabei immer wieder umrühren. Das Tomatenmark einrühren, alles mit Zucker bestreuen und noch 2 Min. weiterrösten.

3 Mit einem Schuss Rotwein ablöschen, diesen in 3 Min. einkochen lassen. Diesen Vorgang zweimal wiederholen. Restlichen Rotwein und Bratenfond dazugießen, das Fleisch wieder einlegen, aufkochen lassen und mit einem Deckel abdecken. Den Braten bei kleiner Hitze 2 Std. köcheln lassen, dabei öfter wenden.

4 Zimt, Sternanis, Kardamom, Nelken und Piment im Mörser grob zerkleinern. Die Vanilleschote der Länge nach aufschneiden. Alle Gewürze mit dem Lorbeerblatt und der Orangenschale in die Sauce legen und noch 1 Std. köcheln lassen. Das Fleisch sollte beim Einstechen schön weich sein, bzw., eine Fleischgabel sich leicht vom Fleisch lösen.

5 Das fertige Fleisch aus der Sauce heben, kurz beiseitestellen. Die Sauce durch ein feines Sieb in eine Schüssel passieren, Gemüse und Aromen durch das Sieb drücken, Rückstände wegwerfen. Die Sauce wieder in den Topf geben und aufkochen lassen. Die Stärke mit einem Schuss kaltem Wasser anrühren, in die kochende Sauce rühren und bei mittlerer Hitze 5 Min. kochen.

6 Das Quittengelee in die Sauce rühren und mit Salz, Pfeffer und 1 Prise Muskat abschmecken. Das Fleisch einlegen und alles noch 2 Min. köcheln lassen. Das Fleisch aus der Sauce heben, in fingerdicke Scheiben schneiden und mit der Sauce servieren.

DAS PASST DAZU Spätzle, Semmelknödel, Kartoffelknödel oder Salzkartoffeln

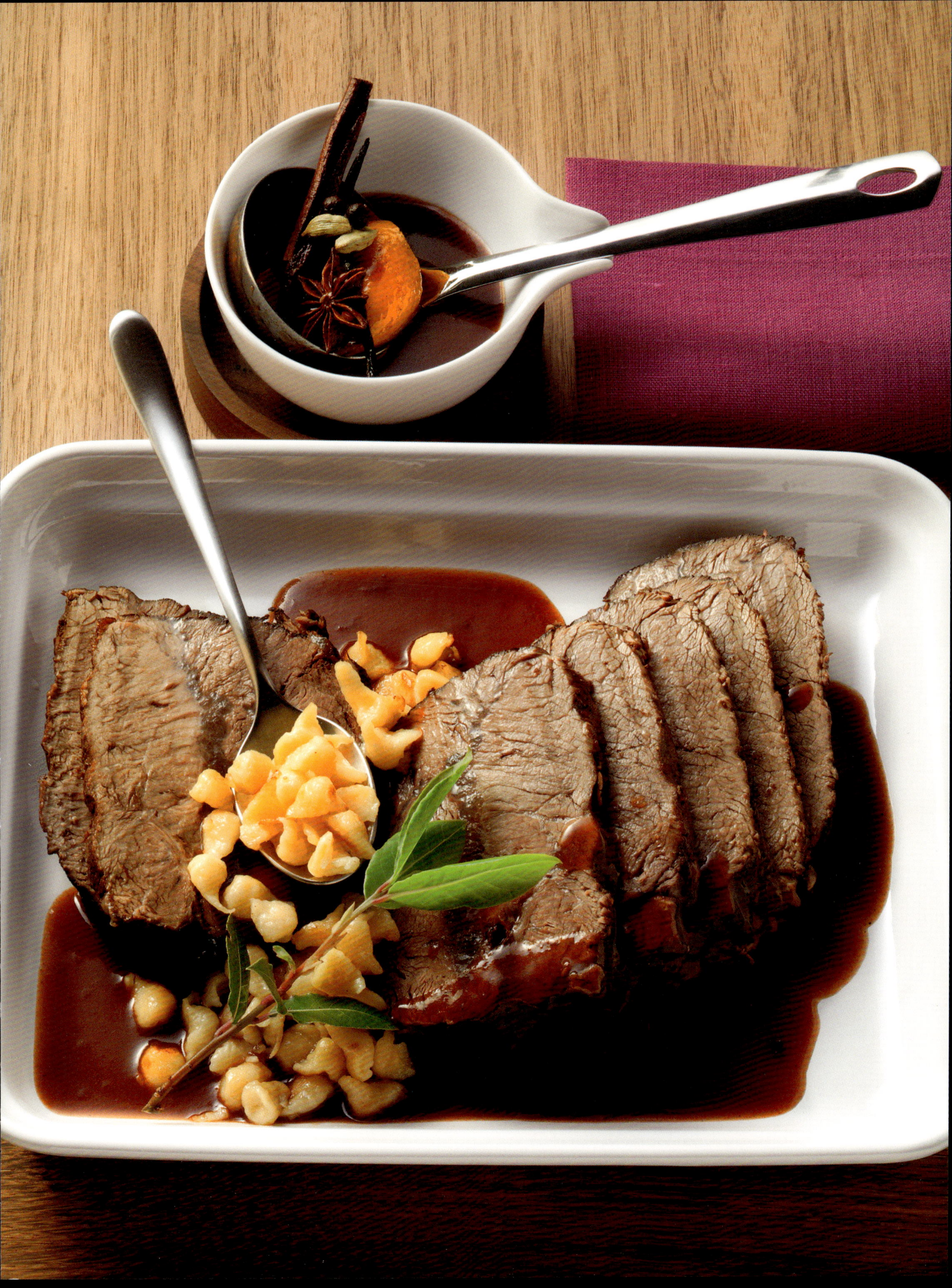

SAUCEN ZU UNSEREN LIEBSTEN FLEISCHSTÜCKEN

Quittensauce mit Meerrettich zu gekochter Ochsenbrust

Für das Fleisch:
1,2 kg Ochsenbrust
100 g Zwiebeln | 1 Möhre (ca. 120 g)
1 Stück Knollensellerie (ca. 200 g)
1 Petersilienwurzel (ca. 40 g)
1 Stück Lauch (ca. 70 g)
1 Tomate (ca. 100 g)
1 Knoblauchzehe
4–5 Petersilienstängel ohne Blätter
2 Lorbeerblätter
1/2 TL Wacholderbeeren
1 TL schwarze Pfefferkörner
1/2 TL Pimentkörner
Für die Sauce:
1/2 Quitte (ca. 200 g)
200 g Sahne
2 EL Crème fraîche
Salz | schwarzer Pfeffer, frisch gemahlen
Puderzucker
1 EL scharfer Tafelmeerrettich (aus dem Glas)
1 Bund Schnittlauch
1/2 Stange Meerrettich (ca. 10 cm)
Außerdem:
Pürierstab

Für 4 Personen | ca. 40 Min. Zubereitung
ca. 2 Std. 30 Min. Garzeit
Pro Portion ca. 840 kcal, 62 g EW, 60 g F, 7 g KH

1 Für das Fleisch in einem hohen Topf (20 cm Ø) 3 l Wasser aufkochen lassen. Das Fleisch einlegen und bei mittlerer Hitze 10–12 Min. kochen lassen. Dabei auftretenden Schaum mit einer Schaumkelle abschöpfen. Das Fleisch dann offen bei kleiner Hitze 1 Std. kochen.

2 Die Zwiebeln samt Schale quer halbieren, mit der Schnittfläche nach unten in eine kleine Pfanne legen und 5–6 Min. rösten. Die Zwiebel dabei nicht wenden.

3 Möhre, Sellerie und Petersilienwurzel waschen, putzen, schälen und in große Stücke teilen. Lauch waschen und zur Seite legen. Tomate vierteln und den Stielansatz entfernen. Knoblauch schälen und halbieren. Gemüse, Kräuter, Gewürze und Knoblauch in den Topf legen. Das Fleisch in weiteren 90–120 Min. weich kochen. Es soll dann schön weich sein. Zum Prüfen mit einer Fleischgabel ins Fleisch stechen. Löst sich die Gabel problemlos wieder aus dem Fleisch, ist es fertig. Je nach Art und Qualität des Fleisches braucht es mehr oder weniger Garzeit, daher immer wieder mal mit der Fleischgabel prüfen.

4 Nach insgesamt 2 Std. Garzeit für die Sauce von der Rinderbrühe 1/2 l durch ein feines Sieb in einen Topf (20 cm Ø) geben. Die Quitte mit einem Sparschäler schälen, in Spalten schneiden, vom Kerngehäuse befreien und in kleine Würfel schneiden. (Vorsicht, die Quitte ist sehr hart.) Die Quittenwürfel zur Brühe geben, aufkochen und offen bei mittlerer Hitze in 20 Min. weich kochen. Sahne und Crème fraîche einrühren. Alles mit dem Pürierstab fein mixen und in 3–4 Min. sämig einkochen lassen. Die Sauce mit Salz, Pfeffer, 1 Prise Puderzucker und dem Meerrettich aus dem Glas abschmecken. Kurz vor dem Servieren nochmals schaumig aufmixen.

5 Den Schnittlauch waschen, trocken schütteln und in feine Röllchen schneiden. Den Meerrettich waschen, schälen und mit einer Küchenreibe fein reiben.

6 Das Fleisch aus der Suppe nehmen, gegen die Faser in fingerdicke Scheiben schneiden und mit der schaumigen Quittensauce auf vorgewärmten Tellern anrichten. Mit Schnittlauch und frisch geriebenem Meerrettich bestreuen und z. B. mit gebratenen neuen Kartoffeln servieren.

TIPP Frisch geriebenen Meerrettich nicht mitkochen, er wird sonst bitter.

RINDERBRÜHE, die nicht für die Sauce benötigt wird, durch ein feines Sieb (mit Passiertuch ausgelegt) passieren und weiterverarbeiten oder portionsweise einfrieren.

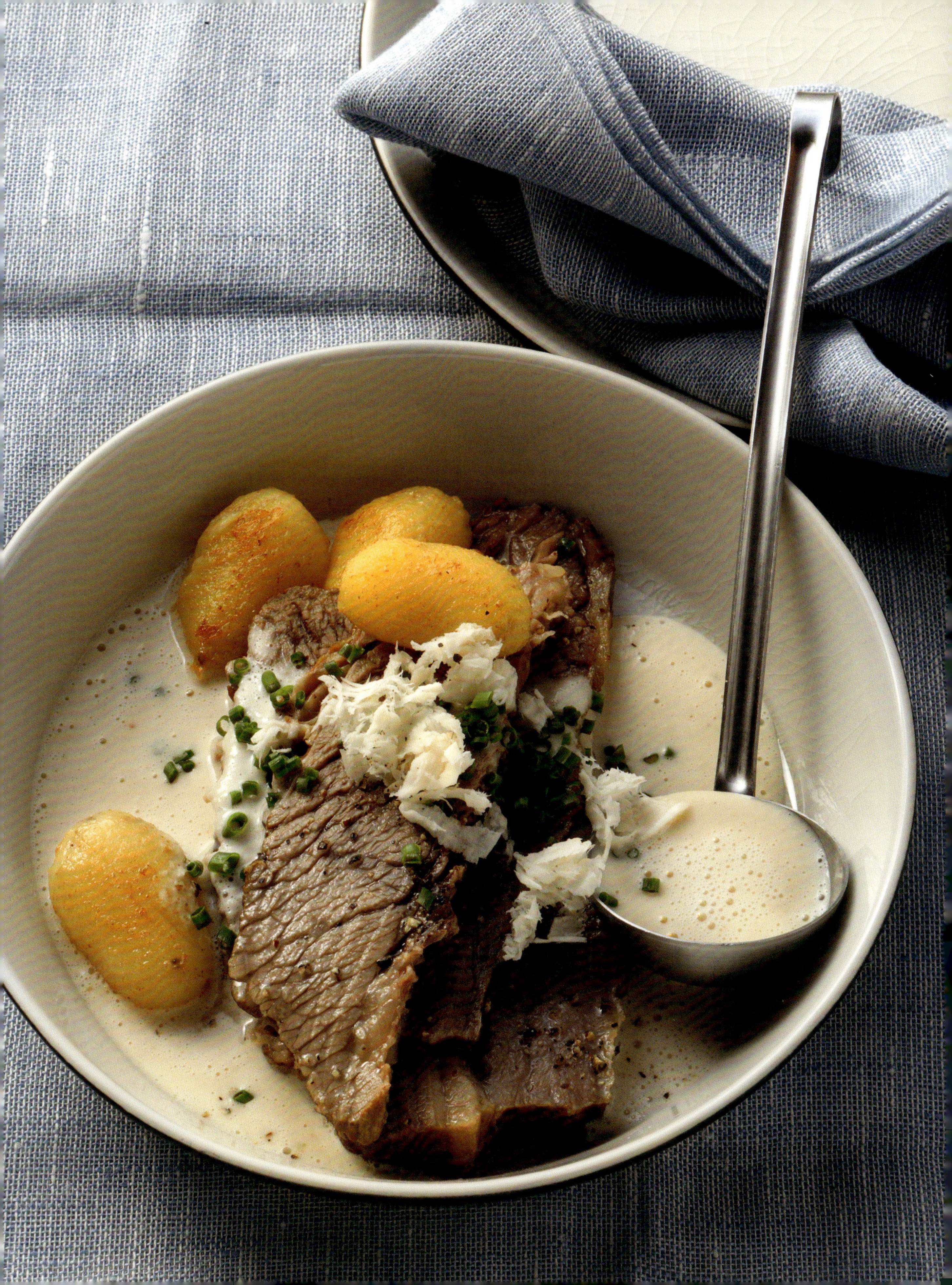

Scharfe grüne Curry-Kokos-Sauce zu geschnetzeltem Rindfleisch

Für die Sauce:
3–4 Kaffirlimettenblätter
1 Stängel Zitronengras
1 dünne Scheibe frischer Ingwer
2 dünne Scheiben Knoblauch
2 TL brauner Zucker
2 TL grüne Currypaste (Asialaden)
1 Dose ungesüßte Kokosmilch (400 ml)
200 ml Rinderbrühe (Bio-Instant oder frisch gekocht, s. Seite 98)
200 g Sahne

Für das Fleisch:
1 Stück frischer Ingwer (ca. 10 g)
1 Knoblauchzehe
200 g junger Blattspinat
100 g Zuckerschoten
1 Bund grüner Spargel (ca. 500 g)
2 Rinderhüftsteaks (à ca. 300 g)
1 Zwiebel (ca. 100 g)
3 EL Öl
Salz
1–2 EL Sojasauce

Für 4 Personen | ca. 40 Min. Zubereitung
Pro Portion ca. 500 kcal, 40 g EW, 31 g F, 12 g KH

1 Für die Sauce die Limettenblätter in grobe Stücke zupfen. Das Zitronengras am dickeren Ende mit dem Messerrücken flach klopfen, den Stängel in nicht zu dünne Scheiben schneiden. Den Ingwer und den Knoblauch schälen.

2 Den Zucker in einem Topf (20 cm Ø) bei mittlerer Hitze in 1–2 Min. hellbraun karamellisieren. Die Currypaste dazugeben und 1 Min. mitrösten. Kokosmilch und Brühe dazugießen und aufkochen lassen. Ingwer, Knoblauch, Zitronengras, Limettenblätter und Sahne dazugeben und alles offen bei kleiner Hitze in ca. 25 Min. sämig einkochen lassen.

3 In der Zwischenzeit für das Fleisch den Ingwer und den Knoblauch schälen und in feine Würfel schneiden. Den Spinat gründlich waschen, putzen (die feinen Stiele ruhig dran lassen) und in einem Sieb gut abtropfen lassen. Die Zuckerschoten von groben Fäden befreien und schräg in 1 cm breite Stücke schneiden. Vom Spargel die holzigen Enden im unteren Drittel großzügig abschneiden. Die Stangen unten mit einem Sparschäler schälen und schräg in 1 cm breite Stücke schneiden. Das Fleisch trocken tupfen und in 1 cm dicke Scheiben schneiden. Die Zwiebel schälen, halbieren und die Hälften in 2 cm breite Streifen schneiden.

4 Im Wok oder in einer großen Pfanne 2 EL Öl erhitzen, das Fleisch darin 1 Min. scharf anbraten, salzen und wenden. Mit 1 EL Sojasauce würzen, kurz durchschwenken und sofort auf einen Teller geben. Den Wok wieder aufheizen und 1 EL Öl hineingeben. Bei großer Hitze den Spargel und die Zwiebel darin 1 Min. anbraten. Die Zuckerschoten dazugeben und 2 Min. unter Rühren mitbraten. Ingwer, Knoblauch und abgetropften Spinat einrühren, mit dem Bratensaft vom Rindfleisch ablöschen und bei kleiner Hitze 1 Min. köcheln lassen.

5 Die Currysauce durch ein Sieb gleich über das Gemüse in den Wok passieren und nochmals aufkochen lassen. Das Fleisch einlegen und ohne Hitze kurz ziehen lassen. Je nach Geschmack mit Sojasauce oder Salz nachwürzen und mit 1–2 Stängeln abgezupften Thai-Basilikum-Blättern bestreuen.

DAS PASST DAZU Am besten schmeckt dazu Duftreis.

TIPP – CURRYPASTE Wer's weniger scharf mag, verwendet nur 1 TL Currypaste. Currypaste gibt es in verschiedenen Geschmacksrichtungen. Die Hinweise »mild«, »medium« oder »hot« auf den Gläsern oder die Farbe der Etiketten sind nicht immer hilfreich, am besten probiert man die Marken und Geschmacksvarianten aus.

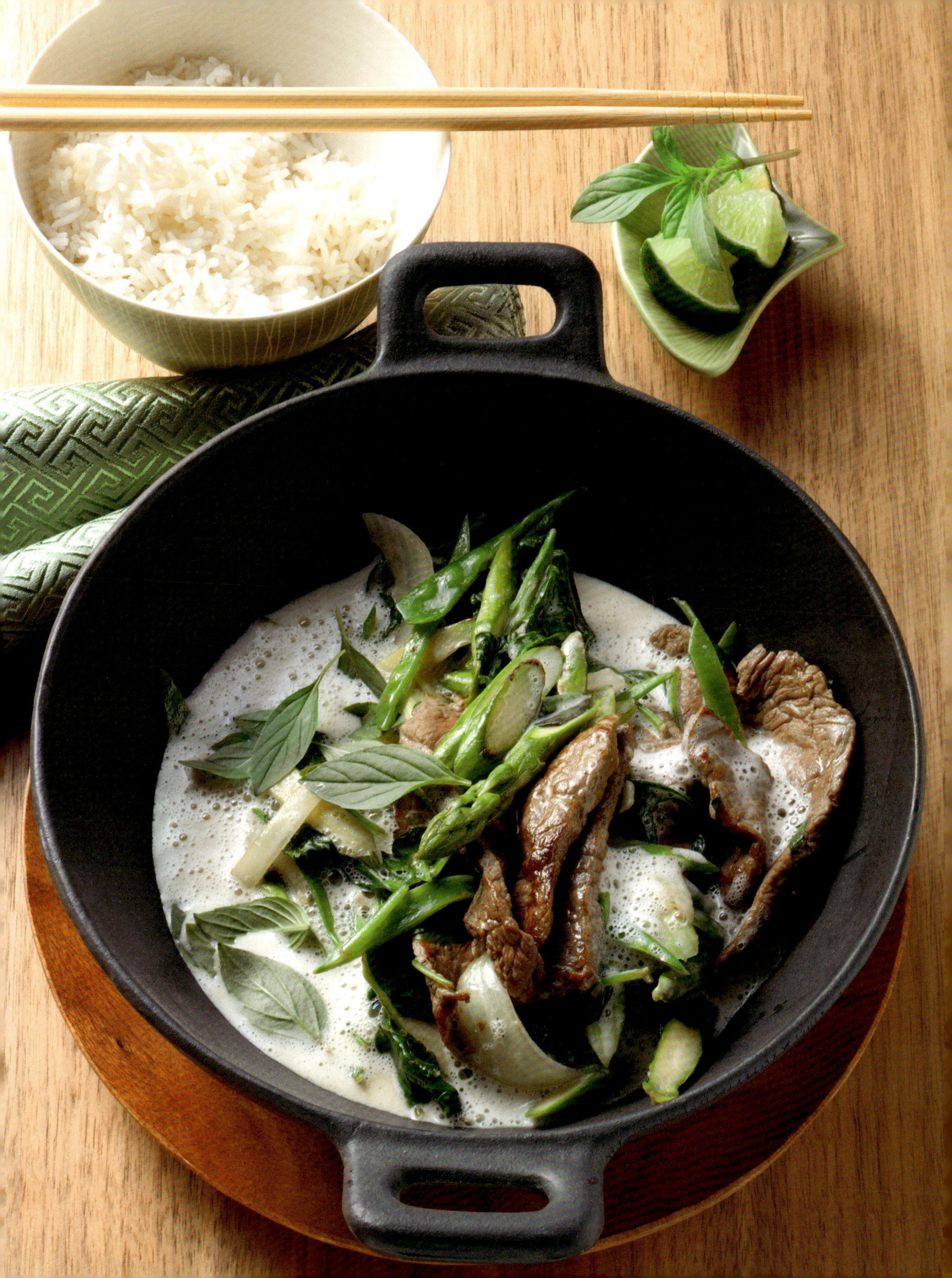

SAUCEN ZU UNSEREN LIEBSTEN FLEISCHSTÜCKEN

Schaschliksauce mit Schweinefiletspießen

Für die Sauce:
200 g Zwiebeln
1 Knoblauchzehe
4 EL Olivenöl
1 EL Paprikapulver, edelsüß
2 EL Tomatenmark
700 ml Gemüsefond (s. Seite 68)
2 TL Schaschlikgewürz (Fertigprodukt; s. Tipp)
6 EL Tomatenketchup (s. Seite 42 oder Fertigprodukt)
1 kleine getrocknete Chilischote

Für die Spieße:
8 Schweinefiletmedaillons (à ca. 100 g)
1/2 rote Paprikaschote (ca. 100 g)
1/2 gelbe Paprikaschote (ca. 100 g)
8 dünne Scheiben Frühstücksspeck (ca. 160 g)
Salz | schwarzer Pfeffer, frisch gemahlen

Außerdem:
4 Schaschlikspieße aus Metall oder Holz

Für 4 Personen | ca. 50 Min. Zubereitung
Pro Portion ca. 600 kcal, 49 g EW, 41 g F, 7 g KH

1 Die Zwiebeln schälen, halbieren und in dünne Streifen schneiden. Den Knoblauch schälen und in feine Würfel schneiden. 2 EL Olivenöl in einem großen Topf (28 cm Ø) erhitzen, Zwiebeln und Knoblauch darin bei mittlerer Hitze 3 Min. anschwitzen. Paprikapulver und Tomatenmark einrühren und 2 Min. weiterrösten.

2 Mit einem Schuss Gemüsefond ablöschen, die Flüssigkeit einkochen lassen, dann den restlichen Fond dazugießen und aufkochen lassen. Schaschlikgewürz, Tomatenketchup und Chilischote dazugeben, den Topf zudecken und alles bei kleiner Hitze ca. 35 Min. köcheln lassen. Dabei immer wieder umrühren.

3 Nach ca. 15 Min. Garzeit die Medaillons für die Spieße trocken tupfen und etwas flach drücken. Die Paprikaschoten waschen, von Kernen und Trennwänden befreien und in je 12 gleich große Stücke schneiden. Die Speckscheiben aufrollen.

4 Auf jeden Spieß abwechselnd 2 Paprikastücke, 1 Speckrolle, 1 Fleischstück, 2 Paprikastücke, 1 Speckrolle, 1 Fleischstück und 2 Paprikastücke stecken. Das restliche Öl in einer großen Pfanne erhitzen. Die Spieße mit Salz und Pfeffer würzen, in die heiße Pfanne legen, 1 Min. anbraten, wenden und rundum noch 1 weitere Min. braten.

5 Die Spieße in die Sauce legen und zugedeckt bei kleiner Hitze 5 Min. köcheln lassen. Die Spieße wenden und offen weitere 5 Min. köcheln. Die Sauce mit Salz und Pfeffer abschmecken.

DAS PASST DAZU Am besten sind Salzkartoffeln, Reis, Pommes frites oder frisches Weißbrot.

INFO – SCHASCHLIKGEWÜRZ ist eine Mischung aus verschiedenen gemahlenen Gewürzen: Paprika, Koriander, Kurkuma, Bockshornklee, Ingwer, Sellerie, Cayennepfeffer, Kümmel, Zimt und Piment.

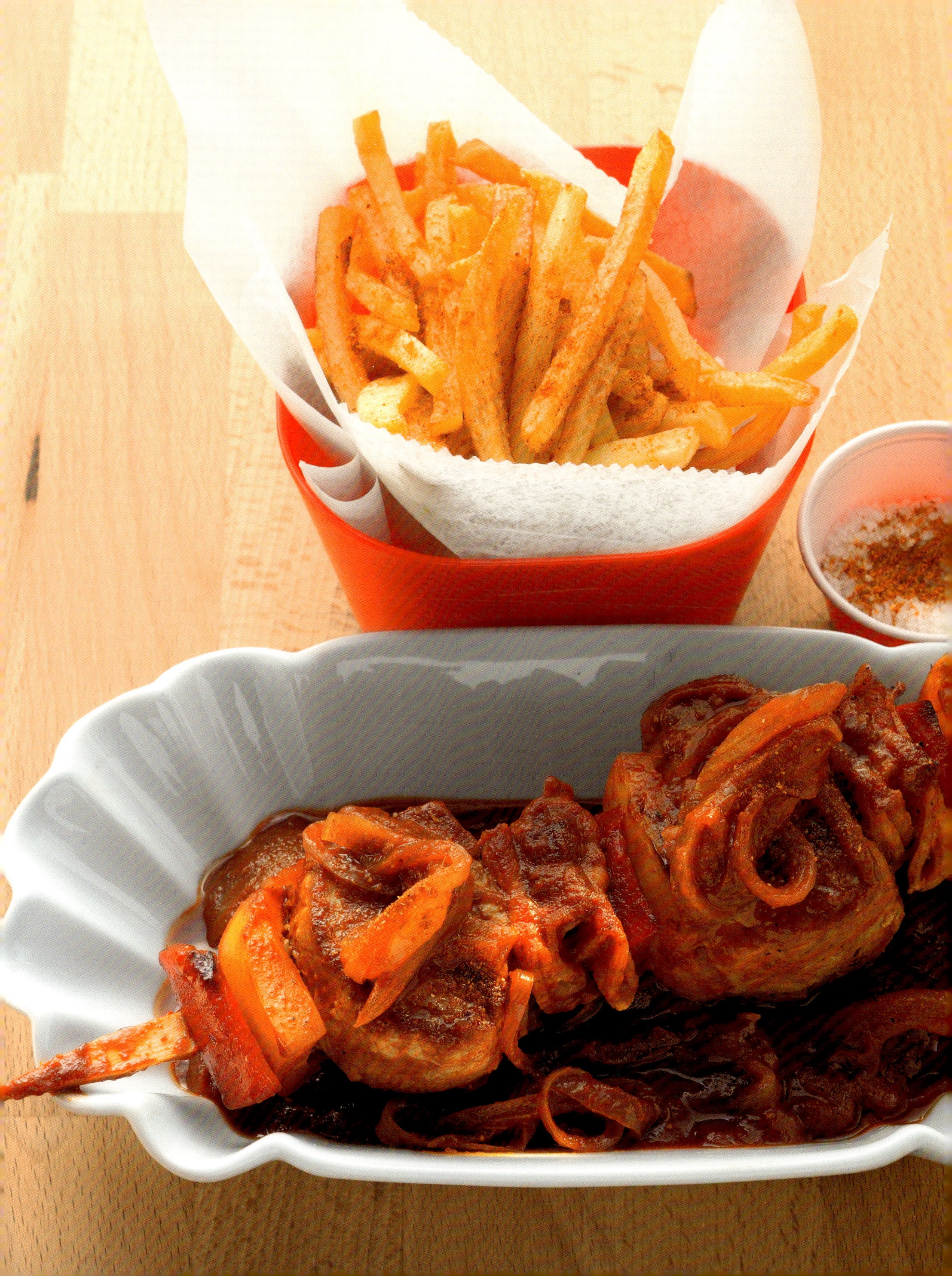

Gewürzbrotsauce zu geschmorten Nackensteaks

2 Scheiben altbackenes gewürztes Bauernbrot (à ca. 80 g)
400 g Zwiebeln
1 Knoblauchzehe
6 EL Öl
1 TL Paprikapulver, edelsüß
1/2 TL Paprikapulver, rosenscharf
800 ml Bratenfond (s. Seite 58)
4 Schweinenackensteaks (à ca. 250 g)
Salz
schwarzer Pfeffer, frisch gemahlen
2 Lorbeerblätter
1/4 TL schwarze Pfefferkörner
1/4 TL Fenchelsamen
1/4 TL Korianderkörner
1/4 TL Kümmel
Außerdem:
  Mörser

Für 4 Personen | ca. 20 Min. Zubereitung
ca. 1 Std. 10 Min. Garzeit
Pro Portion ca. 715 kcal, 46 g EW, 52 g F, 16 g KH

1 Das Brot in ca. 2 cm große Würfel schneiden. Die Zwiebeln schälen, halbieren und in dünne Streifen schneiden. Den Knoblauch schälen und in feine Würfel schneiden. 3 EL Öl in einem großen Topf (24 cm Ø) erhitzen und die Zwiebeln darin bei mittlerer Hitze in ca. 6 Min. goldbraun rösten.

2 Knoblauch und die beiden Paprikasorten einrühren und 1 Min. weiterrösten. Den Bratenfond dazugießen und aufkochen lassen.

3 Das Fleisch trocken tupfen. 3 EL Öl in einer großen Pfanne erhitzen. Das Fleisch auf beiden Seiten mit Salz und Pfeffer würzen, in die heiße Pfanne legen, 1 Min. braten, wenden und noch 1 Min. braten. Dann in die kochende Sauce legen. Das Fleisch sollte mit Sauce bedeckt sein. Brotwürfel und Lorbeer einrühren, zudecken und alles bei kleiner Hitze ca. 1 Std. 10 Min. garen. Das Fleisch soll beim Einstechen schön weich sein.

4 Die Gewürze im Mörser fein zerreiben. Die Sauce mit den Gewürzen, Salz und Pfeffer abschmecken. Das Fleisch mit der Gewürzbrotsauce und einer Beilage (s. unten) servieren.

DAS PASST DAZU Salzkartoffeln oder Kartoffel- oder Semmelknödel

TIPP Gewürze werden im Geschmack noch intensiver, wenn man sie vor dem Zerkleinern in einer heißen Pfanne ohne Fett 2–3 Min. lang anröstet. Dabei öfters wenden. Wenn sie zu duften beginnen, aus der Pfanne nehmen und auskühlen lassen. Dann erst mörsern oder mahlen.

INFO Durch das Brot wird die Sauce gebunden. Und die im Brot enthaltenen Gewürze geben ihr auch gleich ein wenig Geschmack.

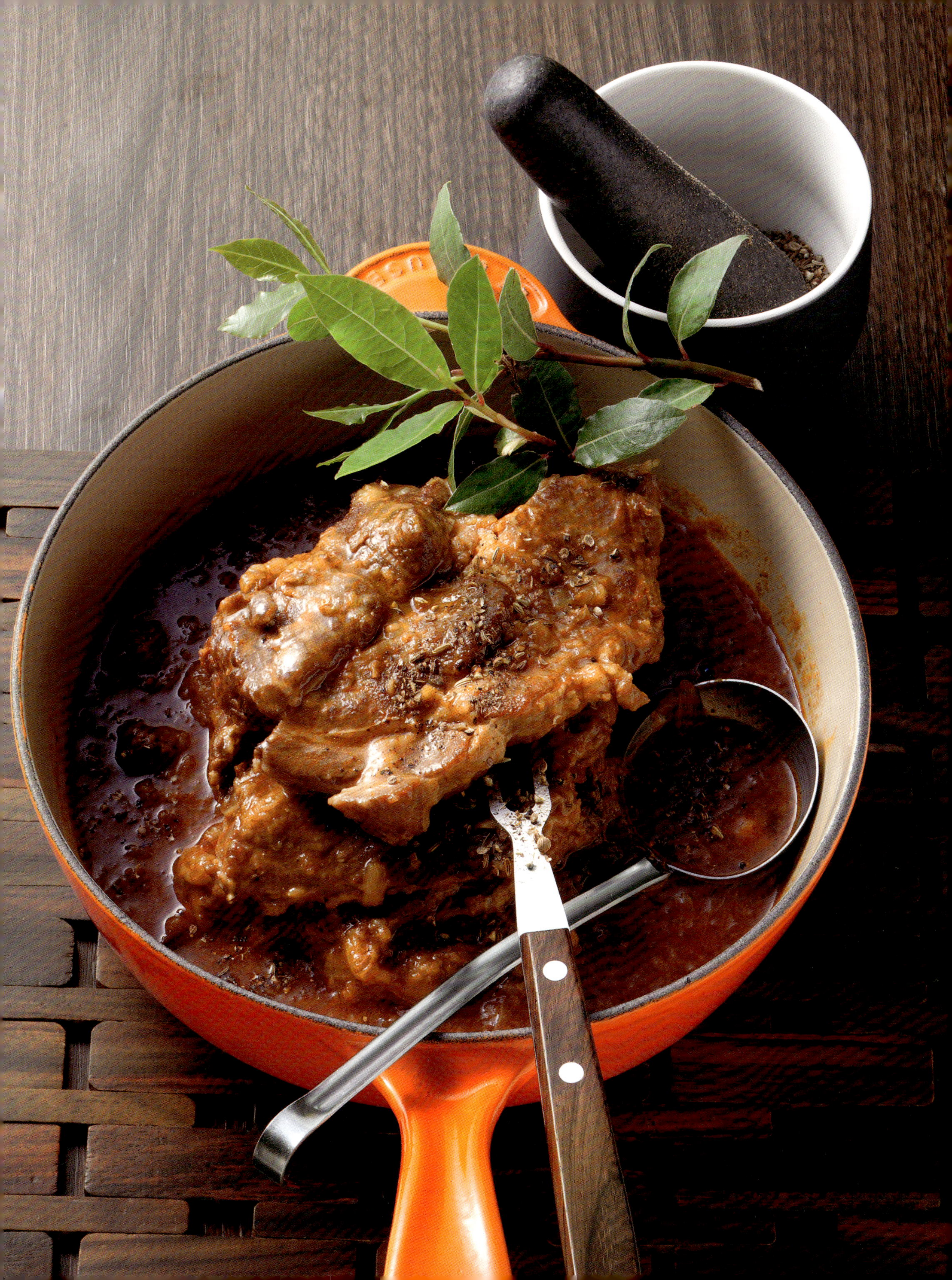

SAUCEN ZU UNSEREN LIEBSTEN FLEISCHSTÜCKEN

Kartoffel-Sauerkraut-Sauce mit Leberwurst und Blutwurst

1/2 Zwiebel (ca. 30 g)
200 g mehligkochende Kartoffeln
1 Lorbeerblatt
1/2 TL Wacholderbeeren
300 ml Gemüsefond (s. Seite 68)
Salz
4 kleine Blutwürste im Naturdarm (à ca. 100 g)
4 kleine Leberwürste im Naturdarm (à ca. 100 g)
200 ml Sauerkrautsaft (Bioladen oder Reformhaus)
100 g Sahne
1 EL kalte Butter
100 g vorgegartes Sauerkraut aus der Dose
   (3-Minuten-Kraut)
2 Zweige Majoran
1 Prise Kümmelsamen (oder 2 Prisen gemahlene)
schwarzer Pfeffer, frisch gemahlen
Außerdem:
Gewürz- oder Teebeutel
Pürierstab

Für 4 Personen | ca. 25 Min. Zubereitung
Pro Portion ca. 765 kcal, 28 g EW, 68 g F, 8 g KH

1 Die Zwiebel schälen und in feine Würfel schneiden. Die Kartoffeln waschen, schälen und in 1 cm große Würfel schneiden. Das Lorbeerblatt in grobe Stücke zupfen und mit dem Wacholder in das Gewürzsieb oder den Teebeutel geben und diesen verschließen.

2 Gemüsefond, Zwiebel- und Kartoffelwürfel sowie Lorbeer und Wacholder in einen kleinen Stieltopf (20 cm Ø) geben, alles aufkochen und offen bei mittlerer Hitze ca. 15 Min. köcheln lassen; dabei soll die Flüssigkeit fast vollständig verkochen.

3 In der Zwischenzeit einen Topf mit reichlich Wasser aufstellen, das Wasser aufkochen lassen, gut salzen (s. Tipp) und die Würste einlegen. Die Würste in nur leicht siedendem Wasser ca. 10 Min. ziehen lassen. Auf keinen Fall kochen – sonst platzt die Haut.

4 Den Gewürzbeutel aus der Sauce nehmen, den Sauerkrautsaft zu den Kartoffeln gießen, kurz aufkochen lassen und mit dem Pürierstab fein mixen. Die Sahne dazugeben und 1 Min. köcheln lassen. Die Butter in kleine Würfel schneiden und mit dem Pürierstab in die Sauce mixen. Das Sauerkraut in die Sauce geben und noch 2–3 Min. köcheln lassen.

5 Den Majoran vorsichtig waschen, trocken schütteln, die Blätter abzupfen und grob hacken. Die dickflüssige Sauce mit Majoran, Kümmel, Salz und Pfeffer würzen. Die Würste aus dem Topf heben, kurz abtropfen lassen und mit der Sauce servieren.

TIPP Würste in siedendem Wasser zu erwärmen birgt ja immer das Risiko, dass sie platzen. In gesalzenem Wasser passiert das nicht. Außerdem laugen sie da auch nicht aus.

DAS PASST DAZU Kartoffelpüree, Salzkartoffeln oder einfach nur frisches Bauernbrot. Wer möchte, kann zusätzlich noch Senf dazu servieren.

PASST AUCH ZU Kasseler oder saftigem Backschinken aus dem Backofen

INFO – KÜMMEL wird viel in der üppigen süddeutschen und österreichischen Küche verwendet und hilft schwer verdauliche Speisen zu »verarbeiten«. Man verwendet ihn ganz oder gemahlen, da viele nicht so gern auf ganze Kümmelsamen beißen.

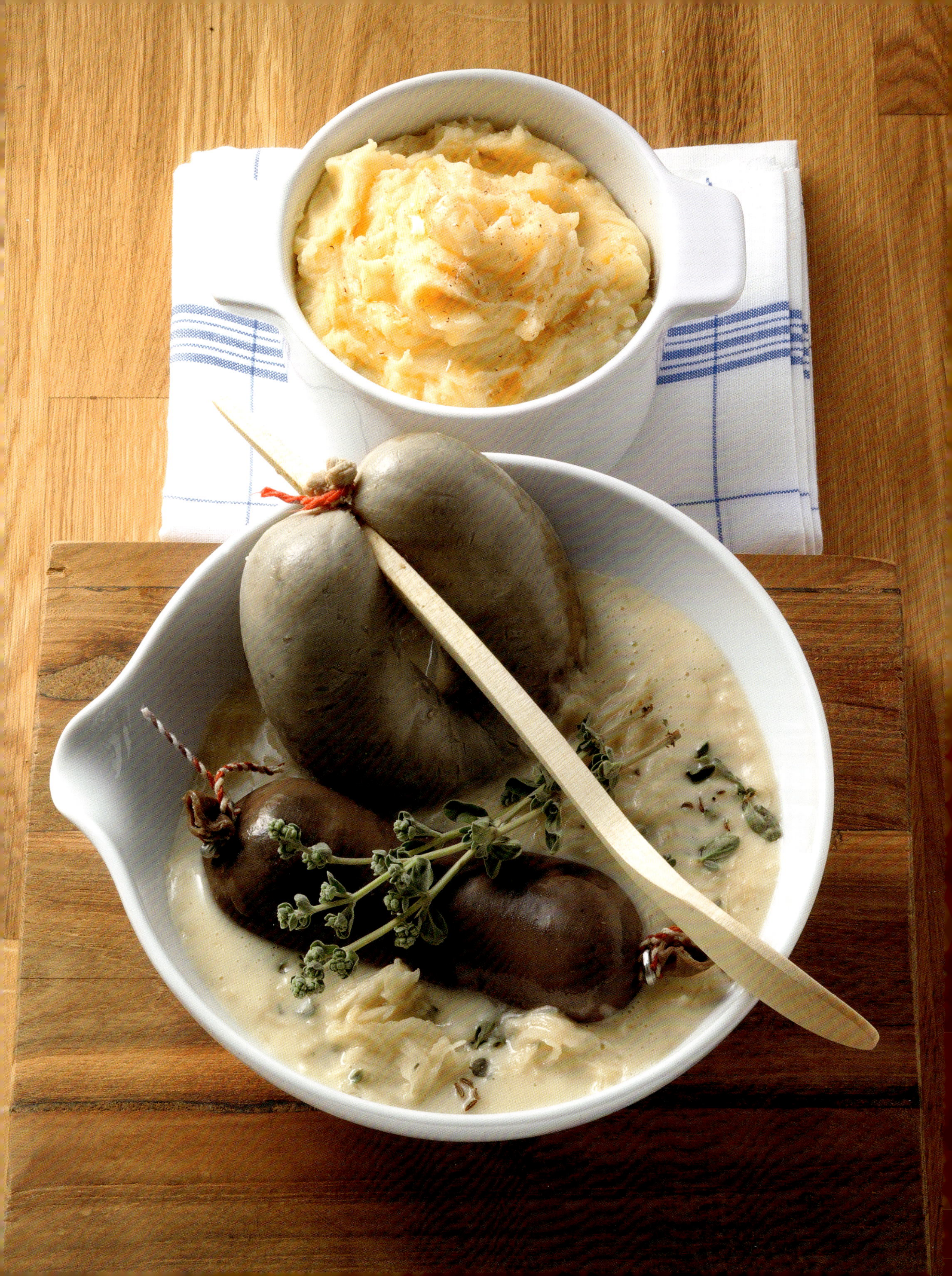

SAUCEN ZU UNSEREN LIEBSTEN FLEISCHSTÜCKEN

Hopfen-Malz-Sauce zu knusprigem Spanferkel

1,8 kg Spanferkelkeule (ohne Mittel- und Hüftknochen; am besten vom Metzger auslösen lassen – abfallende Knochen (ca. 400 g) klein schneiden lassen)
600 g Schweineknochen bzw. Schweinerippen (vom Metzger in Stücke schneiden lassen)
200 g Zwiebeln
1 Möhre (ca. 100 g)
1 Stück Knollensellerie (ca. 200 g)
1 EL Öl | 1 EL Mehl (Type 405)
1,6 l Bratenfond (s. Seite 58)
1/4 l Malzbier
1 1/2 Knoblauchzehen
Salz | schwarzer Pfeffer, frisch gemahlen
4 Prisen Kümmel, gemahlen
2 TL Speisestärke
Außerdem:
1 Bräter (35 cm x 25 cm)
Küchengarn zum Binden

Für 4–6 Personen | ca. 45 Min. Zubereitung
ca. 2 Std. 45 Min. Garzeiten
Pro Portion (bei 6) ca. 755 kcal, 47 g EW, 58 g F, 13 g KH

1 Den Backofen auf 220° (Umluft 200°) vorheizen. Das Fleisch trocken tupfen. Alle Knochen auf einem Blech verteilen, in den Backofen (Mitte) schieben und in ca. 30 Min. goldbraun rösten. Den Backofen dann auf 170° (Umluft 150°) zurückschalten.

2 Nach ca. 15 Min. die Zwiebeln schälen und in 1 cm große Würfel schneiden. Gemüse waschen, putzen, schälen und ebenfalls in 1 cm große Würfel schneiden. Das Öl in einem Topf (24 cm Ø) erhitzen, Zwiebeln und Gemüse darin bei mittlerer Hitze 7–8 Min. anbraten, dabei Farbe nehmen lassen. Die Knochen in den Topf geben (Fett vom Blech weggießen) und 1 Min. mitrösten. Alles mit Mehl bestäuben, 1 Min. unter ständigem Rühren rösten und mit einem Schuss Bratenfond ablöschen. Die Flüssigkeit einkochen lassen, noch zweimal ablöschen. Restlichen Fond und 200 ml Malzbier dazugießen, aufkochen lassen. Die Sauce samt Knochen in den Bräter gießen.

3 Knoblauch schälen, 1 Zehe fein würfeln. Spanferkel auf der Fleischseite mit Salz, Pfeffer, Knoblauch und 2 Prisen Kümmel würzen, mit Küchengarn – ähnlich wie einen Rollbraten – zusammenbinden. Das Fleisch mit der Hautseite nach unten in den Bräter legen, in den Ofen (Mitte) schieben und 1 Std. 30 Min. garen.

4 Die Keule wenden – die Haut zeigt jetzt nach oben – und in weiteren 40 Min. weich garen. Zum Prüfen mit der Fleischgabel ins Fleisch stechen. Es soll jetzt schön weich sein und klarer Fleischsaft austreten.

5 Den Bräter aus dem Ofen nehmen. Fleisch vom Küchengarn befreien und auf das Ofengitter über ein Backblech legen, den Ofengrill einstellen. Den restlichen Knoblauch fein schneiden.

6 Sauce durch ein feines Sieb in einen Topf (20 cm Ø) passieren und aufkochen lassen. Das Fleisch von den Saucenknochen lösen und anderweitig verwenden (z. B. zu abgerösteten Knödeln oder Bratkartoffeln).

7 Die Stärke mit einem Schuss kaltem Wasser glatt rühren, in die kochende Sauce rühren, restliches Bier und Knoblauch dazugeben und die Sauce bei mittlerer Hitze offen in 15–20 Min. sämig einkochen. Erst dann mit Salz, Pfeffer und restlichem Kümmel würzen.

8 Gleichzeitig 100 ml Wasser mit 1/2 TL Salz verrühren. Das Gitter mit dem Fleisch und dem Backblech darunter in den Backofen (Mitte) schieben. Das Fleisch mit Salzwasser gut einpinseln und in ca. 10 Min. knusprig übergrillen. Dabei immer wieder mit Salzwasser bepinseln.

9 Das knusprige Spanferkel aus dem Ofen nehmen, in Scheiben schneiden und mit der Sauce auf vorgewärmten Tellern anrichten.

DAZU PASSEN Kartoffel-, Semmel- oder Spinat-Semmelknödel (s. Seite 154)

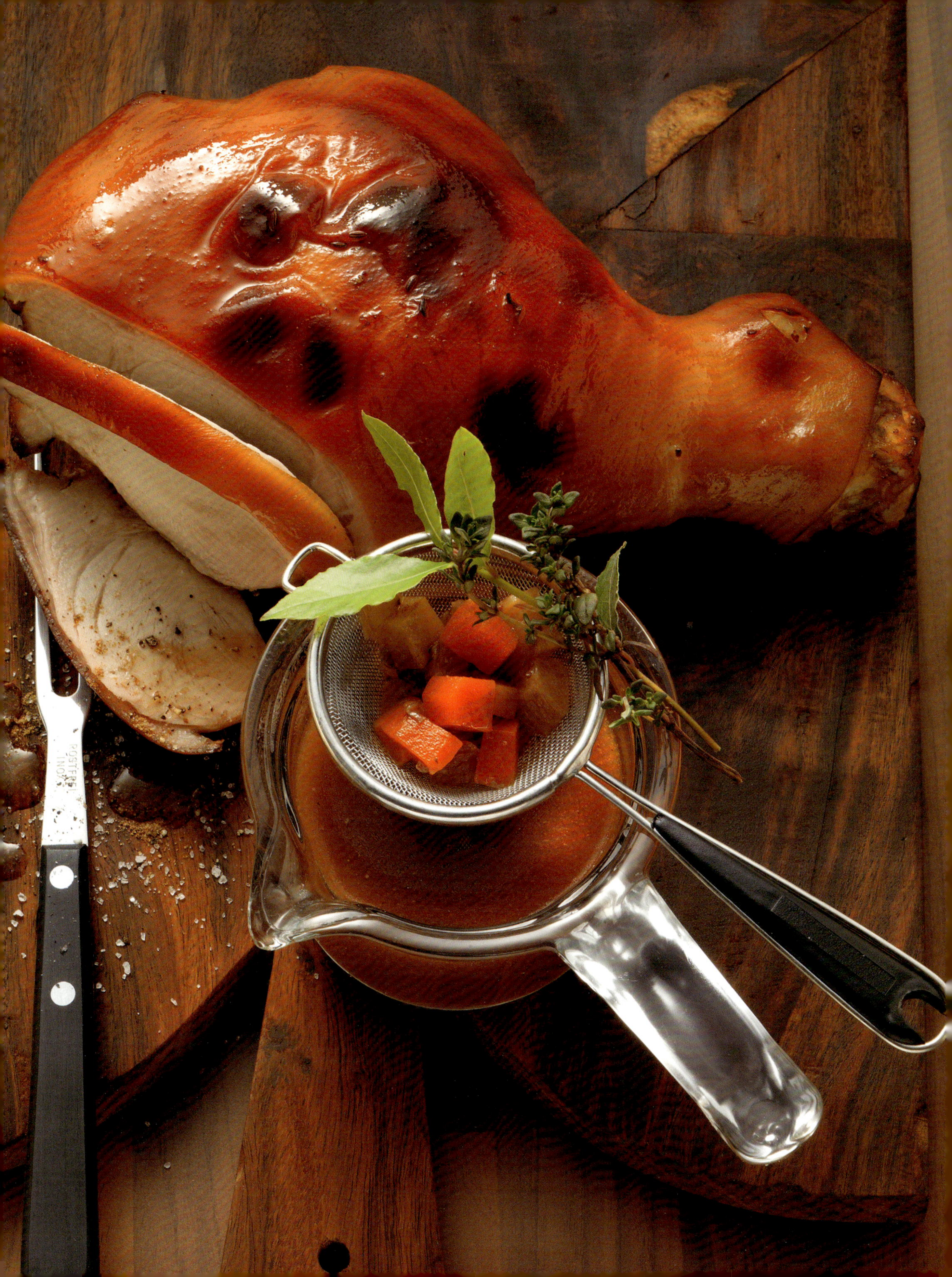

Saucen zu unseren liebsten Fleischstücken

Kürbis-Apfel-Sauce mit Zimt für Kalbsrahmgulasch

1,2 kg durchwachsenes Kalbfleisch (Hals oder Schulter)
200 g Zwiebeln
3 EL Olivenöl
Salz
schwarzer Pfeffer, frisch gemahlen
1 EL Mehl (Type 405)
1 EL Tomatenmark
300 ml Roséwein
800 ml Kalbs- oder Bratenfond (s. Seite 60 bzw. 58)
1 großes Salbeiblatt
600 g Muskatkürbis (geschält ca. 450 g)
1 kleiner säuerlicher Apfel (ca. 120 g)
200 g Sahne
Zimt, gemahlen

Für 4 Personen | ca. 40 Min. Zubereitung
ca. 1 Std. 15 Min. Garzeit
Pro Portion ca. 665 kcal, 68 g EW, 36 g F, 18 g KH

1 Das Fleisch trocken tupfen und in ca. 5 cm große Stücke schneiden. Die Zwiebeln schälen, halbieren und in ca. 2 cm große Würfel schneiden.

2 Das Olivenöl in einem großen Topf (28 cm Ø) erhitzen. Fleischwürfel in eine Schüssel geben, mit Salz und Pfeffer würzen, mit Mehl bestäuben und gut wenden. Das Fleisch im heißen Topf verteilen und bei mittlerer Hitze ca. 15 Min. rundum anbraten (s. Tipp). Flüssigkeit, die dabei austritt, vollständig einkochen lassen.

3 Das Tomatenmark einrühren und 3 Min. mitrösten. Die Hälfte vom Wein dazugießen und in 3 Min. einkochen lassen, sodass sich der Bratensatz löst. Wieder mit Wein ablöschen und in 3 Min. einkochen lassen.

4 Den Fond dazugießen und aufkochen lassen. Das Salbeiblatt einlegen und das Gulasch zugedeckt bei kleiner Hitze ca. 45 Min. köcheln lassen. Dabei immer wieder umrühren.

5 In der Zwischenzeit den Kürbis schälen, Kerne und Fasern entfernen. Das Kürbisfleisch in 2–3 cm große Würfel schneiden. Den Apfel waschen, schälen, vierteln, vom Kerngehäuse befreien und in nicht zu dünne Spalten schneiden. Kürbis, Apfel und Sahne zum Gulasch geben, durchrühren und zugedeckt 15 Min. köcheln. Dann offen in weiteren 15 Min. sämig einkochen lassen. Die Sauce mit Salz, Pfeffer und 2 Prisen Zimt abschmecken und das Gulasch servieren.

DAS PASST DAZU Kartoffelpüree, Salzkartoffeln, Nudeln, z. B. breite Bandnudeln, oder Reis

TIPP – FLEISCH ANBRATEN Beim Anbraten von Fleisch oder Fleischstücken in einem heißen Topf oder einer Pfanne neigt man dazu, das Fleisch zu früh zu wenden oder umzurühren. Dabei zerstört man dann die Oberfläche des Fleischs. Es ist besser, damit zu warten, bis die Oberfläche der Stücke wirklich geschlossen ist; das merkt man daran, dass sie sich ganz leicht, ohne Schaben, vom Boden lösen.

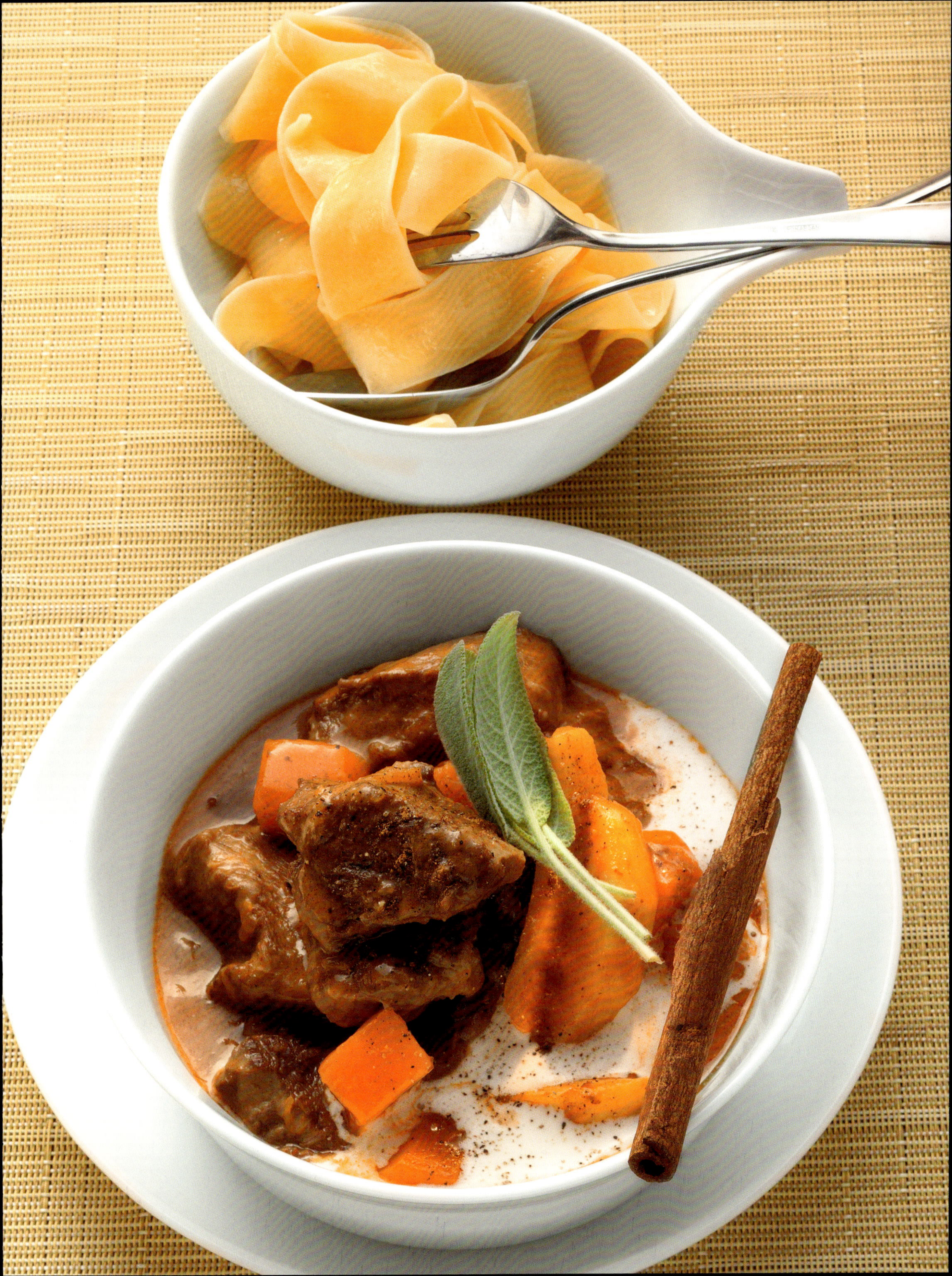

SAUCEN ZU UNSEREN LIEBSTEN FLEISCHSTÜCKEN

Weiße-Bohnen-Sauce mit Salbei zu Kalbsschnitzeln

8 Kalbsschnitzel (à 80–90 g)
8 große und 2 kleine Salbeiblätter
1 Glas weiße Bohnen (Abtropfgewicht 240 g)
1 kleine Zwiebel (ca. 80 g)
1/2 Knoblauchzehe
1 kleines Stück Frühlingszwiebel (ca. 10 g)
1 Tomate (ca. 100 g)
5 EL Olivenöl
100 ml trockener Weißwein
200 ml Kalbsfond (s. Seite 60)
gekörnte Gemüsebrühe (am besten Bio)
100 g Sahne
Salz | schwarzer Pfeffer, frisch gemahlen
Meersalz, z. B. Fleur de Sel
Cayennepfeffer
1 TL kalte Butter
Außerdem:
Fleischklopfer
8 Zahnstocher
Pürierstab

Für 4 Personen | ca. 30 Min. Zubereitung
Pro Portion ca. 540 kcal, 41 g EW, 26 g F, 14 g KH

1 Die Schnitzel trocken tupfen und etwas flach klopfen. Salbeiblätter waschen, trocken schütteln und auf jedes Schnitzel mit einem Zahnstocher 1 großes Salbeiblatt stecken. Die Schnitzel bis zur Verwendung mit Frischhaltefolie abdecken und kühl stellen.

2 Die Bohnen in einem Sieb abgießen, kalt abbrausen und gut abtropfen lassen. Die Hälfte (120 g) abnehmen und beiseitestellen.

3 Die Zwiebel schälen, halbieren und fein würfeln. Den Knoblauch schälen und in Scheiben schneiden. Die Frühlingszwiebel waschen, putzen und schräg in feine Ringe schneiden. Die Tomate waschen, vom Stielansatz befreien, vierteln, entkernen, mit Küchenpapier trocken tupfen und in klein würfeln. Die 2 kleinen Salbeiblätter in feine Streifen schneiden.

4 2 EL Olivenöl in einem kleinen Stieltopf (20 cm Ø) erhitzen, die Zwiebel darin bei kleiner Hitze in 6–7 Min. glasig dünsten. Weißwein und eine Hälfte der Bohnen dazugeben und 2 Min. garen. Mit dem Kalbsfond aufgießen, den Knoblauch einlegen, mit 1 Prise Brühpulver würzen, aufkochen lassen und offen bei kleiner Hitze 4 Min. köcheln lassen. Die Sahne dazugießen, alles mit dem Pürierstab fein mixen und 2 Min. köcheln.

5 Tomatenwürfel, restliche Bohnen und den in Streifen geschnittenen Salbei in die Sauce rühren, bei schwacher Hitze noch 2 Min. köcheln lassen. Frühlingszwiebel einstreuen, durchrühren und die Sauce mit Salz, Pfeffer und Cayennepfeffer abschmecken.

6 Zum Warmhalten den Backofen auf 80° (Ober- und Unterhitze) vorheizen. Während die Sauce kocht, 2 EL Olivenöl in einer großen Pfanne erhitzen. 4 Schnitzel auf beiden Seiten mit Meersalz und Pfeffer würzen, mit der Salbeiseite nach unten in die Pfanne legen, bei mittlerer Hitze 2 Min. braten, wenden und ohne Hitze 1 Min. ziehen lassen. Das Fleisch aus der Pfanne heben und im Ofen warm halten. Die Pfanne mit Küchenpapier auswischen und das restliche Öl darin erhitzen. Die 4 anderen Schnitzel würzen und wie oben beschrieben braten. Zum Schluss die Butter unter die Sauce rühren und die Schnitzel mit der Sauce servieren.

TAUSCH-TIPP Anstelle von Kalbsschnitzel kann man natürlich auch Schweineschnitzel verwenden. Kalb schmeckt allerdings feiner.

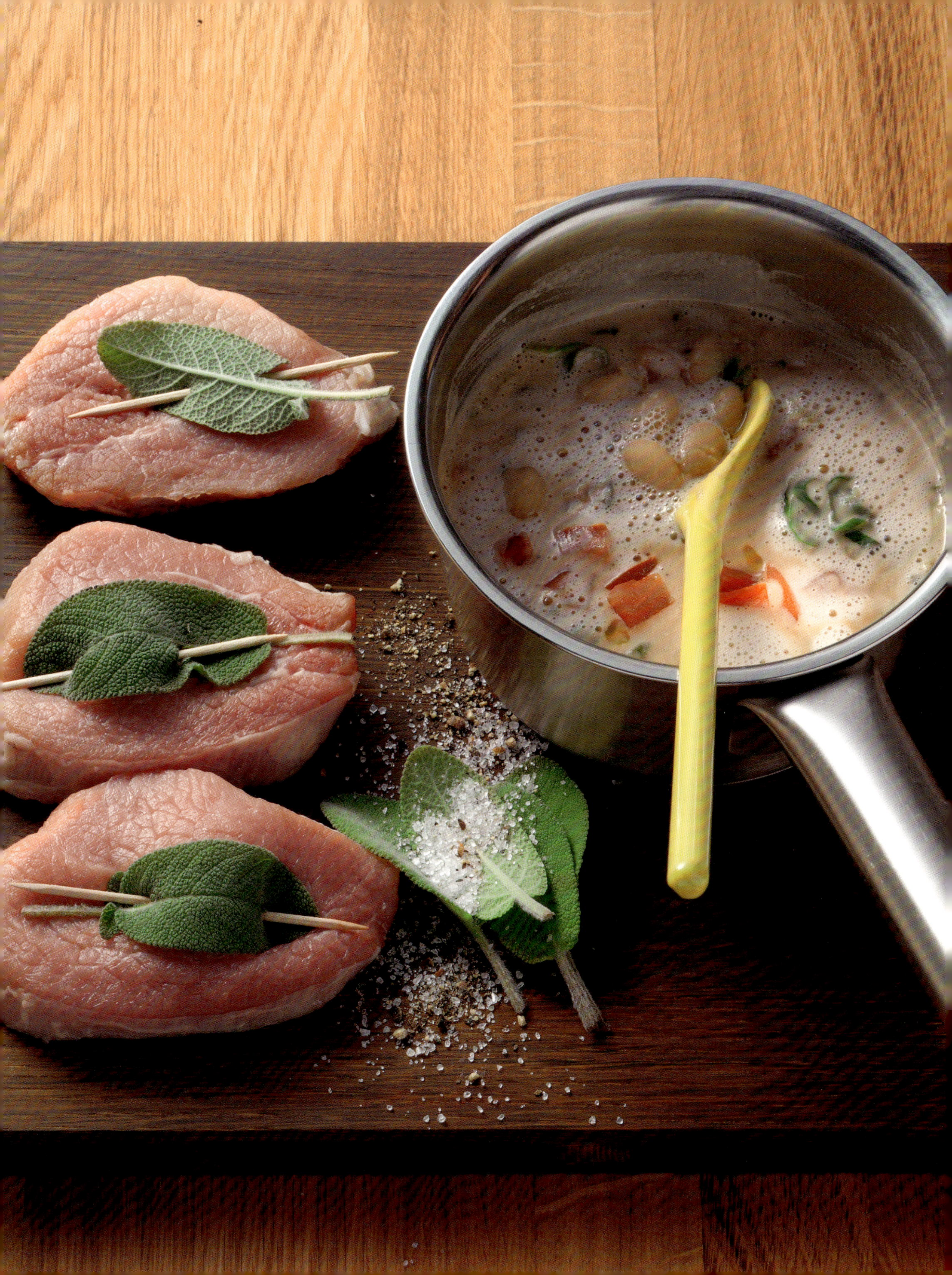

SAUCEN ZU UNSEREN LIEBSTEN FLEISCHSTÜCKEN

Morchel-Sahne-Sauce für gebratene Kalbskoteletts

Für die Sauce:
10 g getrocknete Morcheln
1 Schalotte (ca. 30 g)
1 EL Butter
1 EL Gin (nach Belieben)
100 ml weißer Portwein
400 ml Braune Sauce (s. Seite 72)
200 g Sahne
Salz
schwarzer Pfeffer, frisch gemahlen
Für das Fleisch:
4 Kalbskoteletts mit Knochen (à ca. 230 g)
3 EL Olivenöl

Für 4 Personen | ca. 30 Min. Zubereitung
ca. 30 Min. Quellzeit
Pro Portion ca. 545 kcal, 43 g EW, 37 g F, 10 g KH

1 Für die Sauce die Morcheln in lauwarmes Wasser legen und ca. 30 Min. quellen lassen. Dann die Morcheln in einem Sieb abtropfen lassen. Größere Exemplare halbieren. Den Backofen auf 140° (Umluft 120°) vorheizen.

2 Für das Fleisch die Koteletts kalt abbrausen, trocken tupfen und den Fettrand mehrmals einschneiden (s. Tipp). Das Fleisch auf beiden Seiten salzen. Das Olivenöl in einer Pfanne erhitzen, die Koteletts darin in 1 1/2–2 Min. goldbraun anbraten, wenden und noch 1 Min. anbraten. Die Koteletts auf das Gitter in den Backofen (Mitte) legen (mit einem Backblech als Tropfschutz darunter) und in 18–20 Min. »rosa« garen.

3 Währenddessen für die Sauce die Schalotte schälen, halbieren und fein würfeln. Die Butter in einem kleinen Stieltopf (18 cm Ø) aufschäumen lassen, die Schalotte darin in ca. 3 Min. glasig dünsten. Die Morcheln dazugeben, dann alles mit Gin und Portwein ablöschen, aufkochen und offen bei mittlerer Hitze ca. 5 Min. köcheln lassen. Nun die Braune Sauce dazugeben, erneut aufkochen und in weiteren 3 Min. einkochen lassen.

4 Zum Schluss die Sahne zur Sauce gießen und diese in gut 10 Min. sämig einkochen lassen. Die Sauce mit Salz und Pfeffer abschmecken.

5 Das Fleisch aus dem Ofen nehmen. Mit Pfeffer würzen, mit der Sauce auf vorgewärmten Tellern anrichten und z. B. mit kleinen Butterkartoffeln servieren.

TIPP Wenn man den Fettrand von Koteletts 2- bis 3-mal einschneidet, wölbt sich das Fleisch beim Braten nicht.

BEILAGEN-TIPP Spargel passt wunderbar dazu. 1 kg weißen Spargel waschen, schälen und die holzigen Endstücke abschneiden. Etwa 2 l Wasser in einem breiten Topf aufkochen lassen. 1 EL Butter, 1 TL gekörnte Bio-Gemüsebrühe und 2 Stücke Bio-Orangenschale (à ca. 8 cm) dazugeben, mit 1 1/2 EL Salz, 2 EL Zucker und 1 Spritzer Zitronensaft würzen. Die Spargelenden in den Sud legen und bei mittlerer Hitze ca. 10 Min. ziehen lassen. Die Stangen dazulegen und bei mittlerer Hitze ca. 8 Min. kochen. Den Herd ausschalten und den Spargel noch 10 Min. ziehen lassen. Spargel aus dem Sud heben, kurz abtropfen lassen und je nach Geschmack halbieren oder dritteln und mit frisch geschnittenem Schnittlauch bestreuen.

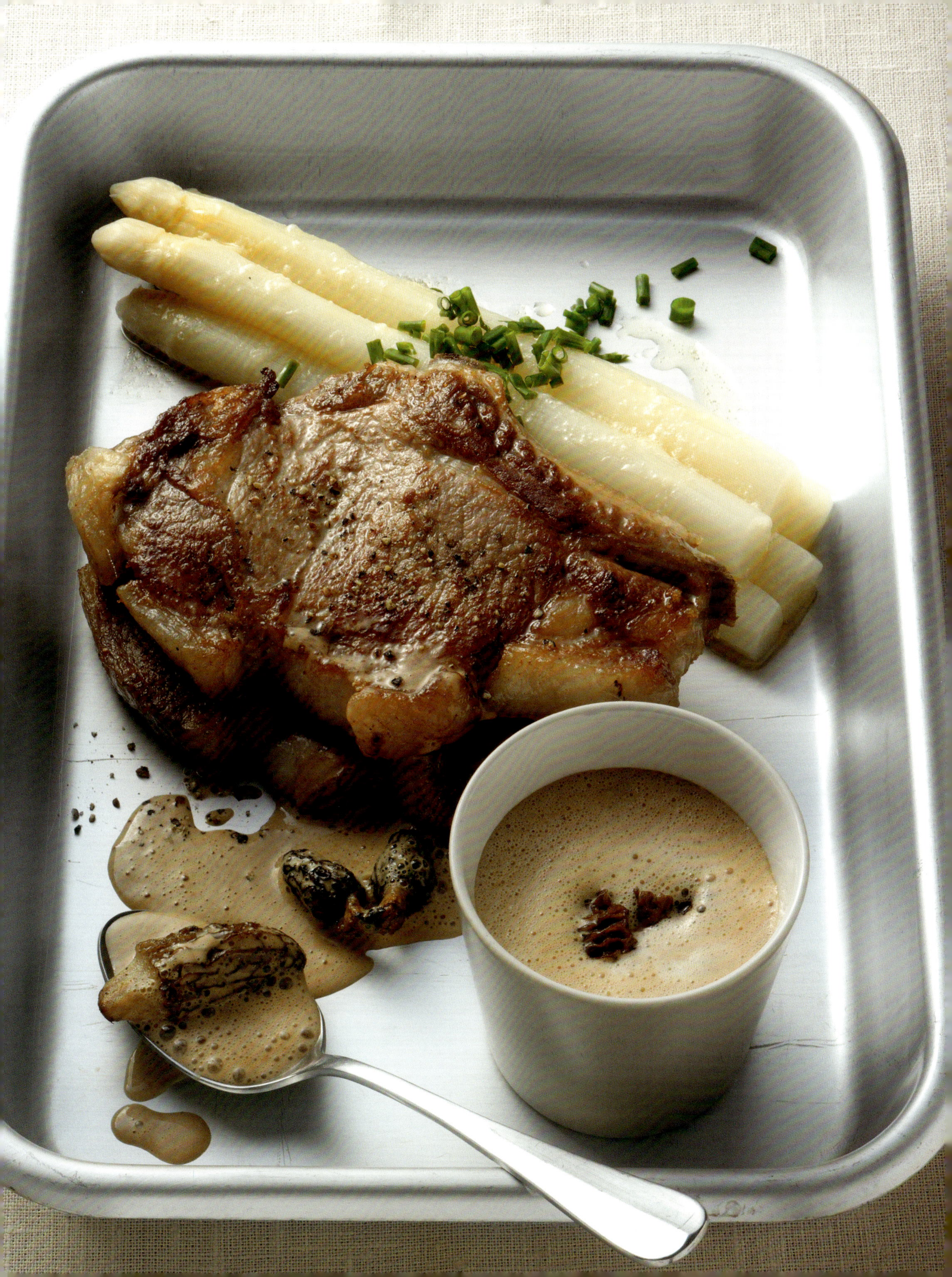

Essigsaure Zwiebel-Senf-Sauce mit geschnetzelter Kalbsleber

Für die Sauce:
1/2 Zwiebel (ca. 50 g)
50 g Perlzwiebeln (aus dem Glas)
4 kleine Essiggurken, z. B. Cornichons (ca. 80 g)
1 EL Butter
1 gehäufter EL mittelscharfer Senf
2 EL Sherryessig
400 ml Bratenfond (s. Seite 58)
1 TL Speisestärke
Salz
schwarzer Pfeffer, frisch gemahlen

Für die Leber:
1/2 Bund Schnittlauch
600 g Kalbsleber in Scheiben
2 EL Öl
etwas Mehl (Type 405)

Für 4 Personen | ca. 30 Min. Zubereitung
Pro Portion ca. 305 kcal, 31 g EW, 14 g F, 13 g KH

1 Für die Sauce die Zwiebel schälen und in feine Würfel schneiden. Die Perlzwiebeln abtropfen lassen und halbieren, die Essiggurken längs vierteln und in dünne Scheiben schneiden.

2 Für die Leber den Schnittlauch waschen, trocken schütteln und in feine Röllchen schneiden. Die Leber von Sehnen und Adern befreien und in ca. 1 cm breite Streifen schneiden.

3 Für die Sauce die Butter in einem kleinen Stieltopf (20 cm Ø) aufschäumen lassen, die Zwiebel darin bei mittlerer Hitze in 5 Min. goldbraun anbraten. Den Senf einrühren, 1 Min. mitgaren, mit Essig ablöschen und mit Bratenfond aufgießen. Alles aufkochen und offen bei kleiner Hitze 4 Min. köcheln lassen.

4 Die Stärke mit einem Schuss kaltem Wasser anrühren, in die kochende Sauce rühren und 2 Min. köcheln. Die Gurken und Perlzwiebeln dazugeben und noch weitere 5 Min. köcheln lassen.

5 Währenddessen für die Leber das Öl in einer großen Pfanne erhitzen. Die Leberstreifen mit 2–3 Prisen Mehl bestäuben, im Mehl wälzen (s. Tipp), ins heiße Fett geben und 2 Min. braten. Dabei die Pfanne mehrmals schwenken. Erst jetzt mit Salz und Pfeffer würzen.

6 Die Sauce mit Salz und Pfeffer abschmecken, heiß auf die Leber gießen, den Schnittlauch einrühren und die Pfanne vom Herd nehmen. Das Geschnetzelte kurz ziehen lassen und servieren.

TIPP Die Leber nur mit Mehl bestäuben, braten und erst in der Pfanne salzen. So bleibt sie schön zart.

BEILAGEN-TIPP Dazu passen Salzkartoffeln oder Bauernbrot. Für ein Sellerie-Kartoffel-Püree 600 g Knollensellerie und 400 g mehligkochende Kartoffeln gründlich waschen, schälen und in 1 cm große Würfel schneiden. In einen Topf (20 cm Ø) geben, mit 200 g Sahne und 300 ml Milch aufgießen und leicht salzen. Aufkochen lassen und zugedeckt bei mittlerer Hitze in 25–30 Min. weich garen. Die Flüssigkeit sollte dabei sämig eingekocht sein. Kartoffeln und Sellerie durch die Kartoffelpresse drücken, restliche Flüssigkeit mit dazugeben. 80 g kalte Butterwürfel nach und nach unterrühren. Mit Salz, wenig Pfeffer und frisch geriebener Muskatnuss würzen.

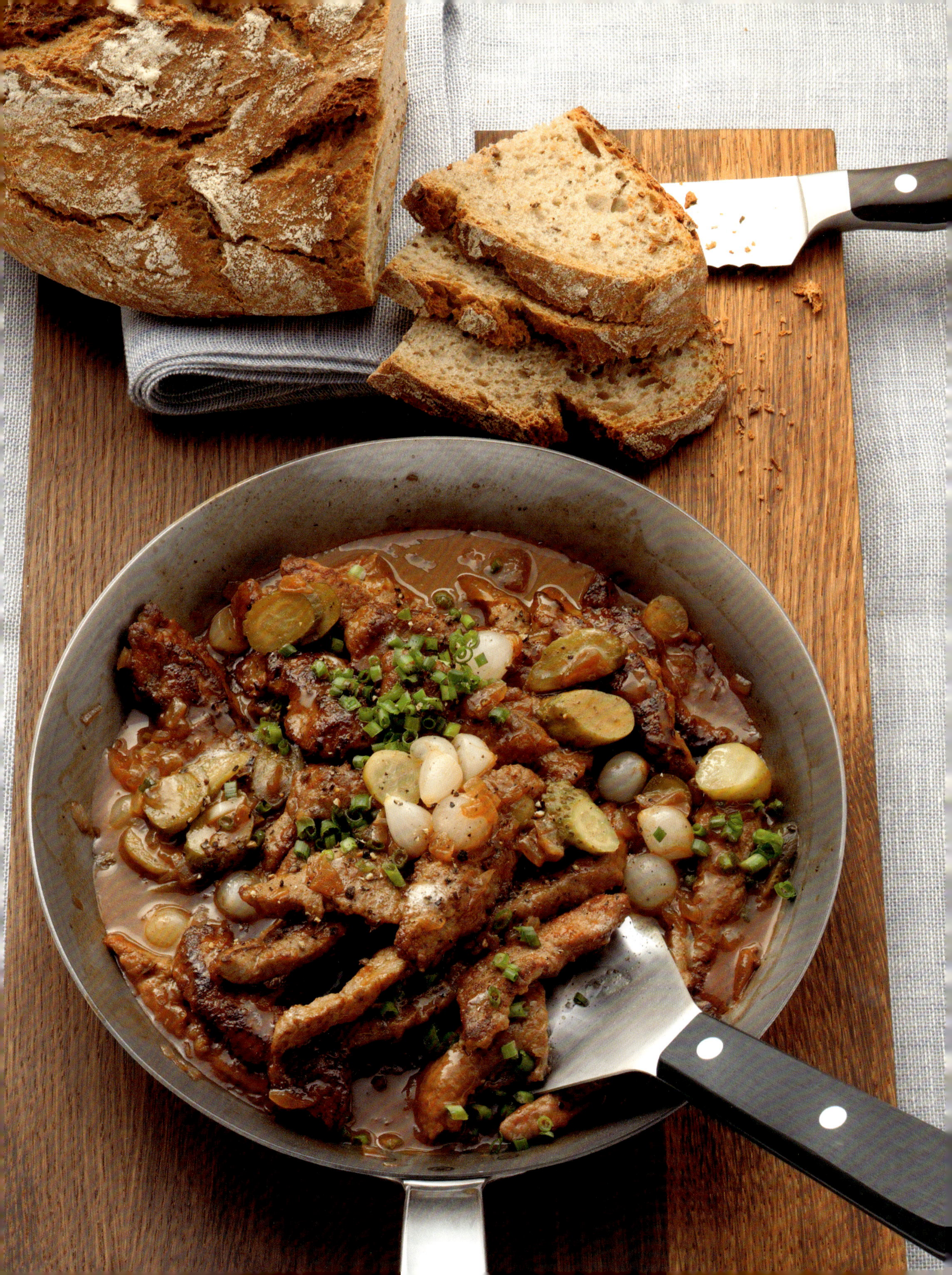

Bananen-Curry-Sauce zu gebratener Maispoularde und Ananas

Für die Sauce:
1/2 Zwiebel (ca. 50 g)
1 1/2 Bananen (geschält ca. 150 g)
1 EL Butter
2 TL Currypulver
200 ml Asiafond (s. Seite 70)
250 ml ungesüßte Kokosmilch
100 g Sahne
Salz
schwarzer Pfeffer, frisch gemahlen

Für die Maispoularden:
4 Maispoulardenbrüste (à ca. 200 g)
3 EL Rapsöl

Für die Honigfrüchte:
1 Stück Ananas (geschält ca. 200 g)
1/2 Banane
1–2 Stängel Thai-Basilikum (Asialaden)
1 EL Honig

Außerdem:
Pürierstab

Für 4 Personen | ca. 40 Min. Zubereitung
Pro Portion ca. 600 kcal, 42 g EW, 37 g F, 24 g KH

1 Für die Sauce die Zwiebel schälen und in feine Würfel schneiden. Die Bananen schälen und in kleine Stücke schneiden. Die Butter in einem kleinen Stieltopf (20 cm Ø) erhitzen, die Zwiebel darin bei mittlerer Hitze 1 Min. dünsten. Die Bananen dazugeben, das Currypulver einstreuen, kurz durchrühren, Asiafond und Kokosmilch dazugießen. Alles aufkochen lassen und offen ca. 10 Min. köcheln lassen.

2 Die Sauce mit dem Pürierstab fein mixen. Die Sahne dazugießen und in weiteren 4 Min. sämig einkochen lassen. Die Sauce mit Salz und Pfeffer abschmecken.

3 Für die Poularden den Backofen auf 140° (Umluft 120°) vorheizen. Die Poulardenbrüste trocken tupfen, evtl. Sehnen entfernen. Die Poulardenbrüste auf der Hautseite nur salzen, den Rest mit Salz und Pfeffer würzen. Das Öl in einer großen Pfanne erhitzen, das Fleisch mit der Hautseite nach unten hineinlegen, bei mittlerer Hitze 3 Min. anbraten, wenden und rundum noch 1 Min. weiterbraten. Die Brüste auf ein Ofengitter legen und im Backofen (Mitte – ein Backblech als Tropfschutz darunter) 15–16 Min. garen.

4 Inzwischen für die Honigfrüchte die Ananas schälen, braune Stellen herausschneiden. Das Fruchtfleisch in fingerdicke Scheiben schneiden, vom Strunk befreien und in mundgerechte Stücke teilen. Die Banane der Länge nach halbieren und in ca. 1 1/2 cm große Stücke schneiden. Das Basilikum waschen, vorsichtig trocken schütteln und die Blätter abzupfen.

5 Den Honig in einer kleinen Pfanne erwärmen, Ananas und Bananen einlegen und kurz schwenken. Basilikum einstreuen und die Früchte im Honig 1 Min. glasieren.

6 Die Sauce nochmals kurz aufkochen und schaumig aufmixen. Die Brüste aus dem Ofen nehmen, in fingerdicke Scheiben schneiden und mit den Früchten und der Sauce auf vorgewärmten Tellern anrichten.

DAS PASST DAZU Duft- oder Naturreis

TAUSCH-TIPP Für die Honigfrüchte kann man auch Kiwis, Äpfel, Physalis oder Sternfrüchte verwenden.

INFO – MAISPOULARDEN werden überwiegend mit Mais gefüttert. Das macht Haut und Fleisch gelblich. Eine Poularde ist ein schweres Hähnchen und darf erst ab einem Gewicht von 1,2 kg so bezeichnet werden.

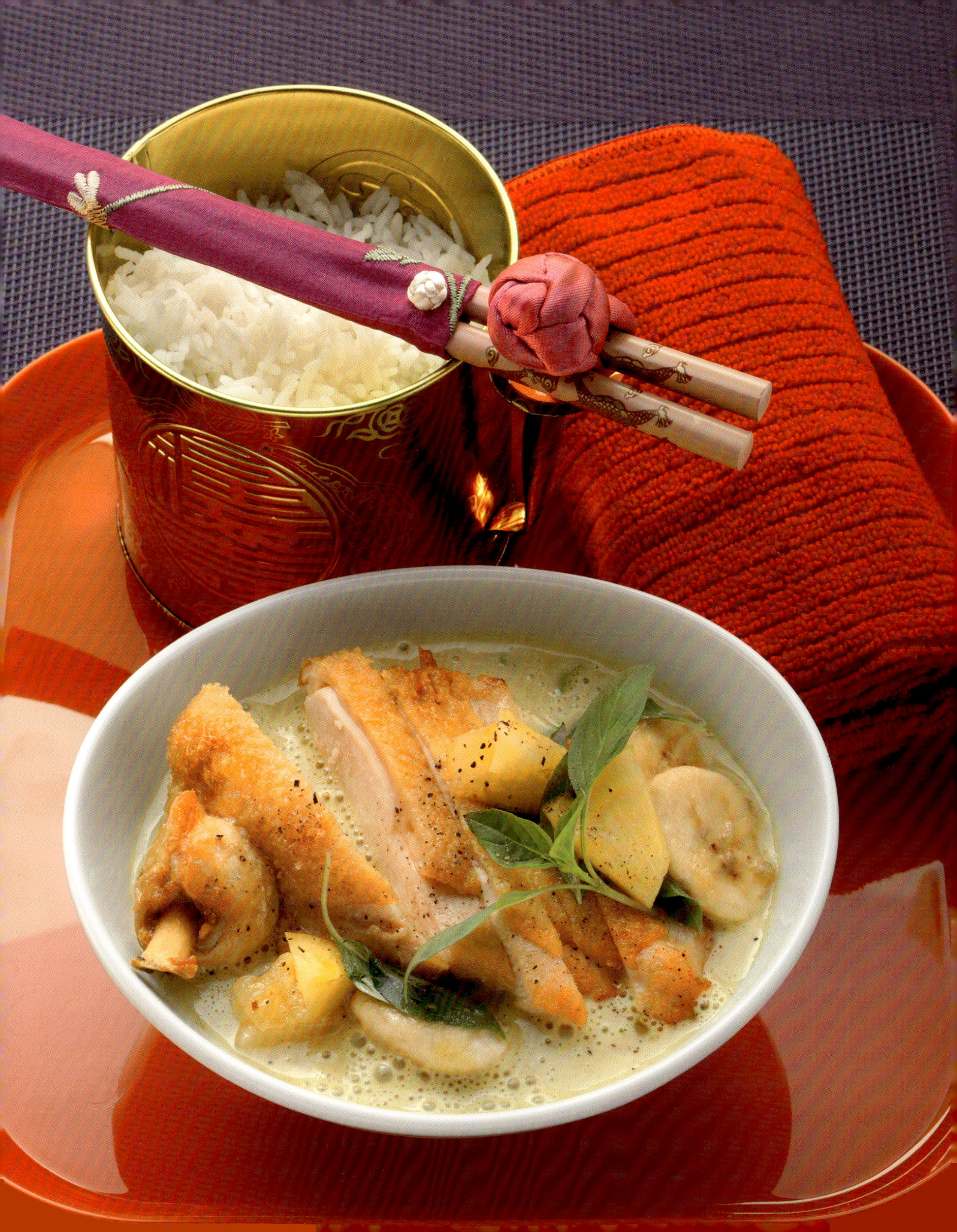

Saucen zu unseren liebsten Fleischstücken

Linsensauce mit gebratenem Stubenküken

Für die Stubenküken:
4 küchenfertige Stubenküken (à ca. 470 g)
4 Schalotten (ca. 100 g)
1/2 Bund glatte Petersilie
4 kleine Zweige Thymian
Salz | schwarzer Pfeffer, frisch gemahlen
4 TL Butter | 2 EL Olivenöl

Für die Sauce:
1 Stück Knollensellerie (ca. 60 g)
1 kleine Möhre (ca. 40 g)
2 Schalotten (ca. 50 g)
1 kleines Stück Frühlingszwiebel (ca. 20 g)
2 EL Olivenöl | 1 EL Mehl
1 TL Tomatenmark
600 ml Geflügelfond (s. Seite 63)
80 g Berglinsen (Bio-Laden)
1 EL Crema di Balsamico (Fertigprodukt)
1 EL Butter | Zucker (nach Geschmack)

Außerdem:
Zahnstocher und Küchengarn
Bräter oder ofenfeste Form (35 cm x 25 cm)

Für 4 Personen | ca. 25 Min. Zubereitung
ca. 50 Min. Garzeit
Pro Portion ca. 830 kcal, 78 g EW, 50 g F, 16 g KH

1 Den Backofen auf 170° (Umluft 150°) vorheizen. Die Stubenküken innen gründlich kalt ausspülen und mit Küchenpapier trocken tupfen. Die Bürzel abschneiden.

2 Die Schalotten schälen und in grobe Würfel schneiden. Die Kräuter waschen und trocken schütteln. Die Petersilie samt den Stielen grob zerkleinern. Die Thymianblätter abzupfen. Schalotten und Kräuter mischen und kräftig mit Salz und Pfeffer würzen.

3 Die Haut der Brüste mit den Fingern leicht vom Fleisch lösen und 1 TL Butter je Küken zwischen Haut und Fleisch setzen. Die Haut wieder glatt streichen. Die Bauchhöhlen mit der Zwiebelmischung füllen, mit Zahnstochern verschließen. Die Beine mit Küchengarn zusammenbinden.

4 Etwa 400 ml heißes Wasser in eine ofenfeste Form gießen. Die Stubenküken mit der Brustseite nach unten einlegen, in den Backofen schieben (Mitte) und ca. 22 Min. garen. Die Stubenküken wenden, mit Olivenöl einpinseln und weitere 26 Min. garen.

5 Inzwischen für die Sauce Sellerie und Möhre waschen, putzen, schälen und in feine Würfel schneiden. Schalotten schälen und fein würfeln. Die Frühlingszwiebel waschen, klein schneiden und beiseitestellen.

6 Das Öl in einem kleinen Stieltopf (20 cm Ø) erhitzen, Schalotten und Mehl darin bei mittlerer Hitze in 5 Min. karamellfarben rösten, Tomatenmark einrühren und bei mittlerer Hitze 1 Min. weiterrösten. 400 ml Geflügelfond dazugießen (s. Tipp) und aufkochen lassen. Linsen, Möhre und Sellerie dazugeben, aufkochen lassen und die Linsen offen in ca. 25 Min. bissfest köcheln.

7 Restlichen Fond dazugießen, Frühlingszwiebel einrühren und die Sauce 3 Min. weiterkochen. Mit Crema di Balsamico verfeinern, Butter stückchenweise einrühren und noch 2 Min. ziehen lassen. Die Sauce mit Salz, Pfeffer und nach Geschmack mit 1 Prise Zucker abschmecken.

8 Stubenküken aus dem Ofen nehmen, den Grill einschalten. Bratfond salzen. Küken mit der Brust nach unten auf ein Ofengitter setzen (ein Backblech als Tropfschutz darunter) – und im Backofen in 4 Min. goldbraun übergrillen, dabei immer wieder mit dem gesalzenen Fond bepinseln. Die Küken auf die Seite legen, einpinseln und weitere 4 Min. grillen, auf die andere Seite legen, einpinseln und nochmal 4 Min. grillen.

9 Die Linsensauce nochmals aufkochen lassen und mit den Stubenküken servieren.

TIPP Je nach Qualität und Art der Linsen kann die Garzeit unterschiedlich sein. Deshalb den Geflügelfond lieber nach und nach dazugießen.

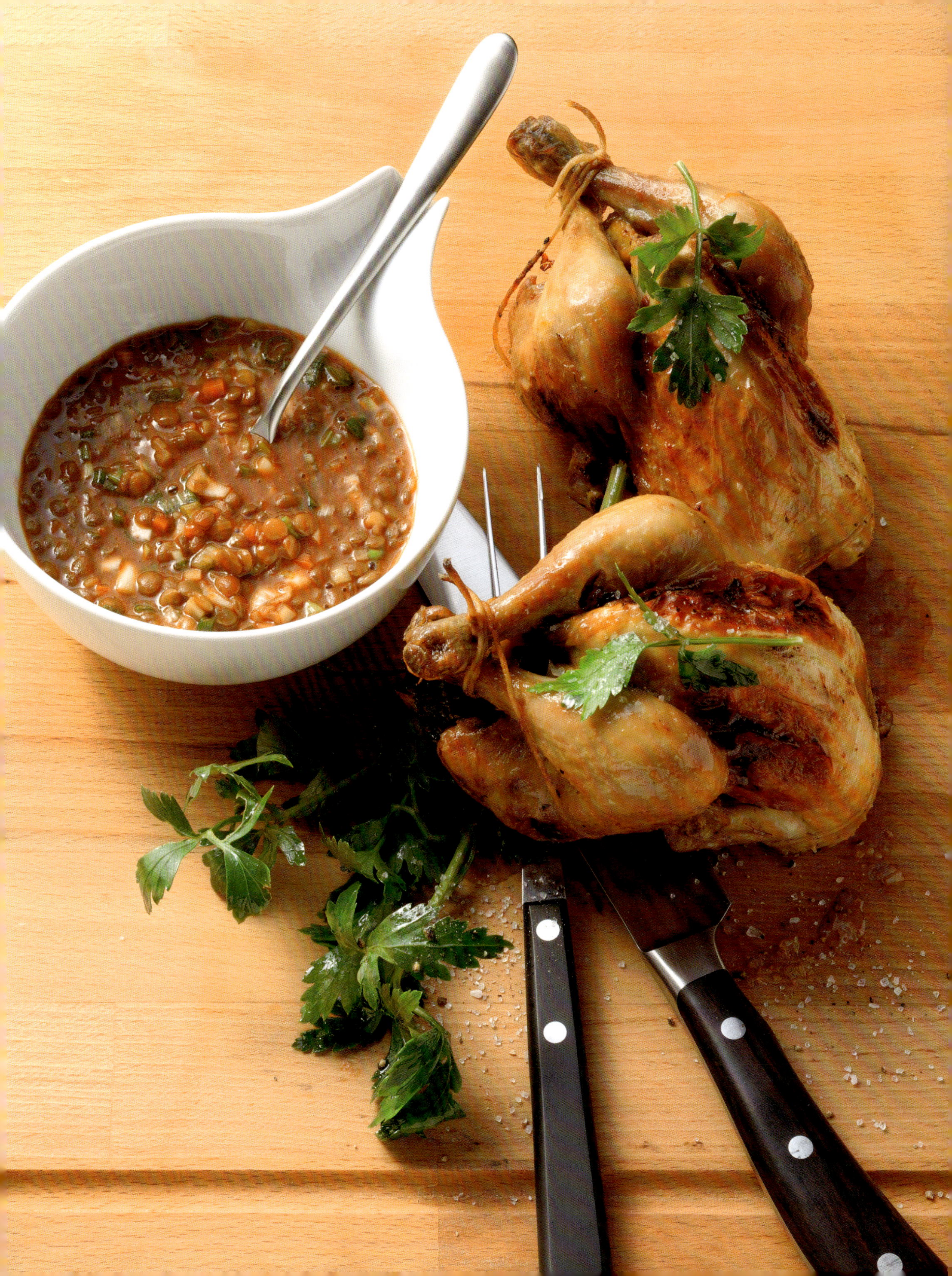

SAUCEN ZU UNSEREN LIEBSTEN FLEISCHSTÜCKEN

Kirsch-Portwein-Sauce mit Kardamom zu gebratener Entenbrust

Für die Entenbrüste:
2 Entenbrüste (à ca. 400 g)
Salz
schwarzer Pfeffer, frisch gemahlen
2 EL Traubenkernöl (ersatzweise neutrales Öl)

Für die Kirschsauce:
1 Schalotte (ca. 50 g)
1 Glas Schattenmorellen (Abtropfgewicht 175 g)
1 TL brauner Zucker | 1 EL Butter
150 ml roter Portwein
1 grüne Kardamomkapsel
englisches Senfpulver (nach Belieben)
200 ml Bratenfond (s. Seite 58)
1 gehäufter TL Speisestärke
1 Stück Bio-Orangenschale (6–8 cm)
1 EL Kirschkonfitüre
1 EL Orangenlikör (nach Belieben)
1/4 TL schwarze Pfefferkörner
Meersalz, z. B. Fleur de Sel

Außerdem:
Mörser

Für 4 Personen | ca. 10 Min. Zubereitung
ca. 45 Min. Garzeit
Pro Portion ca. 450 kcal, 37 g EW, 28 g F, 10 g KH

1 Den Backofen auf 100° (Ober- und Unterhitze) vorheizen. Die Entenbrüste trocken tupfen und, falls nötig, von Federkielen und Sehnen befreien. Die Fettschicht rautenförmig einschneiden und die Entenbrüste nur auf der Fleischseite mit Salz und Pfeffer würzen.

2 Das Traubenkernöl in eine kalte Pfanne geben und die Entenbrüste mit der Fettseite nach unten in die Pfanne legen. Die Pfanne auf den Herd stellen und die Entenbrüste bei mittlerer Hitze in ca. 5 Min. kross braten. Wenden und kurz weiterbraten, nur so lange, bis kein rohes Fleisch mehr zu sehen ist. Die Fleischstücke auf ein Ofengitter legen, in den Backofen (Mitte) schieben (ein Backblech als Tropfschutz darunterschieben) und in ca. 40 Min. rosa braten.

3 Nach ca. 20 Min. für die Sauce die Schalotte schälen und fein würfeln. Die Schattenmorellen in ein Sieb gießen, den Kirschsaft (200 ml) dabei auffangen. Den Zucker in einen kleinen Stieltopf (20 cm Ø) streuen und bei mittlerer Hitze in 1–2 Min. hell karamellisieren lassen. Schalotte und Butter dazugeben, 1 Min. dünsten, Kirschsaft und Portwein dazugießen und aufkochen lassen. Kardamom und 1 Prise Senfpulver dazugeben und die Sauce offen bei kleiner Hitze 10 Min. kochen.

4 Den Bratenfond dazugießen, 2 Min. köcheln lassen. Die Stärke mit einem Schuss kaltem Wasser anrühren, in die kochende Sauce rühren, die Orangenschale einlegen und 1 Min. köcheln. Dabei immer wieder umrühren. Die Konfitüre einrühren, 2 Min. köcheln, Orangenlikör dazugeben, wieder 2 Min. köcheln lassen, die Kirschen einlegen und noch 1 Min. ziehen lassen. Den Pfeffer im Mörser grob zerstoßen. Die Sauce mit Salz und geschrotetem Pfeffer abschmecken.

5 Die Entenbrüste aus dem Ofen nehmen und quer zur Faser in dünne Scheiben schneiden. Je nach Geschmack noch mit Meersalz und Pfeffer bestreuen, mit der Kirschsauce auf vorgewärmten Tellern anrichten.

DAS PASST DAZU Kartoffelgratin oder gebratene Kartoffelplätzchen

BEILAGEN-TIPP – knuspriges Thymianbrot
Dafür pro Person 4–5 Scheiben dünn aufgeschnittenes Weißbrot oder Ciabatta mit Thymian belegen. In einer Pfanne Olivenöl erhitzen, die Brotscheiben hineinlegen und in 1–2 Min. goldbraun braten. Herausnehmen, auf Küchenpapier entfetten und leicht mit Meersalz würzen.

PASST AUCH ZU Brathähnchen oder Putenbrust

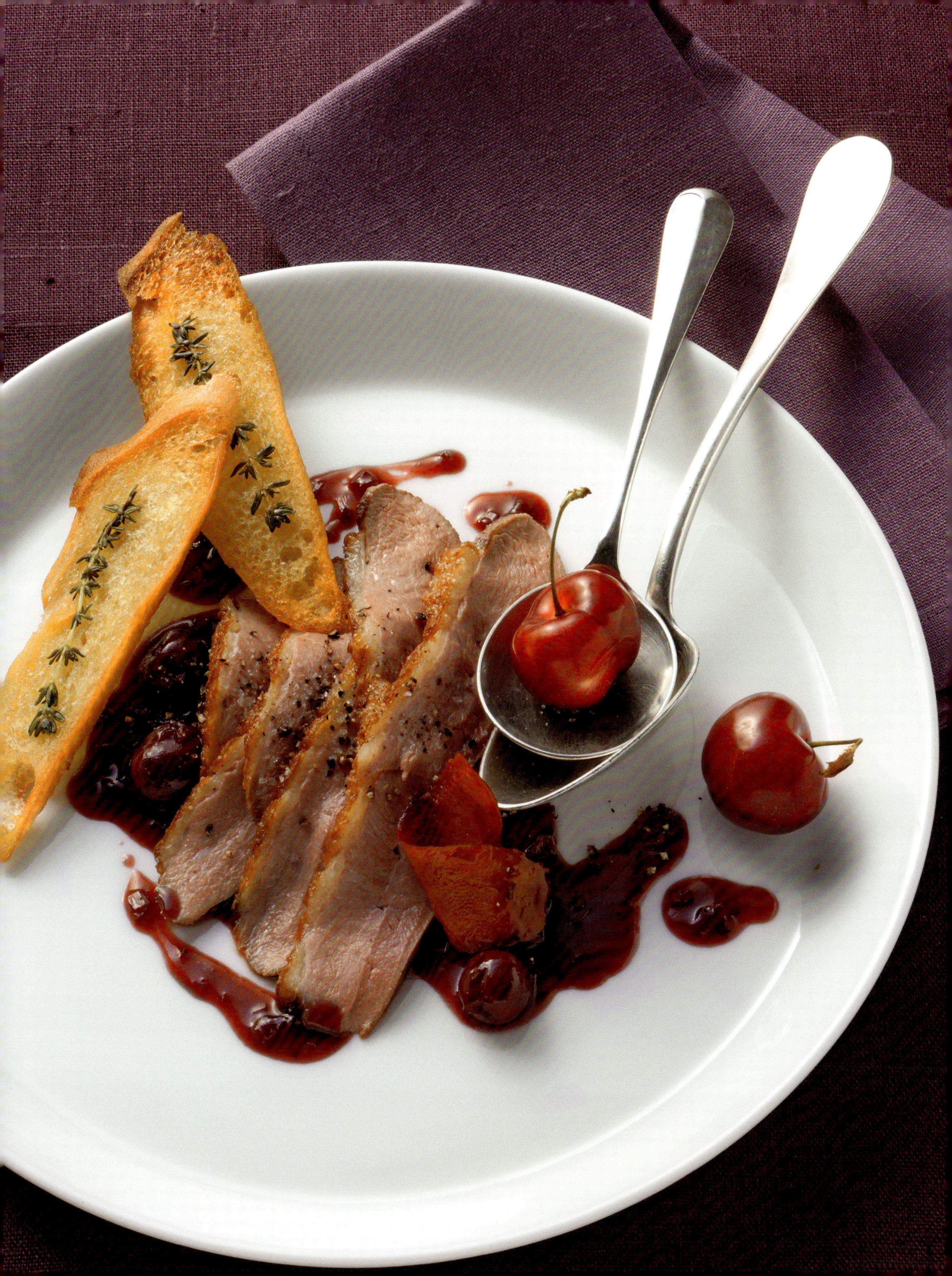

Apfel-Pflaumen-Sauce mit knusprigen Gänsekeulen

2 Gänsekeulen (à ca. 500 g)
1 Zwiebel (ca. 100 g)
1 Möhre (ca. 60 g)
1 Stück Knollensellerie (ca. 100 g)
1 säuerlicher Apfel, z. B. Boskop (ca. 140 g)
1 EL Öl
1 EL Tomatenmark
200 ml kräftiger Rotwein, z. B. Cabernet Sauvigon
1/2 l Geflügelfond (s. Seite 63)
Salz | schwarzer Pfeffer, frisch gemahlen
60 g weiches gemischtes Dörrobst, z. B. Pflaumen, Datteln, Apfelringe, Aprikosen
1 TL Speisestärke
getrockneter Beifuß
1 Stück Bio-Orangenschale (6–8 cm)

Für 2 Personen | ca. 30 Min. Zubereitung
ca. 2 Std. 30 Min. Garzeit
Pro Portion ca. 1075 kcal, 77 g EW, 71 g F, 30 g KH

1 Den Backofen auf 160° (Umluft 140°) vorheizen. Gänsekeulen trocken tupfen, falls nötig, von Federkielen befreien und beiseitestellen. Zwiebel schälen, halbieren und in ca. 2 cm große Würfel schneiden. Das Gemüse und den Apfel waschen, putzen, schälen und grob würfeln.

2 Das Öl in einem Topf (20 cm Ø) erhitzen, Zwiebel- und Gemüsewürfel einlegen und bei mittlerer Hitze 5 Min. rösten, dabei immer wieder umrühren. Tomatenmark einrühren, 1 Min. mitrösten. Mit einem Schuss Rotwein ablöschen, 2 Min. einkochen lassen, wieder einen Schuss Wein dazugießen und 1 Min. köcheln. Restlichen Rotwein und den Geflügelfond dazugießen und aufkochen lassen.

3 Die Gänsekeulen mit Salz und Pfeffer einreiben. Die Sauce samt Wurzelgemüse in eine ofenfeste Form gießen, Apfelwürfel dazugeben und die Gänsekeulen mit der Hautseite nach unten in die Sauce legen. Form auf das Ofengitter im Backofen (Mitte) stellen und die Keulen 1 Std. garen. Die Keulen wenden und in 1 Std. 30 Min. im Ofen weich schmoren. Das Fleisch sollte beim Einstechen schön weich sein, d.h., die Fleischgabel löst sich leicht vom Fleisch.

4 Das Dörrobst in kleine, mundgerechte Stücke schneiden. Die Form aus dem Ofen nehmen, den Grill einstellen. Die Keulen aus der Sauce heben. Die Sauce durch ein feines Sieb in einen kleinen Topf (20 cm Ø) passieren, dabei das Gemüse gut durchdrücken. Das Fett mit einem Schöpfer abschöpfen und für die Gänsekeulen beiseitestellen.

5 Die Sauce aufkochen lassen. Die Stärke mit einem Schuss kaltem Wasser glatt rühren, einrühren und die Sauce in 2–3 Min. sämig einkochen lassen. Das Dörrobst, 2 Prisen Beifuß und die Orangenschale in die Sauce legen und 2–3 Min. ziehen lassen. Dann die Orangenschale entfernen.

6 Währenddessen die Gänsekeulen auf das Gitter legen, mit einem Backblech als Tropfschutz darunter in den Backofen schieben (Mitte), mehrmals dünn mit Fett einpinseln und in ca. 3 Min. knusprig übergrillen.

7 Die Gänsekeulen aus dem Ofen nehmen und mit der Sauce auf vorgewärmten Tellern anrichten.

BEILAGEN-TIPP Dafür eignen sich ganz klassisch Rotkohl und Kartoffelknödel.

TIPP FÜR DEN KLEINEN HAUSHALT Wenn an Festtagen wie Weihnachten eine Gans als klassisches Gericht zubereitet werden soll, bieten sich die Gänsekeulen für kleine Haushalte geradezu an.

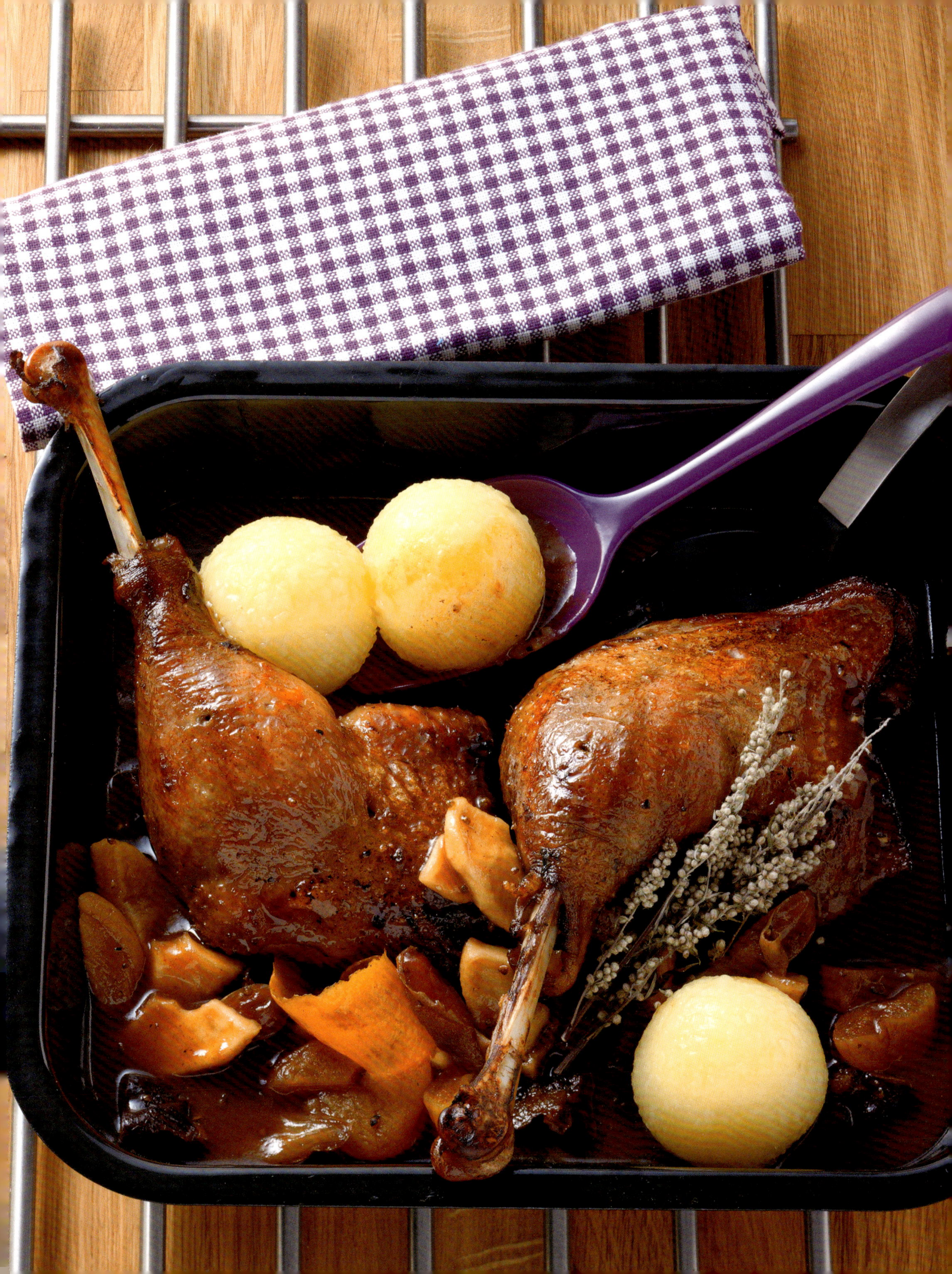

Schokoladensauce mit Heidelbeeren zu gebratenem Rehrücken

Für den Rehrücken:
4 Rehrückenfiletstücke (à ca. 180 g)
1 EL Butterschmalz
Salz
schwarzer Pfeffer, frisch gemahlen
gemahlenes Wildgewürz
2–3 Zweige Thymian
1 EL Butter
Für die Sauce:
400 ml Wildsauce (s. Seite 76)
10 g dunkle Schokolade (Kakaoanteil 80%)
50 g Heidelbeeren (s. Tipp)
Salz
schwarzer Pfeffer, frisch gemahlen

Für 4 Personen | ca. 15 Min. Zubereitung
ca. 30 Min. Garzeit
Pro Portion ca. 330 kcal, 45 g EW, 14 g F, 2 g KH

1 Den Backofen auf 80° (Ober- und Unterhitze) vorheizen. Die Rehrückenfilets trocken tupfen und, falls nötig, von Sehnen befreien. Das Butterschmalz in einer Pfanne erhitzen. Die Rehfilets mit Salz, Pfeffer und mit 3–4 Prisen Wildgewürz würzen und sofort in die heiße Pfanne legen. Die Filets bei mittlerer Hitze rundum, auch an den schmalen Seiten 2–3 Min. anbraten.

2 Die Fleischstücke auf ein Ofengitter legen und in den Backofen (Mitte) schieben. Ein Backblech als Tropfschutz in die Leiste darunter schieben. Die Rehrücken in ca. 30 Min. »rosa« garen.

3 Die Wildsauce in einem kleinen Topf (20 cm Ø) aufkochen lassen. Die Schokolade in Stücke schneiden, in die Sauce geben und mit dem Schneebesen glatt verrühren. Die Beeren verlesen, waschen, in einem Sieb gut abtropfen lassen und in die Sauce rühren. Sauce noch einmal aufkochen lassen, mit Salz und Pfeffer abschmecken und vom Herd ziehen.

4 Den Thymian waschen und trocken schütteln. Die Butter in einer Pfanne aufschäumen lassen und den Thymian einlegen. Die Rehfilets aus dem Ofen nehmen, in die heiße Thymianbutter legen und 1 Min. braten, dabei wenden. Die Rehfilets mit einem scharfen Messer aufschneiden, mit der heißen Sauce auf vorgewärmten Tellern anrichten und servieren.

BEILAGEN-TIPP Dazu passen Spätzle, Kartoffelpüree, Selleriepüree oder Semmelknödel. Außerdem ein Wirsingpüree. Dafür 800 g Wirsing (geputzt ca. 700 g) waschen, putzen, von groben Stielen befreien und in grobe Stücke schneiden. In reichlich kochendem Salzwasser in ca. 14 Min. weich kochen. Dann in ein Sieb abgießen, eiskalt abschrecken und gut abtropfen lassen. Restliches Wasser mit den Händen ausdrücken. Den Wirsing nach und nach durch den Fleischwolf (mittlere Scheibe) drehen. 1 EL Butter in einem Topf (20 cm Ø) aufschäumen lassen, 1 fein gewürfelte Schalotte (ca. 60 g) darin 3 Min. glasig dünsten. 200 g Sahne dazugießen und 2 Min. einkochen lassen. Den Wirsing dazugeben, 5 Min. bei kleiner Hitze erwärmen. 1 EL Butter in kleinen Stücken einrühren, das Püree mit Salz, Pfeffer und frisch geriebener Muskatnuss abschmecken und servieren.

TIPP Die kleinen Waldheidelbeeren sind den großen Zuchtheidelbeeren im Aroma überlegen. Meistens werden sie nur auf dem Markt angeboten.

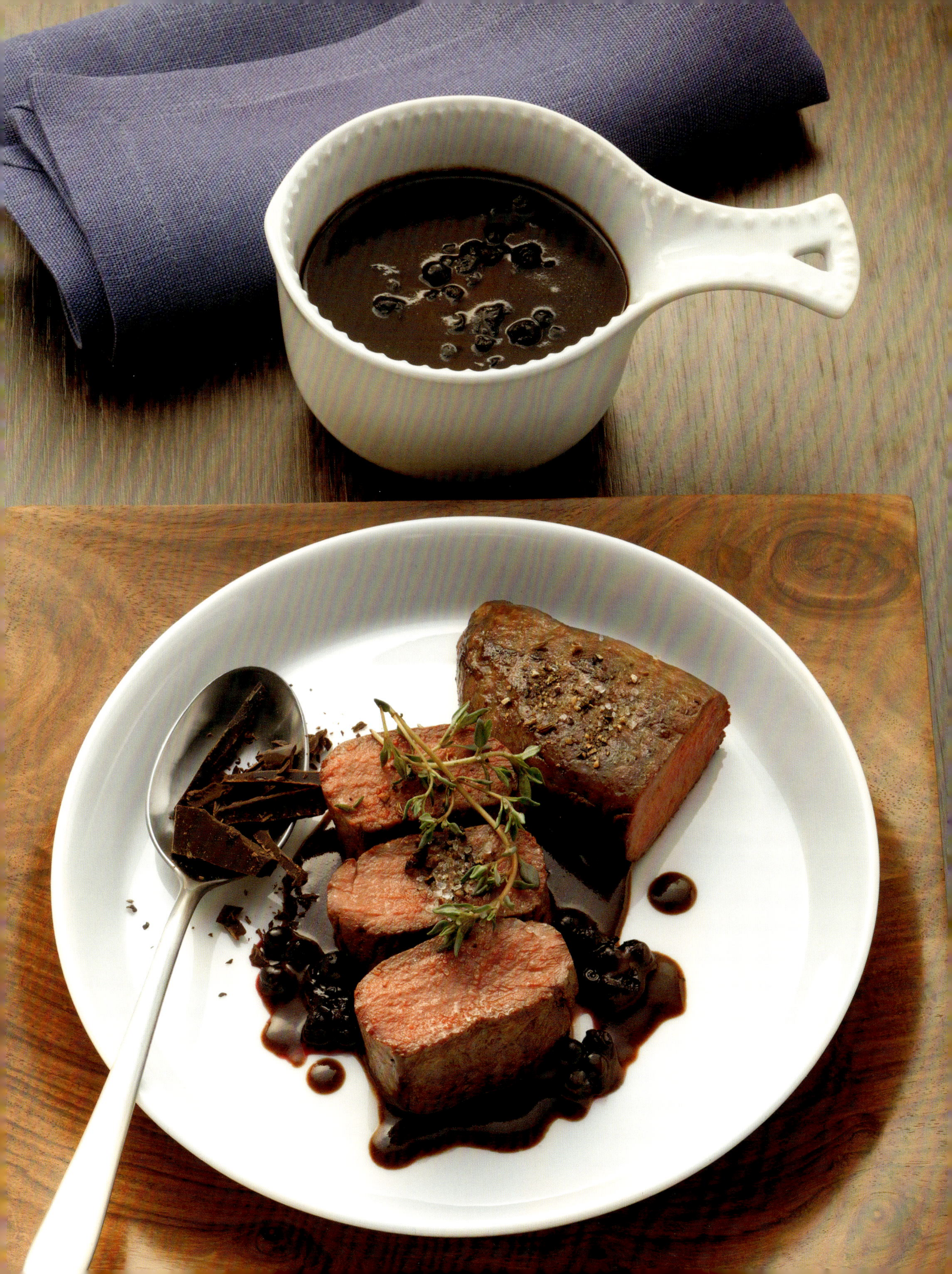

SAUCEN ZU UNSEREN LIEBSTEN FLEISCHSTÜCKEN

Printen-Wein-Sauce zu geschmortem Wildschwein

2 Stück Wildschweinkugel (aus der Keule, à ca. 650 g)
200 g Zwiebeln
1 Möhre (ca. 80 g)
1 Stück Knollensellerie (ca. 200 g)
2 EL Öl
Salz
schwarzer Pfeffer, frisch gemahlen
Wildgewürz, gemahlen
2 EL Tomatenmark
200 ml kräftiger Rotwein, z. B. Cabernet Sauvigon
300 ml roter Portwein
1 l Braten- oder Wildfond (s. Seite 58 bzw. 64)
3 Stück Aachener Kräuterprinten ohne Glasur (60 g)
2–3 Zweige Thymian
2 Lorbeerblätter

Außerdem:
Küchengarn

Für 4 Personen | ca. 35 Min. Zubereitung
ca. 3 Std. Schmorzeit
Pro Portion ca. 785 kcal, 78 g EW, 41 g F, 16 g KH

1 Das Fleisch trocken tupfen und mit Küchengarn binden (s. Tipp). So bleiben die Stücke beim Garen schön in Form. Die Zwiebeln schälen, halbieren und in ca. 2 cm große Würfel schneiden. Möhre und Sellerie waschen, putzen, schälen und in grobe Würfel schneiden.

2 Das Öl in einem Schmortopf (24 cm Ø) erhitzen. Das Fleisch rundum mit Salz, Pfeffer und 4–5 Prisen Wildgewürz würzen, in den heißen Topf legen, bei mittlerer Hitze 2 Min. anbraten, wenden und rundum weitere 3 Min. braten. Das Fleisch aus dem Topf nehmen.

3 Zwiebeln und Wurzelgemüse einlegen und 3 Min. anbraten. Das Tomatenmark dazugeben und weitere 4 Min. mitrösten. Dabei immer wieder umrühren. Rotwein und Portwein mischen, das Gemüse mit einem guten Schöpfer davon ablöschen und den Wein in 6–8 Min. einkochen lassen. Wieder einen Schuss dazugießen und einkochen lassen. Restlichen Wein und Wildfond dazugießen, das Fleisch wieder einlegen und alles aufkochen lassen.

4 Die Printen in die Sauce legen, mit einem Deckel abdecken und bei kleiner Hitze ca. 2 Std. köcheln lassen. Die Bratenstücke mehrmals in der Sauce wenden.

5 Den Thymian waschen und trocken schütteln. Thymianzweige und Lorbeerblätter in die Sauce legen und zugedeckt noch 1 Std. weiterköcheln lassen. Das Fleisch sollte beim Einstechen schön weich sein, d. h., die Fleischgabel löst sich leicht vom Fleisch.

6 Das weich gekochte Fleisch aus der Sauce heben, das Küchengarn entfernen. Die Sauce durch ein feines Sieb passieren, dabei das Gemüse mit einem Schöpfer gut ausdrücken. Die Sauce wieder in den Topf gießen, nochmals aufkochen lassen und mit Salz und Pfeffer abschmecken. Wenn sofort serviert wird, das Fleisch in fingerdicke Scheiben schneiden und mit der sämig gebundenen Sauce auf vorgewärmten Tellern servieren. Ansonsten den Braten wieder in die kochende Sauce legen, alles aufkochen lassen und das Fleisch darin 5–10 Min. erwärmen.

TIPP – FLEISCH BINDEN Um einen Braten zu binden, geht man vor wie bei einem Päckchen. So bleibt das Stück schön in Form, und man kann es in schöne, gleichmäßige Scheiben aufschneiden.

DAS PASST DAZU Spätzle, breite Nudeln, Kartoffel- oder Semmelknödel

TAUSCH-TIPP Wer keine Printen bekommt, kann auch Saucenlebkuchen nehmen.

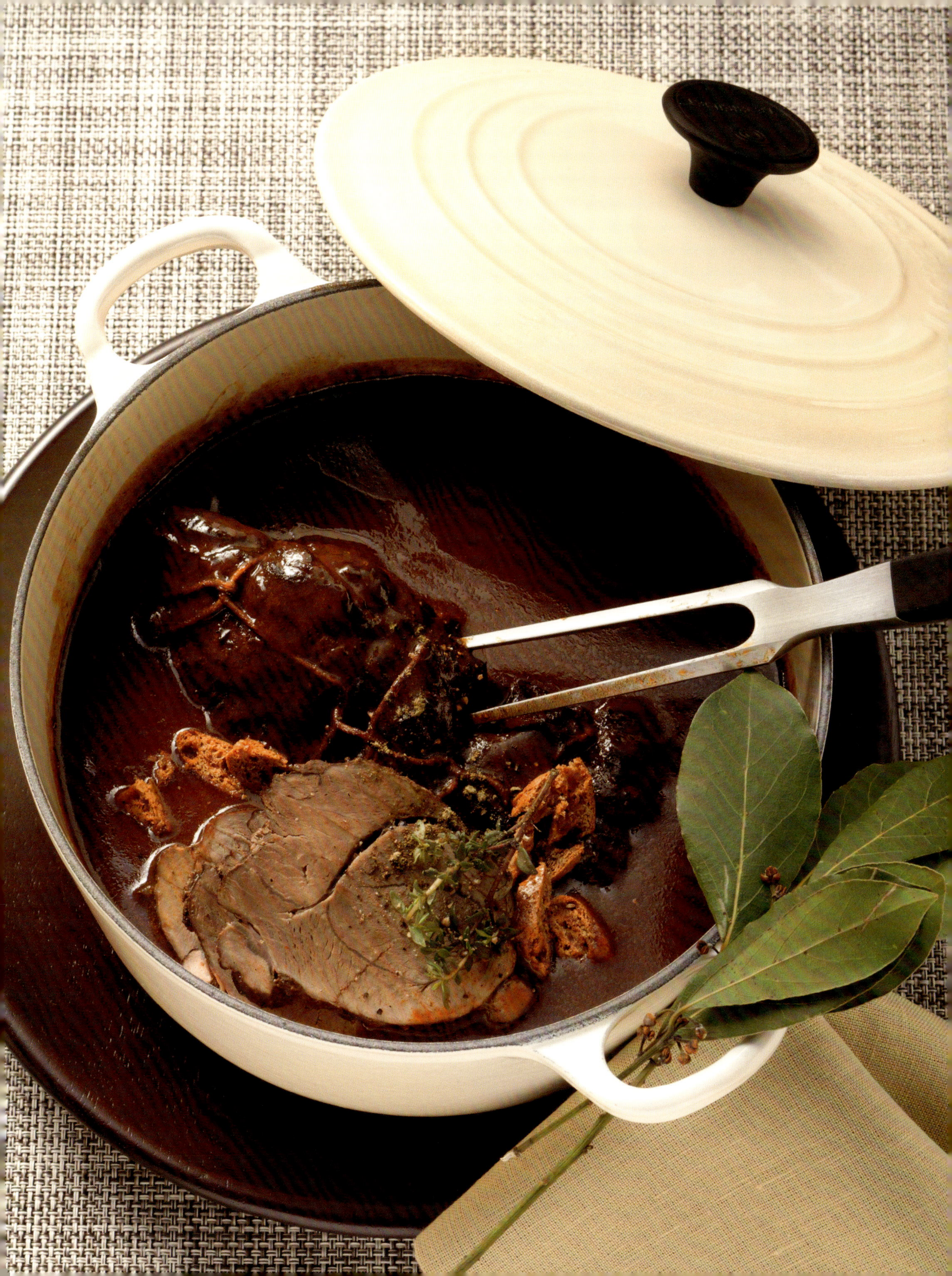

Saucen zu unseren liebsten Fleischstücken

Fenchel-Knoblauch-Sauce mit Lammkeule

Für das Fleisch:
1,2 kg Lammkeule ohne Knochen
4–5 Zweige Thymian
1–2 Zweige Rosmarin
2 EL Olivenöl
Meersalz, z. B. Fleur de Sel
schwarzer Pfeffer, frisch gemahlen
Für die Sauce:
1 Schalotte (ca. 30 g)
1 kleine Knoblauchzehe
1 TL Butter
100 ml kräftiger Rotwein, z. B. Cabernet Sauvignon
400 ml Lammsauce (s. Seite 77)
3–4 Zweige Thymian
8–10 Nadeln Rosmarin
Fenchelsamen
Meersalz
schwarzer Pfeffer, frisch gemahlen
Außerdem:
Küchengarn
Bratenthermometer

Für 4 Personen | ca. 20 Min. Zubereitung
ca. 1 Std. 30 Min. Garzeit
Pro Portion ca. 830 kcal, 58 g EW, 63 g F, 5 g KH

1 Für das Fleisch den Backofen auf 140° (Umluft 120°) vorheizen. Die Lammkeule trocken tupfen, mit Küchengarn – ähnlich wie einen Rollbraten – binden, damit sie in Form bleibt. Die Kräuter waschen, trocken schütteln und in die Mitte des Backofengitters legen.

2 Das Olivenöl in einer großen Pfanne erhitzen. Die Lammkeule mit Meersalz und Pfeffer würzen, in die Pfanne legen und bei mittlerer Hitze rundum ca. 5 Min. anbraten. Das Fleisch auf das Kräuterbett setzen und das Bratenthermometer ins Fleisch stecken. Das Gitter in den Backofen schieben (Mitte; ein Backblech als Tropfschutz darunter) und die Keule in 1 Std. 30 Min. rosa braten, bis die Kerntemperatur des Fleisches 58–60° beträgt.

3 Nach 1 Std. 15 Min. für die Sauce Schalotte und Knoblauch schälen, halbieren und in feine Würfel schneiden. Die Butter in einem kleinen Stieltopf (20 cm Ø) erhitzen, Schalotte und Knoblauch darin in 3 Min. glasig dünsten. Den Rotwein dazugießen, aufkochen und offen bei kleiner Hitze in 7 Min. einkochen lassen. Die fertige Lammsauce daraufgießen, aufkochen und bei kleiner Hitze noch 1 Min. köcheln lassen.

4 Sämtliche Kräuter waschen, trocken schütteln, die Blätter abzupfen und mit 1 Prise Fenchelsamen möglichst fein hacken. Die Sauce mit diesen Aromen verfeinern und, falls nötig, noch mit Salz und Pfeffer abschmecken. Nochmals aufkochen lassen.

5 Die Lammkeule aus dem Backofen nehmen, das Küchengarn entfernen und das Fleisch in fingerdicke Scheiben schneiden. Das Fleisch auf vorgewärmten Tellern anrichten, mit Meersalz und Pfeffer würzen und mit der Sauce servieren, z. B. mit gebratenen Kartoffeln oder Kartoffelgratin.

BEILAGEN-TIPP Als Gemüsebeilage eignen sich gebratene Zucchini, Auberginen, Paprika, Fenchel, Artischocken und Zwiebeln.

VARIANTE Gut passt auch eine Tomaten-Auberginen-Sauce zur Lammkeule. Dafür 100 g Zwiebeln und 2 kleine Knoblauchzehen schälen, halbieren und in feine Würfel schneiden. 1 kleine Aubergine (ca. 100 g) waschen, putzen und in 1/2 cm große Würfel schneiden. 3 EL Olivenöl in einem Topf (24 cm Ø) erhitzen, Zwiebeln und Knoblauch darin 2 Min. dünsten. Aubergine dazugeben, bei mittlerer Hitze 3 Min. weiterbraten. 1 EL Tomatenmark einrühren, 2 Min. mitrösten, mit 2 Prisen braunem Zucker bestreuen, kurz durchrühren und 400 g Pizzatomaten sowie 400 ml Wasser dazugeben. Aufkochen und offen bei kleiner Hitze ca. 30 Min. köcheln lassen. Dabei immer wieder umrühren. 6–8 Blätter Basilikum zerzupfen, in die Sauce geben. Mit 2 Prisen Chiliflocken, Meersalz und schwarzem Pfeffer würzen.

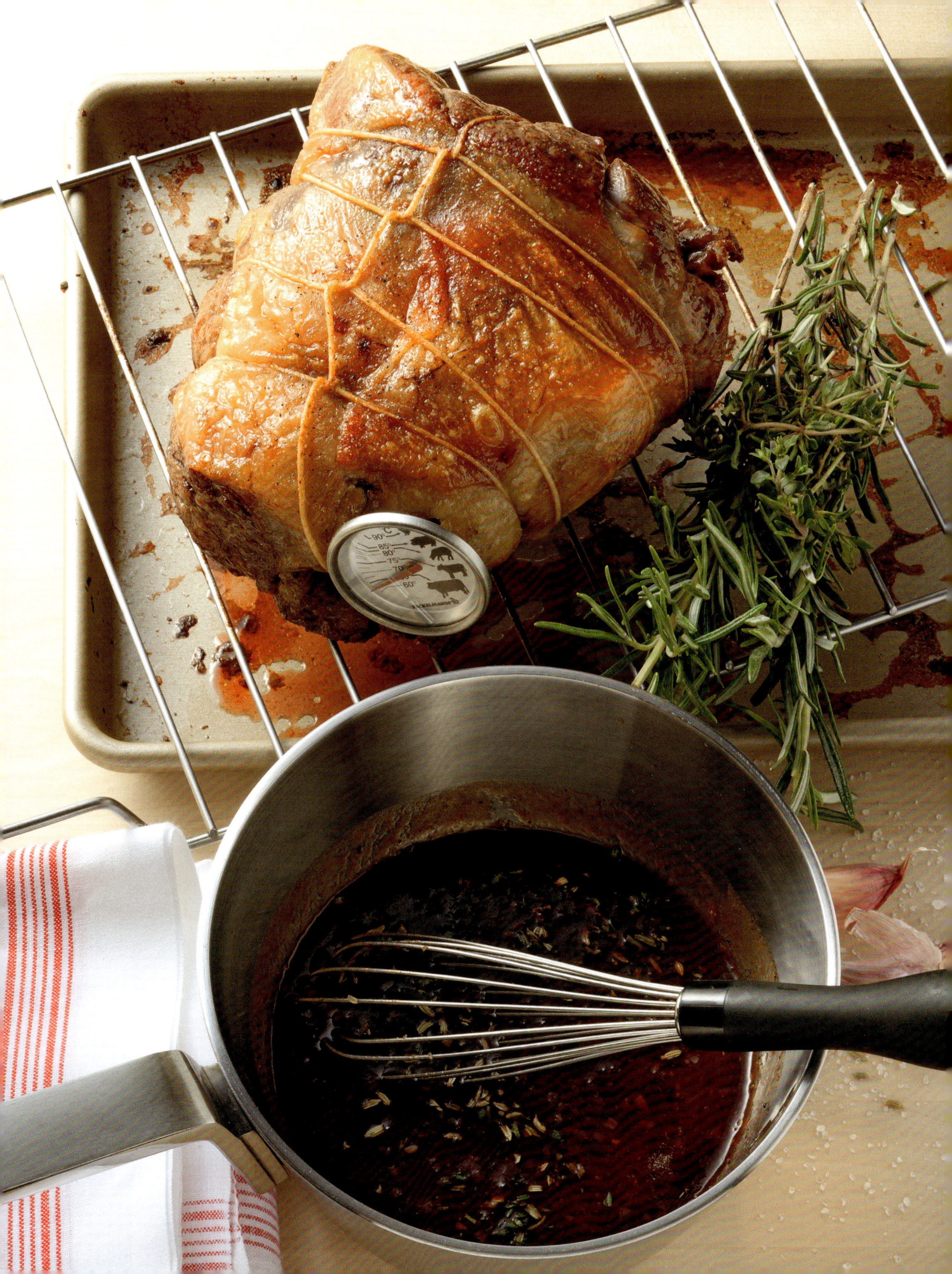
°C
90°
85°
80°
75°
70°
60°

Riesling-Trauben-Sauce für gebratenen Kaninchenrücken

Für die Sauce:
1 Schalotte (ca. 30 g)
1 EL Butter
1 EL Mehl (Type 405)
400 ml kalter Geflügelfond (s. Seite 63)
1 kleines Stück Vanilleschote (ca. 1/4 Schote)
100 g Sahne
2 EL Crème fraîche
100 g helle, kernlose Weintrauben
1 kleiner Zweig Estragon
100 ml Rieslingsekt
Salz
Cayennepfeffer

Für das Fleisch:
12 Kaninchenrückenfilets (à 50–60 g)
2 Zweige Thymian
2 EL Olivenöl
Meersalz, z. B. Fleur de Sel
schwarzer Pfeffer, frisch gemahlen

Für 4 Personen | ca. 30 Min. Zubereitung
Pro Portion ca. 405 kcal, 38 g EW, 31 g F, 7 g KH

1 Für die Sauce die Schalotte schälen, halbieren und in feine Würfel schneiden. Die Butter in einem Topf (20 cm Ø) erhitzen, die Schalotte einstreuen und bei mittlerer Hitze in 2 Min. glasig dünsten. Mit Mehl bestäuben und unter Rühren noch 1 Min. rösten. Den kalten Geflügelfond nach und nach einrühren und in 2 Min. aufkochen lassen.

2 Die Vanilleschote der Länge nach aufschneiden und das Mark herauskratzen. Schote und Mark in den Topf geben und die Sauce offen bei kleiner Hitze 10 Min. köcheln lassen. Dabei immer wieder umrühren. Sahne und Crème fraîche einrühren und 5 Min. weiterköcheln.

3 Die Trauben waschen und halbieren. Den Estragon waschen, abzupfen und grob schneiden. Die Vanilleschote aus der Sauce nehmen, die Sauce mit dem Pürierstab schaumig aufmixen. Ganz zum Schluss den Sekt dazugießen, 1 Min. weiterköcheln lassen. Trauben und Estragon einlegen, die Sauce mit Salz und Cayennepfeffer abschmecken und vom Herd nehmen.

4 Für das Fleisch die Kaninchenfilets trocken tupfen, falls nötig, die Sehnen mit einem scharfen Messer entfernen. Den Thymian waschen und trocken schütteln. Das Olivenöl in einer großen Pfanne erhitzen, den Thymian einlegen. Die Kaninchenfilets mit Meersalz und Pfeffer würzen, in die heiße Pfanne legen, bei mittlerer Hitze 1 Min. goldbraun anbraten, wenden und kurz weiterbraten. Die Pfanne vom Herd ziehen und das Fleisch noch 2 Min. ziehen lassen.

5 Die Traubensauce nochmals aufkochen lassen und mit den Kaninchenrückenfilets auf vorgewärmten Tellern anrichten.

DAS PASST DAZU Kartoffelpüree, Kartoffelgratin, Salzkartoffeln, Reis oder Wildreis

PASST AUCH ZU gebratener Fasanenbrust. Dafür 8 Fasanenbrüste ohne Haut und Knochen (à ca. 80 g) mit Salz und Pfeffer würzen. 1 1/2 EL Butterschmalz in einer Pfanne erhitzen, die Brüste mit 2 Zweigen Thymian einlegen, bei mittlerer Hitze 1 Min. anbraten, wenden und ganz kurz weiterbraten. Vom Herd nehmen und in der heißen Pfanne in 3 Min. rosa ziehen lassen. Dabei immer wieder mit dem Bratfett übergießen.

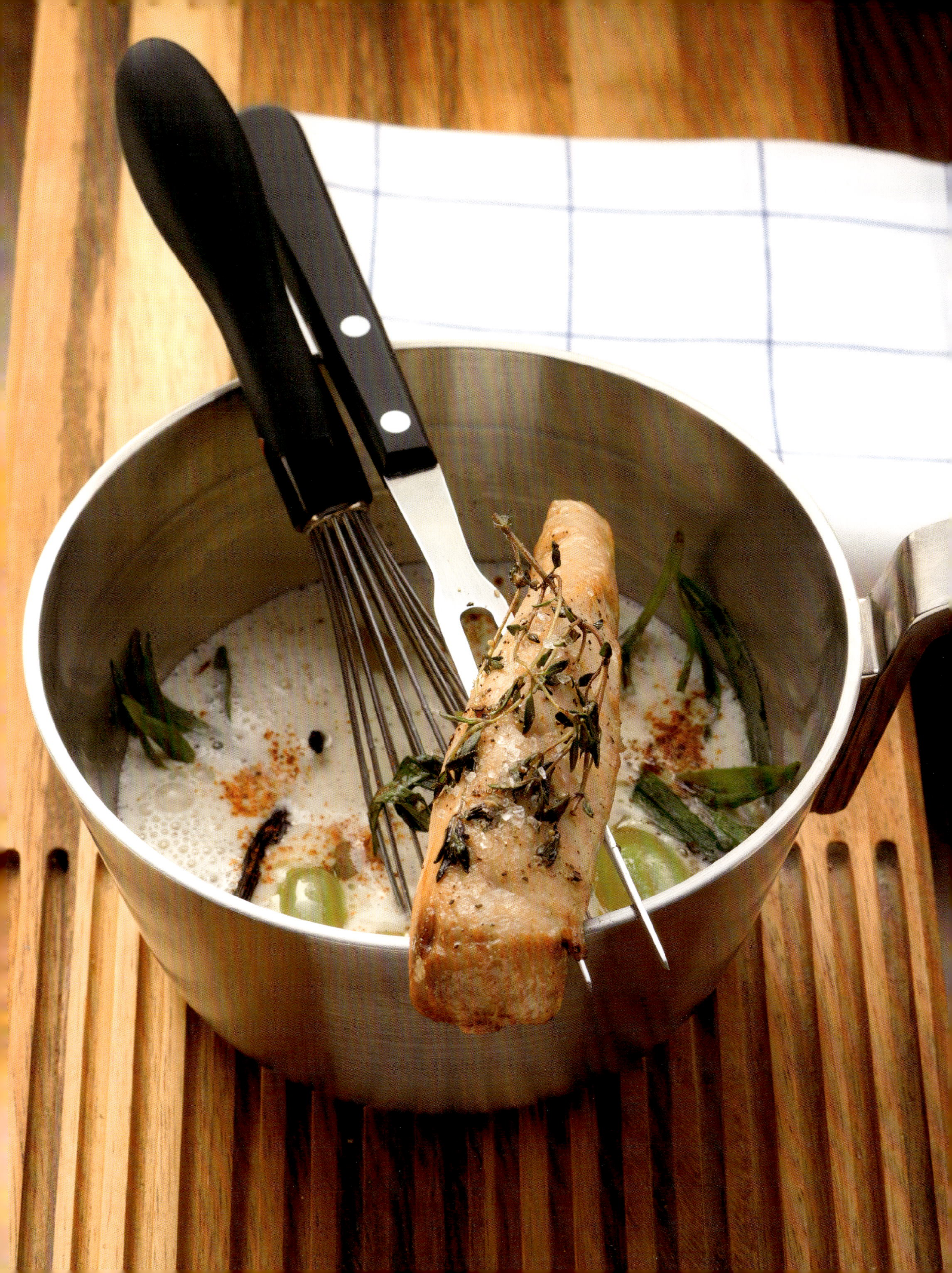

SAUCEN ZU FISCH UND GEMÜSE

Bei Fisch, Meeresfrüchten und Gemüse hat sich die Natur besonders viel Mühe gegeben. Da lohnt es sich, auch besonders feine Saucen dazu zu kochen!

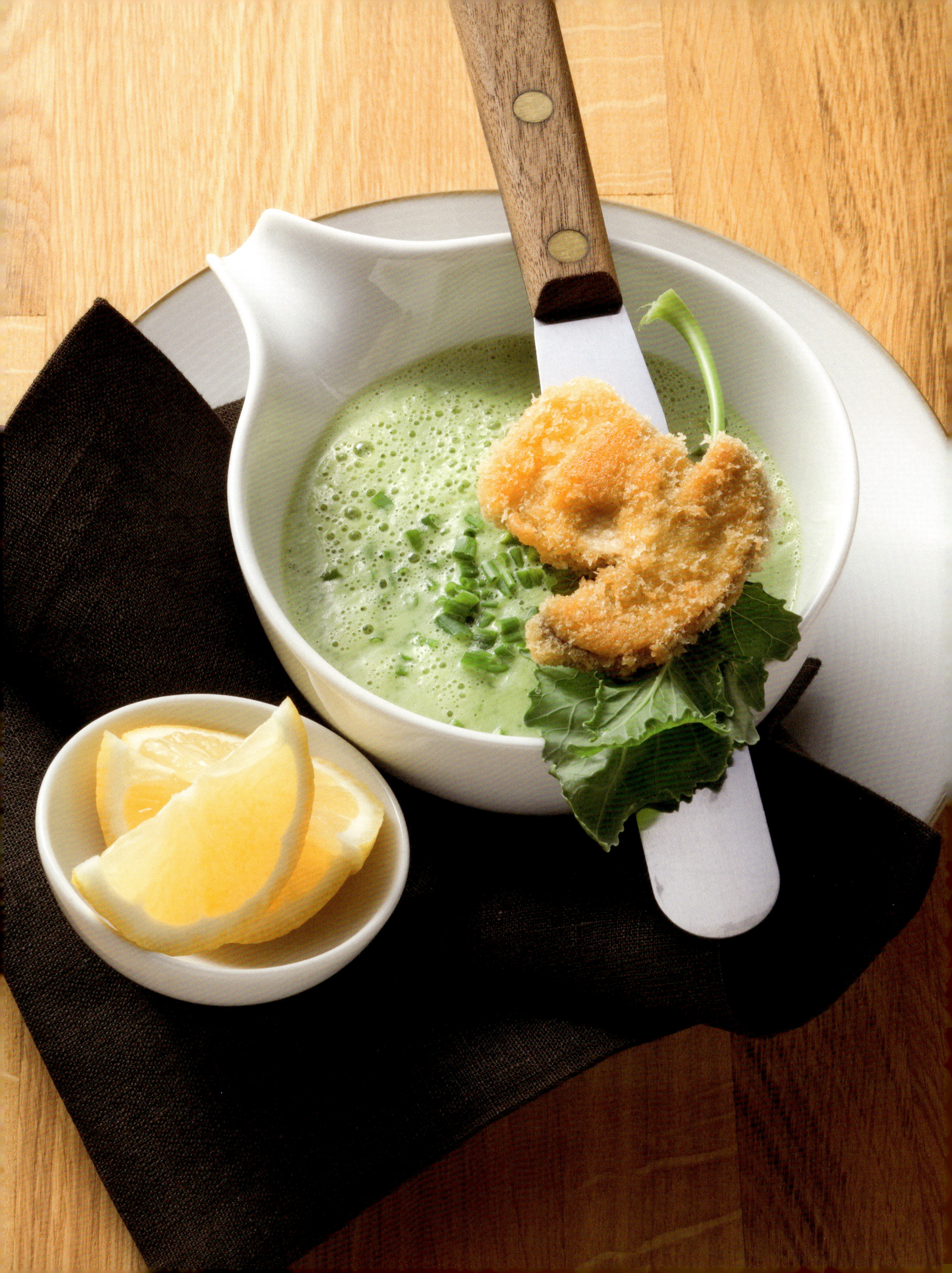

Saucen für Fischliebhaber und Vegetarier

Basilikum-Butter-Sauce zu gebratenem Lachs

Für den Lachs:
4 Lachsfilets mit Haut (à ca. 220 g)
Meersalz, z. B. Fleur de Sel
2 EL Olivenöl
Für die Sauce:
1 Schalotte (ca. 40 g)
1 EL Olivenöl
50 ml trockener Weißwein
50 ml Noilly Prat (s. Info)
300 ml Fischfond (s. Seite 66)
3 gehäufte EL Crème fraîche
1 gehäufter TL Speisestärke
2 EL kalte Butter
1 Bund Basilikum (abgezupft ca. 20 g)
Salz
schwarzer Pfeffer, frisch gemahlen
Cayennepfeffer
Zucker
Außerdem:
Pürierstab

Für 4 Personen | ca. 30 Min. Zubereitung
Pro Portion ca. 615 kcal, 43 g EW, 47 g F, 3 g KH

1 Für den Lachs den Backofen auf 100° (Ober- und Unterhitze) vorheizen. Die Fischfilets kalt abbrausen, trocken tupfen und, falls nötig, die Gräten mit einer Pinzette aus den Filets zupfen. Nur die Fleischseite mit Meersalz würzen. Das Öl in einer großen Pfanne erhitzen, den Fisch mit der Hautseite nach unten hineinlegen und bei mittlerer Hitze 2 Min. anbraten. Wenden und auf der anderen Seite kurz anbraten. Die Lachsstücke mit der Hautseite nach unten in eine ofenfeste Form oder aufs Backblech setzen und im Backofen (Mitte) ca. 25 Min. garen; sie sollen noch glasig sein.

2 In der Zwischenzeit für die Sauce die Schalotte schälen und in feine Würfel schneiden. Das Olivenöl in einem kleinen Stieltopf (20 cm Ø) erhitzen, die Schalotte einlegen und in 2 Min. glasig dünsten. Weißwein und Noilly Prat dazugießen und bei mittlerer Hitze in ca. 8 Min. offen einkochen lassen. Den Fischfond aufgießen und aufkochen lassen, die Crème fraîche einrühren. Die Stärke mit einem Schuss kaltem Wasser anrühren, in die kochende Sauce rühren und offen bei kleiner Hitze 5 Min. köcheln lassen.

3 Die Butter in kleine Würfel schneiden. Das Basilikum waschen, trocken schütteln, die Blätter abzupfen und grob hacken. Butter und Basilikum abwechselnd mit dem Pürierstab in die Sauce mixen, mit Salz, Pfeffer, Cayennepfeffer und 2 Prisen Zucker abschmecken.

4 Den Lachs aus dem Ofen nehmen und mit der Sauce auf vorgewärmten Tellern anrichten.

DAS PASST DAZU Kartoffeln, Reis oder Bandnudeln

TIPP Das Basilikum erst kurz vor dem Servieren einmixen. Die Sauce kann man ruhig schon zubereiten, dann kurz vor dem Servieren nochmals aufkochen lassen und die kalte Butter und das frische Basilikum einmixen. So bleiben Mineralstoffe, Vitamine und die schöne grüne Farbe erhalten.

INFO – NOILLY PRAT ist ein weißer Wermut, der auf der Basis von zwei verschiedenen Weißweinen, Kräutern und Gewürzen hergestellt wird. Die Details sind immer noch ein Geheimnis des Herstellers. Er ist gerade in der Fischküche ein unbedingtes Muss.

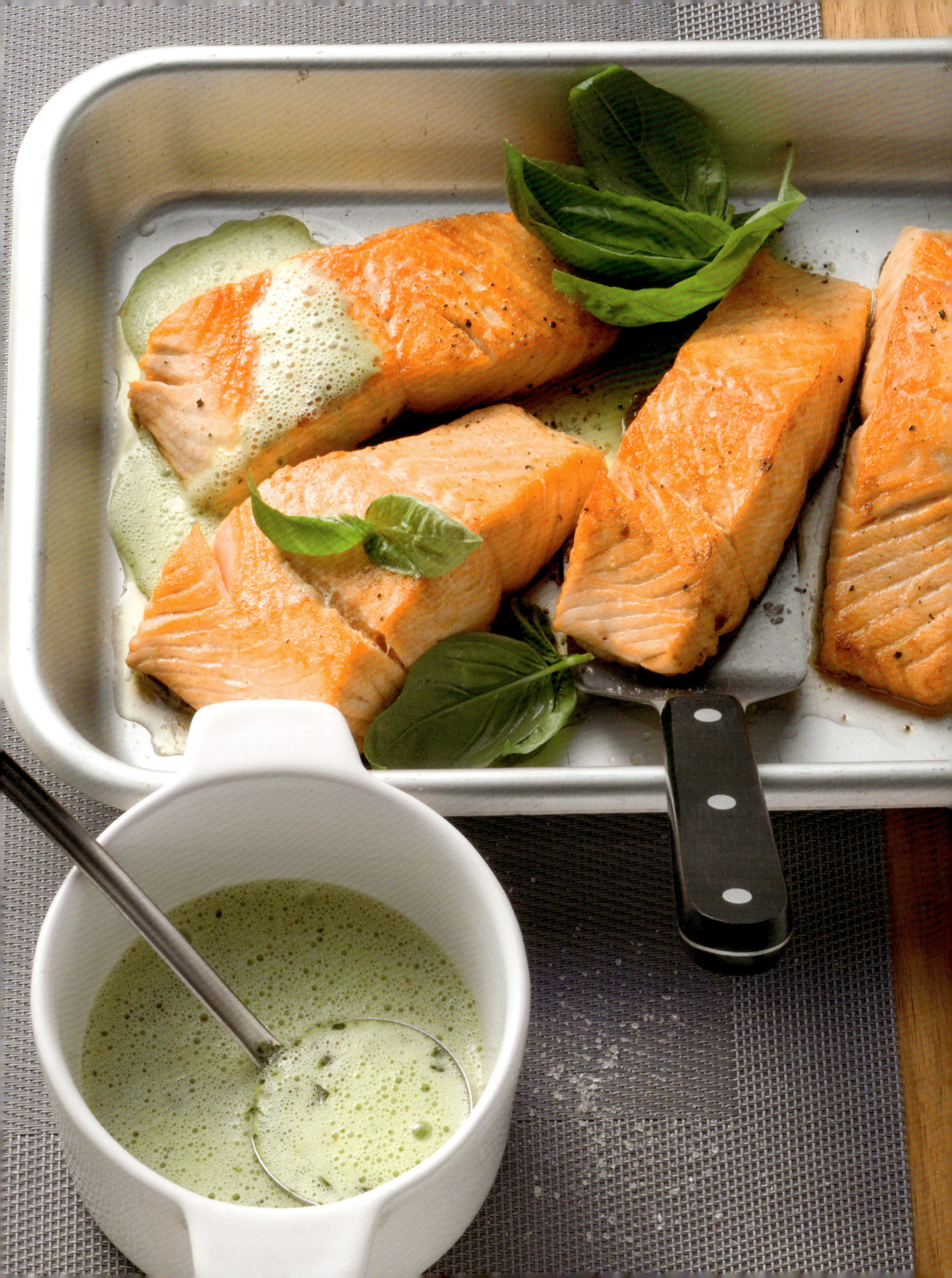

Saucen für Fischliebhaber und vegetarier

Cidresauce
zu Kabeljau mit Champignons

Für den Fisch:
4 Kabeljaurückenfilets (à ca. 200 g)
Meersalz, z. B. Fleur de Sel
4 TL scharfer Senf
4 TL grobkörniger Senf
3 EL Olivenöl
Für die Sauce:
1 kleine Zwiebel (ca. 50 g)
4 TL Butter
1 TL Mehl (Type 405)
300 ml Cidre (Apfelwein, z. B. aus der Normandie)
100 g Sahne
100 g Crème fraîche
Salz
schwarzer Pfeffer, frisch gemahlen
Cayennepfeffer
Für die Garnitur:
400 g kleine Champignons
200 g Frühlingszwiebeln
2–3 EL Olivenöl
Außerdem:
Pürierstab

Für 4 Personen | ca. 25 Min. Zubereitung
Pro Portion ca. 555 kcal, 41 g EW, 39 g F, 9 g KH

1 Den Backofen auf 80° (Ober- und Unterhitze) vorheizen. Die Fischfilets kalt abbrausen, mit Küchenpapier trocken tupfen. Die Filets salzen und auf beiden Seiten mit je 1 TL scharfem und grobkörnigem Senf bestreichen. Das Öl in einer Pfanne erhitzen und die Filets darin pro Seite 1/2 Min. braten. Die Fischstücke in eine ofenfeste Form legen, mit handelsüblicher Frischhaltefolie abdecken und im Backofen (Mitte) 20 Min. garen.

2 In der Zwischenzeit für die Sauce die Zwiebel schälen und in feine Würfel schneiden. 1 TL Butter und das Mehl miteinander verkneten. 1 weiteren TL Butter in einem kleinen Stieltopf (20 cm Ø) erhitzen, die Zwiebelwürfel darin in 3 Min. glasig dünsten. Die restliche Butter in kleine Würfel schneiden und kühl stellen.

3 Den Cidre in den Topf gießen und aufkochen lassen. Die Mehlbutter nach und nach dazugeben, glatt rühren und 6 Min. köcheln lassen. Dabei immer wieder umrühren. Sahne und Crème fraîche einrühren und weitere 6–7 Min. köcheln. Die Sauce mit Salz, Pfeffer und Cayennepfeffer abschmecken und zur Seite stellen.

4 Während die Sauce kocht, für die Garnitur die Champignons putzen, von den Stielenden befreien und mit Küchenpapier abreiben. Die Frühlingszwiebeln waschen, putzen und in ca. 5 cm lange Stücke schneiden. Dickere Stücke noch längs halbieren.

5 Das Olivenöl in einer großen Pfanne erhitzen, die Champignons einlegen, 2 Min. braten und wenden. Die Frühlingszwiebeln dazugeben und bei mittlerer Hitze weitere 3 Min. braten. Dabei immer wieder wenden. Alles mit Salz und Pfeffer würzen.

6 Die Sauce nochmals aufkochen lassen und die kalten Butterwürfel mit dem Pürierstab nach und nach einmixen. Den Fisch aus dem Ofen nehmen, mit der schaumigen Sauce und den Champignons auf vorgewärmten Tellern anrichten und mit Butterkartoffeln servieren.

TIPP Je besser man vorbereitet ist, desto schneller ist man. Bei diesem Rezept kann man z. B. Pilze und Frühlingszwiebeln vorbereiten; auch die Sauce kann man schon fertig kochen, kurz vor dem Servieren aufkochen lassen und die Butter einmixen.

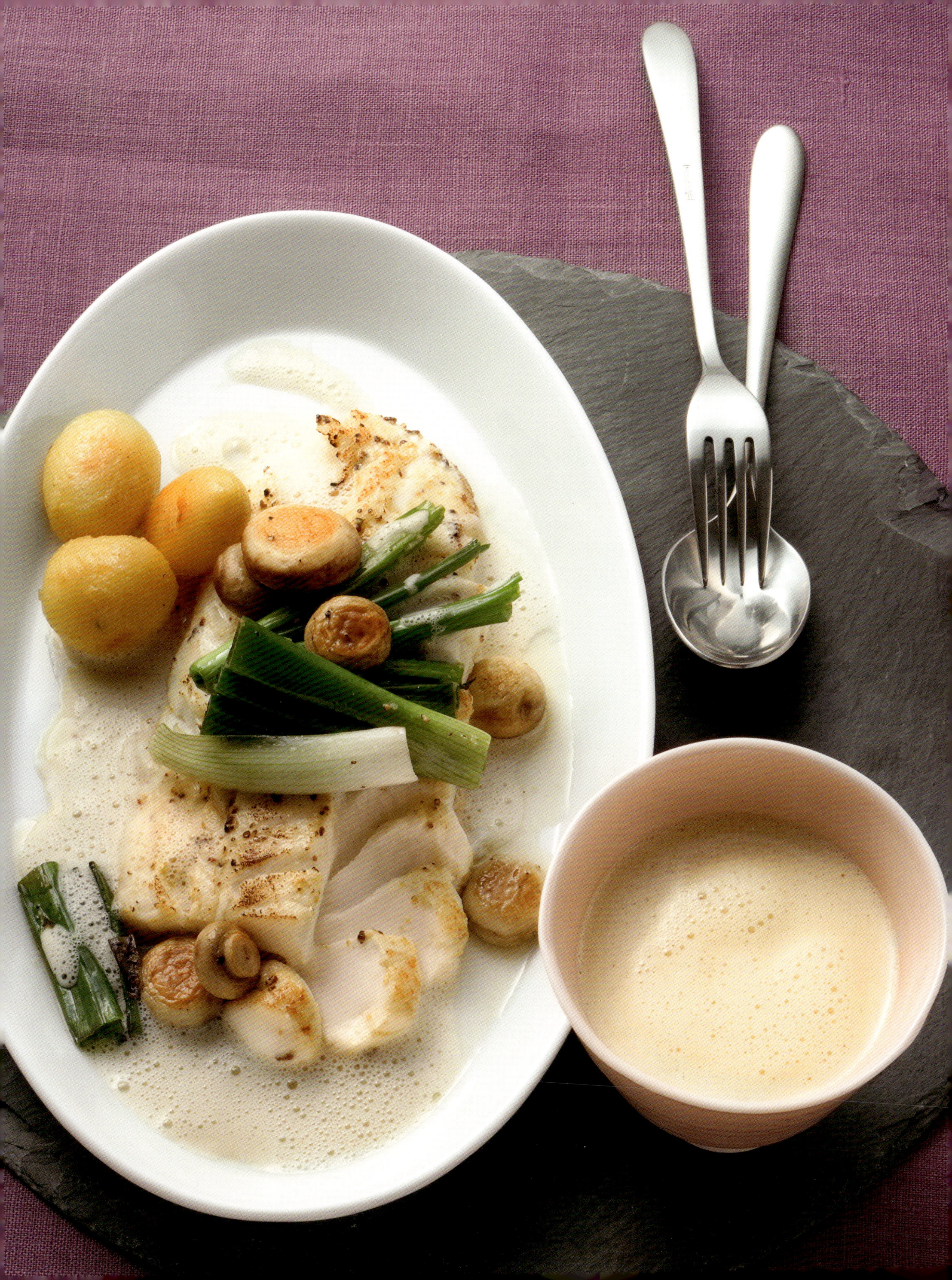

SAUCEN FÜR FISCHLIEBHABER UND VEGETARIER

Paprikasauce
für Seeteufel mit Thymianbröseln

Für die Sauce:
2 rote Paprikaschoten (ca. 500 g)
1 EL Butter
1 EL Mehl (Type 405)
300 ml kalter Fischfond (s. Seite 66)
100 g Sahne
Salz
schwarzer Pfeffer, frisch gemahlen
Cayennepfeffer

Für den Seeteufel:
30 g schwarze Oliven ohne Kern (10–12 Stück)
2 Zweige Thymian
2 Scheiben Toastbrot
2 EL Butter
12 Seeteufelmedaillons ohne Knochen (à ca. 60 g)
3 EL Olivenöl
Meersalz, z. B. Fleur de Sel

Außerdem:
elektrischer Entsafter
Pürierstab

Für 4 Personen | ca. 45 Min. Zubereitung
Pro Portion ca. 425 kcal, 40 g EW, 31 g F, 11 g KH

1 Die Paprikaschoten waschen, halbieren, von Samen und Trennwänden befreien und in grobe Streifen schneiden. Die Paprikastücke im Entsafter pressen, den Saft (ca. 1/4 l) auffangen und beiseitestellen.

2 Die Butter in einem kleinen Stieltopf (20 cm Ø) aufschäumen lassen. Das Mehl einrühren, bei mittlerer Hitze 1 Min. unter ständigem Rühren garen, dann den kalten Fischfond nach und nach dazurühren. Die glatte Sauce aufkochen und offen bei kleiner Hitze ca. 10 Min. köcheln lassen. Dabei immer wieder umrühren.

3 Die Sahne dazugießen, 1 Min. köcheln, den Paprikasaft einrühren und offen bei kleiner Hitze in 15 Min. sämig einkochen lassen. Die Sauce mit Salz, Pfeffer und Cayennepfeffer abschmecken und beiseitestellen.

4 Für den Fisch die Oliven in dünne Spalten schneiden. Den Thymian waschen, trocken schütteln, die Blätter abzupfen und fein hacken. Das Brot in grobe Stücke teilen und in der Küchenmaschine fein zerreiben. Die Butter in einer kleinen Pfanne erhitzen, die Brösel einrühren und bei mittlerer Hitze in 1 Min. goldbraun braten. Thymian und Oliven dazugeben und kurz durchrühren. Die Brösel vom Herd nehmen.

5 Den Seeteufel kalt abbrausen und mit Küchenpapier trocken tupfen. Die Medaillons mit den Fingern (ähnlich wie bei einem Schweinefiletmedaillon) etwas flach drücken. Das Olivenöl in einer großen Pfanne erhitzen. die Fischstücke auf beiden Seiten mit Meersalz und Pfeffer würzen, in die Pfanne legen und bei mittlerer Hitze in 2 Min. goldbraun anbraten. Wenden und wieder 2 Min. braten. Die Pfanne vom Herd nehmen und den Fisch noch 2 Min. ziehen lassen. Dabei öfter wenden.

6 Die Paprikasauce nochmals aufkochen lassen und mit dem Pürierstab schaumig aufmixen. Die Seeteufelfilets mit den Bröseln und der Sauce auf vorgewärmten Tellern anrichten.

DAS PASST DAZU Ofenkartoffeln, Salzkartoffeln, Reis

PASST AUCH ZU gebratenem Geflügel. Dann einfach den Fischfond gegen Geflügelfond austauschen.

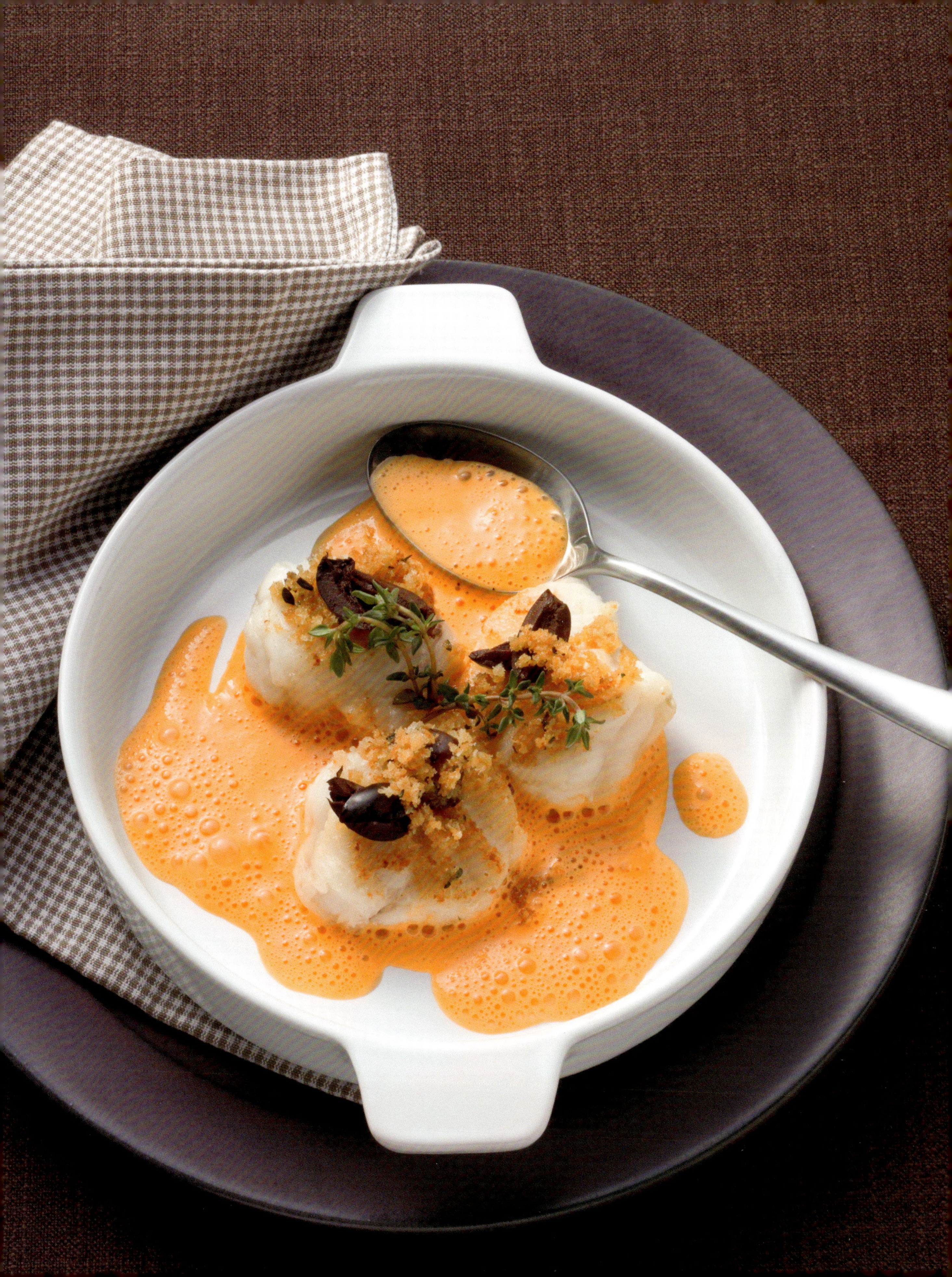

SAUCEN FÜR FISCHLIEBHABER UND VEGETARIER

Artischockensauce zu Riesengarnelen

Für die Sauce:
1 Schalotte (ca. 30 g)
1 EL Olivenöl
50 ml Noilly Prat (nach Belieben; s. Info Seite 136)
200 ml Gemüsefond (s. Seite 68)
200 g Sahne
1 Glas gegarte Artischocken, natur
   (130 g Abtropfgewicht)
1 EL Butter
1 Msp. abgeriebene Schale von 1 Bio-Zitrone
2 Prisen Anis, gemahlen
Cayennepfeffer
Salz
schwarzer Pfeffer, frisch gemahlen
Für die Garnelen:
800 g geschälte Garnelen (32 Stück à ca. 25 g)
3 EL Olivenöl
1 kleine Knoblauchzehe
1–2 Zweige Thymian
Meersalz, z. B. Fleur de Sel
Außerdem:
Pürierstab

Für 4 Personen | ca. 40 Min. Zubereitung
Pro Portion ca. 465 kcal, 39 g EW, 31 g F, 6 g KH

1 Für die Sauce die Schalotte schälen, halbieren und in feine Würfel schneiden. Das Olivenöl in einem kleinen Stieltopf (20 cm Ø) erhitzen und die Schalotte darin in 2 Min. glasig dünsten. Mit Noilly Prat ablöschen und 1 Min. einkochen lassen, Gemüsefond und Sahne dazugießen und alles offen bei kleiner Hitze in 5 Min. einkochen lassen.

2 Die Artischocken in ein Sieb abgießen, kalt abbrausen, gut abtropfen lassen und in grobe Stücke schneiden. Zur Sauce geben und bei kleiner Hitze ca. 8 Min. ziehen lassen. Die Sauce mit dem Pürierstab fein mixen und vom Herd ziehen. Die Butter in kleine Würfel schneiden und kühl stellen.

3 Die Garnelen kalt abbrausen und trocken tupfen. Garnelen mit einem kleinen Messer am Rücken entlang einritzen und die schwarzen Darmfäden herausziehen. Das Olivenöl in einer großen Pfanne erhitzen. Den Knoblauch schälen und halbieren. Den Thymian waschen und trocken schütteln. Beides in die Pfanne legen. Die Garnelen mit Meersalz und Pfeffer würzen, in die Pfanne legen und 2 Min. scharf anbraten. Garnelen wenden und bei kleiner Hitze 2 Min. weitergaren. Die Pfanne vom Herd nehmen und die Garnelen noch kurz ziehen lassen.

4 Die Artischockensauce nochmals aufkochen lassen, mit Zitronenschale, Anis, Cayennepfeffer, Salz und Pfeffer abschmecken. Die kalte Butter mit dem Pürierstab in die Sauce mixen.

5 Die Garnelen mit der schaumigen Artischockensauce auf vorgewärmten Tellern anrichten und mit gebratenen Kartoffelwürfeln (s. Tipp) oder einfach nur frischem Weißbrot servieren.

BEILAGEN-TIPP Dazu passen gut z. B. kleine **gebratene Kartoffelwürfel**. Dafür 600 g festkochende Kartoffeln waschen, schälen und in 1 cm große Würfel schneiden. 4 EL Olivenöl in einer großen Pfanne erhitzen, die Kartoffeln einlegen und bei mittlerer Hitze in 15 Min. knusprig braten. Mit Salz und Pfeffer würzen.

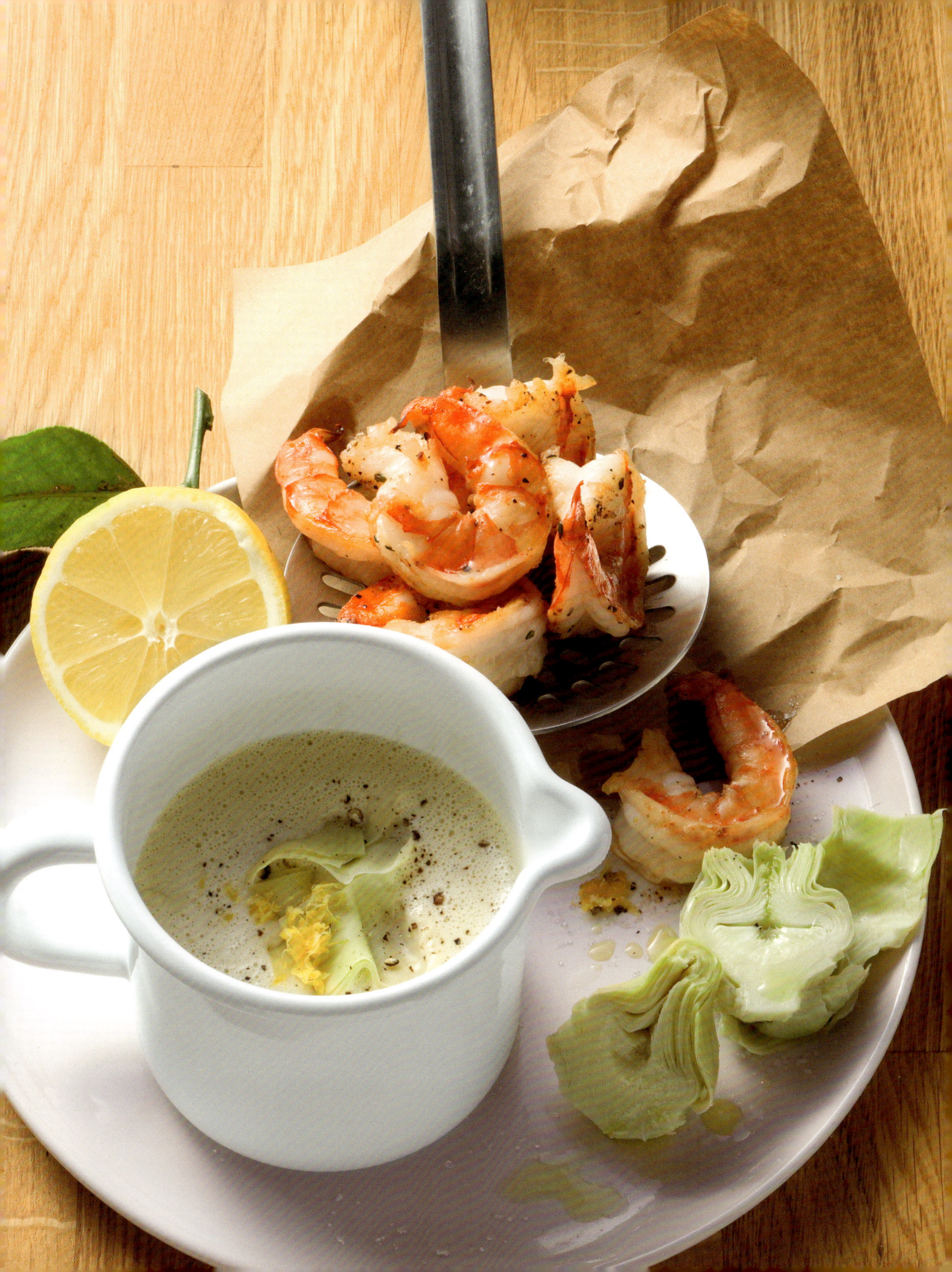

SAUCEN FÜR FISCHLIEBHABER UND VEGETARIER

Ingwersauce zu Schwertfisch und Spargel

Für die Sauce:
1 Stück frischer Ingwer (ca. 10 g)
200 ml Asiafond (s. Seite 70)
200 g Sahne
2 TL Speisestärke
abgeriebene Schale von 1/2 Bio-Limette
Chiliflocken
Salz
Für das Gemüse:
1 Bund Thai-Spargel (ca. 250 g)
1 kleiner Blumenkohl (ca. 500 g)
3 EL Öl | Currypulver
Für den Fisch:
4 Schwertfischfilets ohne Haut
   (ca. 3 cm dick, à ca. 200 g)
Meersalz, z. B. Fleur de Sel
schwarzer Pfeffer, frisch gemahlen
2 EL Olivenöl
Außerdem:
Pürierstab

Für 4 Personen | ca. 40 Min. Zubereitung
Pro Portion ca. 535 kcal, 4 g EW, 37 g F, 7 g KH

1 Für die Sauce den Ingwer mit einem Sparschäler oder einem Messer schälen und fein würfeln.

2 Asiafond und Sahne in einem kleinen Stieltopf (20 cm Ø) aufkochen lassen. Die Stärke mit einem Schuss kaltem Wasser anrühren, in die kochende Sauce rühren und offen bei kleiner Hitze 3 Min. köcheln lassen. Ingwer und Limettenschale dazugeben, 2 Min. ziehen lassen und mit 2 Prisen Chiliflocken und Salz pikant abschmecken. Die Sauce vom Herd nehmen.

3 Das Gemüse waschen. Vom Spargel am unteren Ende 2–3 cm abschneiden und die Stangen in 4–5 cm lange Stücke schneiden (der feine Spargel muss nicht geschält werden). Den Blumenkohl vom groben Strunk befreien, große Röschen abschneiden und diese in 1/2 cm dünne Scheiben schneiden. Die Fischfilets kalt abbrausen und trocken tupfen.

4 Das Öl in einem Wok oder einer großen Pfanne erhitzen, den Blumenkohl einlegen und bei mittlerer bis großer Hitze 1 Min. anbraten. Den Spargel dazugeben und unter ständigem Rühren in 5 Min. bissfest garen. Das Gemüse mit 2 Prisen Currypulver und Salz abschmecken und beiseitestellen.

5 Die Fischfilets auf beiden Seiten mit Meersalz und Pfeffer würzen. Das Öl in einer großen Pfanne erhitzen, die Fischfilets einlegen und von einer Seite bei mittlerer Hitze in 1 Min. goldbraun anbraten. Wenden und bei kleinerer Hitze rundum ca. 6 Min. braten. Vom Herd nehmen und noch 2–3 Min. ziehen lassen. Währenddessen den Fisch immer wieder wenden.

6 Die Sauce nochmals aufkochen lassen und mit dem Pürierstab schaumig aufmixen. Das Gemüse erhitzen. Gemüse, Schwertfisch und die schaumige Sauce auf vorgewärmten Tellern anrichten.

DAS PASST DAZU Duftreis oder feine Nudeln

TIPP – MIT GRÜNEM SPARGEL Man kann natürlich auch herkömmlichen grünen Spargel verwenden. Dafür dann die holzigen Enden großzügig abschneiden, unteres Drittel schälen und die Stangen schräg in 2–3 cm große Stücke schneiden. Wie oben beschrieben braten.

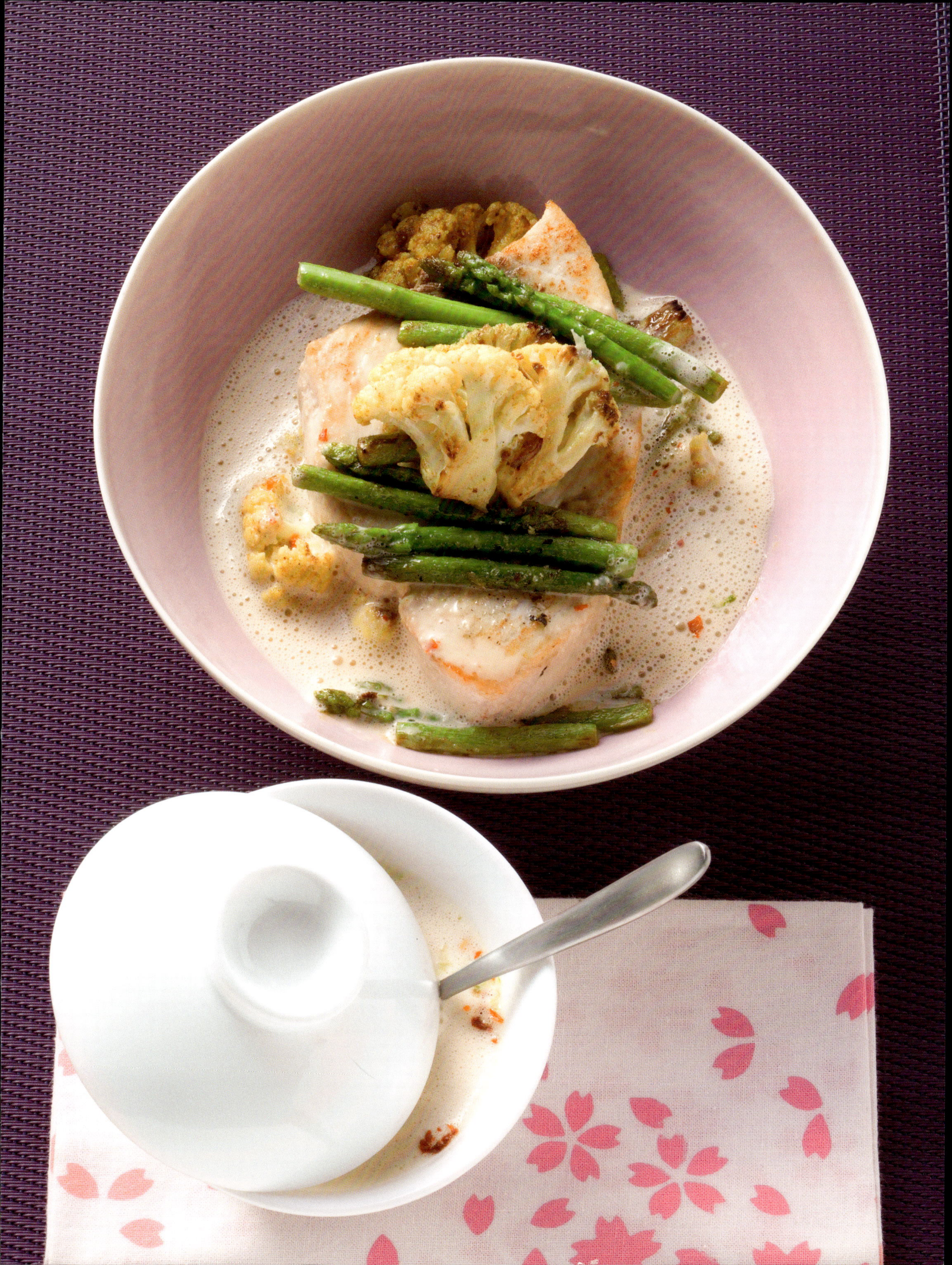

SAUCEN FÜR FISCHLIEBHABER UND VEGETARIER

Blutorangensauce zu gebratenen Jakobsmuscheln

Für die Sauce:
3 Blutorangen
200 ml Fischfond (s. Seite 66)
200 g Sahne
1 EL Orangenmarmelade
2 TL Speisestärke
1 EL kalte Butter
Meersalz, z. B. Fleur de Sel
Für die Garnitur:
2 Radicchio di Treviso (ca. 300 g; s. Tipp)
2 EL Butter | 1 TL Puderzucker | Salz
5 EL Orangensaft, frisch gepresst
Für die Jakobsmuscheln:
20 küchenfertige Jakobsmuscheln ohne Corail (à 30 g)
1–2 Zweige Thymian
1 kleiner Zweig Estragon
2 EL Olivenöl
Außerdem:
Pürierstab

Für 4 Personen | ca. 35 Min. Zubereitung
Pro Portion ca. 480 kcal, 16 g EW, 36 g F, 23 g KH

1 Für die Sauce 1 Blutorange halbieren und den Saft (100 ml) auspressen. Die beiden anderen Orangen filetieren, d.h. Deckel und Boden abschneiden, die Schale mit einem scharfen Messer halbmondförmig an der Orange entlang abschneiden, sodass auch die weiße Haut mit entfernt wird. Die Filets über einer Schüssel zwischen den Trennhäuten herausschneiden. Die Orangenhäute gut ausdrücken. Den Saft (ca. 50 ml) zum anderen Saft gießen.

2 Den Fischfond in einem kleinen Stieltopf (20 cm Ø) aufkochen und in 4–5 Min. auf die Hälfte einkochen lassen. Sahne und Orangenmarmelade dazugeben, aufkochen lassen und offen bei kleiner Hitze in 2 Min. einkochen lassen. Die Stärke mit einem Schuss kaltem Wasser anrühren, in die kochende Sauce rühren und bei kleiner Hitze 5 Min. köcheln lassen. Den Blutorangensaft dazugießen, noch 2 Min. bei kleiner Hitze köcheln, dann den Herd ausschalten.

3 Für die Garnitur den Radicchio waschen, putzen und der Länge nach in 8 gleich große Stücke schneiden. Den Strunk schräg abschneiden, sodass die Blätter gerade noch zusammenhalten.

4 Kurz vor dem Servieren die Butter in einer großen Pfanne aufschäumen lassen, den Radicchio einlegen und den Puderzucker durch ein feines Sieb darüberstäuben. Den Salat leicht salzen und bei mittlerer Hitze 1 Min. braten. Den Salat vorsichtig wenden, den Orangensaft dazugießen und die Pfanne vom Herd ziehen.

5 Die Jakobsmuscheln kalt abbrausen und trocken tupfen. Thymian und Estragon waschen und trocken schütteln. Das Olivenöl in einer großen Pfanne erhitzen. Die Muscheln auf beiden Seiten mit Meersalz würzen, mit den Kräutern in die Pfanne legen und bei mittlerer Hitze in 1 Min. goldbraun anbraten. Die Muscheln wenden, kurz weiterbraten, dann die Pfanne vom Herd nehmen und die Muscheln noch 4 Min. ziehen lassen. Dabei immer wieder wenden.

6 Die Sauce nochmals aufkochen. Die kalte Butter klein schneiden, mit dem Pürierstab in die Sauce mixen und diese anschließend mit Meersalz abschmecken. Die Orangenfilets in die Sauce legen.

7 Die Jakobsmuscheln mit dem gebratenen Salat und der Sauce auf vorgewärmten Tellern anrichten.

DAS PASST DAZU Reis, Wildreis oder Kartoffeln

PASST AUCH ZU gebratenen Garnelen

TAUSCH-TIPP Anstelle von Radicchio di Treviso kann man auch herkömmlichen Radicchio, Chicorée oder Romana-Salatherzen verwenden.

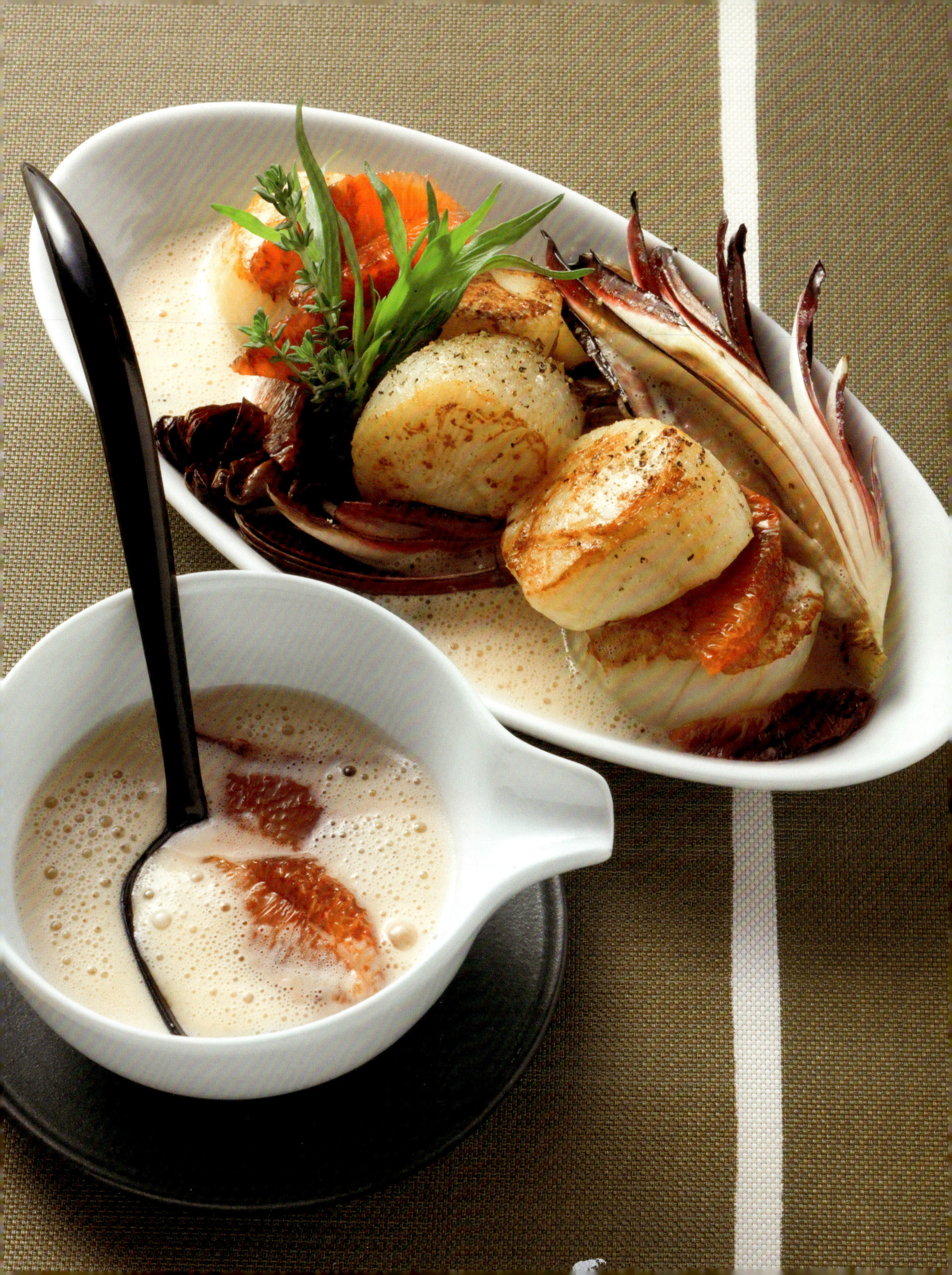

SAUCEN FÜR FISCHLIEBHABER UND VEGETARIER

Muschelsauce mit Salbei und Prosecco

Für den Muschelfond:
2 kg Miesmuscheln
1 Zwiebel (ca. 100 g) | 1 Knoblauchzehe
1 Stück Weißes vom Lauch (ca. 80 g)
1 Stange Staudensellerie (ca. 80 g)
1/2 TL grüne Pfefferkörner, getrocknet
2 EL Olivenöl
2 Lorbeerblätter
200 ml Prosecco

Für die Sauce:
1 mittelgroße Möhre (ca. 100 g)
1 Stange Staudensellerie (ca. 80 g)
1 Stück Fenchel (ca. 80 g)
1/2 Stange Lauch (ca. 100 g)
1 kleine Knoblauchzehe
2–3 Salbeiblätter
2 EL kalte Butter
1 gestrichener EL Mehl
Meersalz, z. B. Fleur de Sel
100 ml Prosecco | 100 g Sahne
schwarzer Pfeffer, frisch gemahlen
1 Msp. Currypulver
1 Msp. Cayennepfeffer

Außerdem:
Mörser

Für 4 Personen | ca. 1 Std. 15 Min. Zubereitung
Pro Portion ca. 265 kcal, 13 g EW, 19 g F, 10 g KH

1 Die Muscheln unter fließendem Wasser gründlich abbürsten, die Bärte entfernen; geöffnete Muscheln aussortieren und wegwerfen. Gesäuberte Muscheln in eine Schüssel geben und in frischem Wasser 10–15 Min. wässern, dabei das Wasser öfter wechseln (s. Tipp).

2 Zwiebel und Knoblauch schälen, Zwiebel in feine Würfel, Knoblauch in feine Scheiben schneiden. Den Lauch putzen, längs halbieren, gründlich waschen – auch zwischen den Blättern – und klein schneiden. Staudensellerie waschen, putzen und in kleine Würfel schneiden. Grünen Pfeffer zwischen den Fingerspitzen zerkrümeln oder im Mörser grob zerstoßen.

3 Das Olivenöl in einem großen Topf (28 cm Ø) erhitzen, Zwiebel, Knoblauch, Lauch, Sellerie, Pfeffer und Lorbeer darin ca. 3 Min. dünsten. Muscheln, Prosecco und 300 ml Wasser dazugeben, zugedeckt aufkochen und bei kleiner Hitze 2–3 Min. kochen, bis sich die Muscheln öffnen. Dabei mehrmals den Topf rütteln.

4 Die Muscheln sofort mit einer Schaumkelle herausheben, abkühlen lassen und aus der Schale lösen. Geschlossene Exemplare wegwerfen. Muschelfond durch ein feines Sieb gießen, ca. 1/2 l beiseitestellen. Das Gemüse wegwerfen.

5 Für die Sauce das Gemüse waschen, putzen, die Möhre schälen und alles in 1/2 cm große Würfel schneiden. Knoblauch schälen und fein würfeln. Den Salbei waschen, trocken tupfen und fein hacken. 1 EL Butter in einem Stieltopf (24 cm Ø) erhitzen, Möhre, Sellerie, Fenchel und Knoblauch darin 3 Min. dünsten und leicht salzen. Mit dem Mehl bestäuben, durchrühren, 50 ml Prosecco und 1/2 l Muschelfond nach und nach einrühren. Aufkochen und offen bei kleiner Hitze 10 Min. köcheln lassen. Dabei immer wieder umrühren.

6 Sahne und Lauch dazugeben und weitere 5 Min. eher ziehen als köcheln lassen. Die Sauce mit Salz, Pfeffer, Curry und Cayennepfeffer abschmecken und mit Salbei verfeinern. Die restliche Butter in kleine Würfel schneiden. 50 ml Prosecco und Butterwürfel in die heiße Sauce rühren, die Muscheln unterheben. Vom Herd nehmen, 1 Min. ziehen lassen und sofort servieren.

TIPP Die gesäuberten Muscheln sollte man gut wässern. So lösen sich Schmutz- und Sandreste aus den ihnen. Gerade, wenn der Sud weiterverwendet werden soll, ist das sehr wichtig.

DAS PASST DAZU Wildreis, Reis, feine Nudeln, Kartoffeln oder einfach nur frisches Weißbrot

PASST AUCH ZU gebratenem oder gedünstetem Lachs, Kabeljau, Seeteufel, Zander oder Seezunge

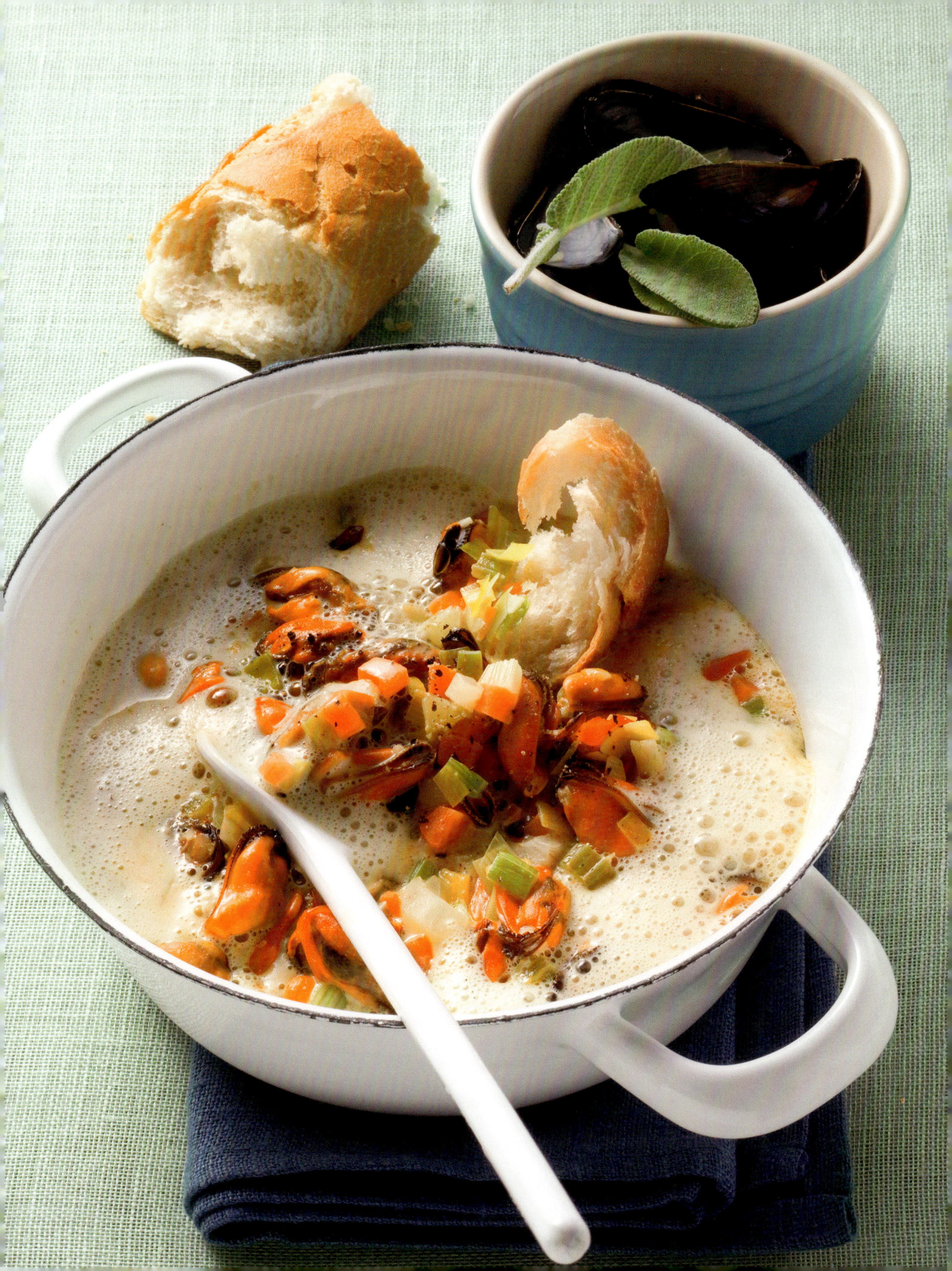

Saucen für Fischliebhaber und Vegetarier

Flambierte Krustentiersauce mit Weinbrand

100 g Garnelenschalen (von ca. 20 Garnelen à 25 g)
2 Schalotten (ca. 80 g)
1 kleine Knoblauchzehe
1 Stange Staudensellerie (ca. 50 g)
1 Möhre (ca. 70 g)
2 Champignons (ca. 40 g)
3 EL Olivenöl
1 TL Tomatenmark
3 EL Weinbrand
400 ml Fischfond (s. Seite 66)
100 ml Prosecco
2 TL Hummersuppenpaste (Fertigprodukt; im gut sortierten Supermarkt)
200 g Sahne
Meersalz, z. B. Fleur de Sel
schwarzer Pfeffer, frisch gemahlen
Cayennepfeffer
2 EL kalte Butter
Außerdem:
Pürierstab
Kaminfeuerzeug oder lange Streichhölzer

Für 4 Personen | ca. 35 Min. Zubereitung
Pro Portion ca. 280 kcal, 3 g EW, 28 g F, 5 g KH

1 Die Garnelenschalen in einem Sieb kalt abbrausen und gut abtropfen lassen. Schalotten und Knoblauch schälen und in feine Würfel schneiden. Staudensellerie und Möhre waschen und putzen, die Möhre schälen und beides in ca. 1 cm große Würfel schneiden. Die Champignons putzen, Schmutzreste mit einem Küchenpapier abreiben und die Champignons in 1 cm große Würfel schneiden.

2 Das Olivenöl in einem Stieltopf (24 cm Ø) erhitzen, die Garnelenschalen darin bei mittlerer Hitze 3 Min. anbraten. Schalotten, Knoblauch, Möhre, Sellerie und Champignons dazugeben, 1 Min. unter ständigem Rühren mitrösten. Das Tomatenmark einrühren und noch 1 Min. anbraten. Mit Weinbrand ablöschen. Den Topf vom Herd nehmen, den Weinbrand mit Bedacht anzünden und ausbrennen lassen (flambieren; s. Tipp).

3 Fischfond und Prosecco dazugießen, aufkochen lassen und die Hummersuppenpaste einrühren. Den Fond bei kleiner Hitze in ca. 12 Min. auf die Hälfte einkochen lassen, durch ein feines Sieb passieren und die im Sieb verbliebenen Reste mit einem kleinen Schöpfer gut ausdrücken. Das sollte 1/4 l Fond ergeben.

4 Die Sahne in den Topf geben, aufkochen lassen, den Fond dazugießen und in 2 Min. sämig einkochen lassen. Mit Meersalz, Pfeffer und Cayennepfeffer pikant abschmecken. Die kalte Butter in kleine Würfel schneiden und mit dem Pürierstab nach und nach in die leicht kochende Sauce mixen. Die schaumige Sauce vom Herd nehmen und gleich servieren.

PASST ZU Spaghettini, Linguine, gebratenen oder gegrillten Garnelen, Meeresfrüchten und Fisch

TIPP Wenn es einmal Garnelen gibt, die Schalen der Meeresfrüchte nicht wegwerfen. Für diese Sauce kann man sie noch toll verwerten. Die rohen Garnelenschalen waschen, mit Küchenpapier trocken tupfen, portionsweise in einen Gefrierbeutel geben und einfrieren. Je nach Gebrauch auftauen und wie beschrieben zubereiten.

FLAMBIEREN Zum leichteren Flambieren den Alkohol (36–40 % Alkohol) in einen kleinen Schöpfer gießen, mit einem langen Streichholz oder Kaminfeuerzeug anzünden und vorsichtig über die Karkassen geben. Ausbrennen lassen und die Flüssigkeit bei mittlerer Hitze vollständig einkochen.

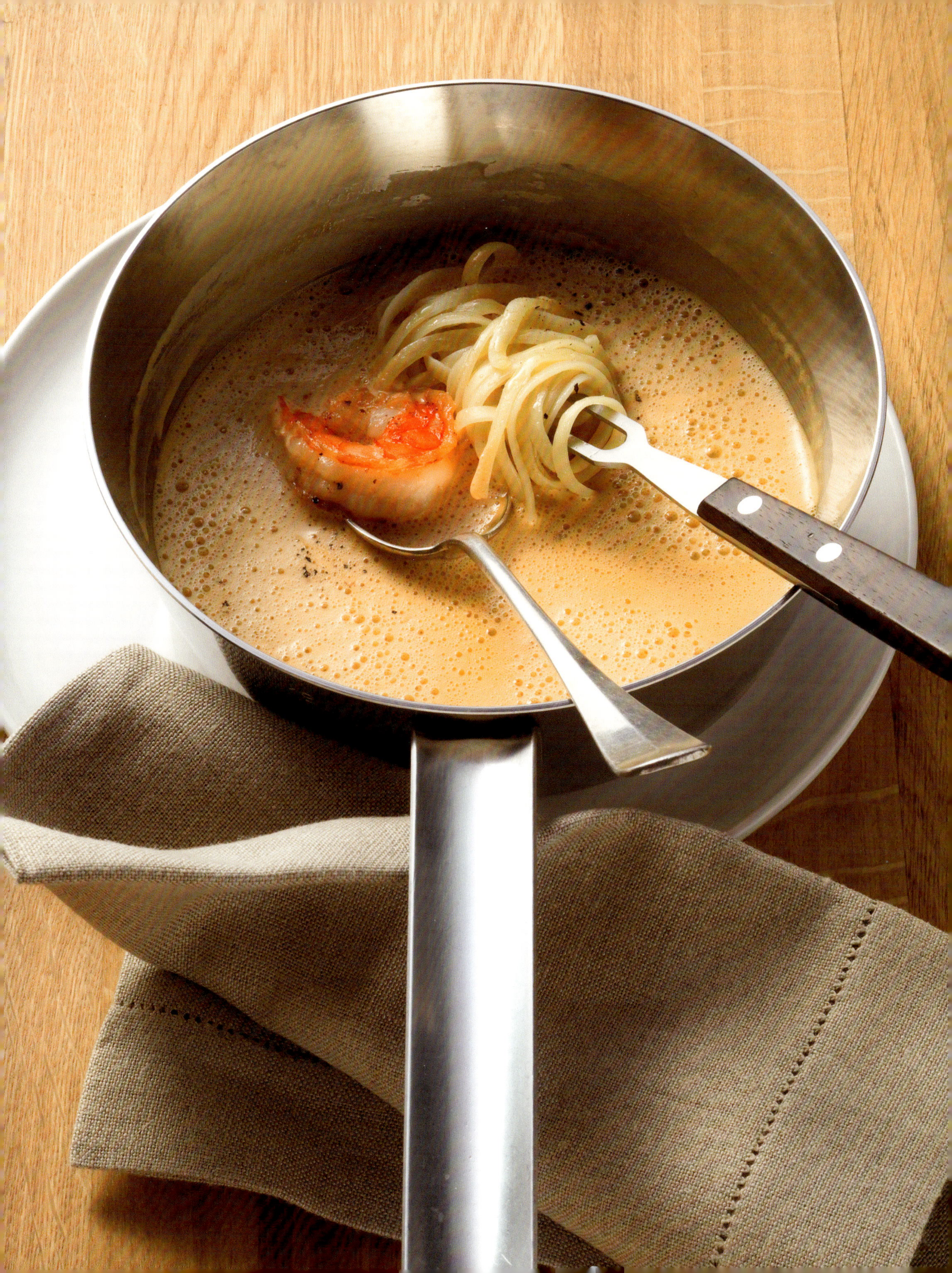

Erdnusssauce zu gebratenem Brokkoli und Tofu

Für die Sauce:
100 g Erdnusskerne, geröstet und ungesalzen
1 TL brauner Zucker
1/2 EL rote Currypaste (Asialaden)
1 EL Erdnusscreme (Fertigprodukt)
1 Dose ungesüßte Kokosmilch (400 ml)
100 g Sahne
1 TL Sojasauce
Für das Gemüse:
800 g Brokkoli
400 g Tofu (zum Braten; s. Tipp)
100 g Frühlingszwiebeln
7 EL Öl
100 ml Gemüsefond (s. Seite 68)
3 EL Sojasauce

Für 4 Personen | ca. 35 Min. Zubereitung
Pro Portion ca. 555 kcal, 22 g EW, 46 g F, 14 g KH

1 Für die Sauce die Erdnüsse in der Küchenmaschine grob zerkleinern. Den braunen Zucker in einen Stieltopf (24 cm Ø) geben und bei mittlerer Hitze in 1–2 Min. hell karamellisieren. Die Currypaste einrühren, Erdnusscreme und Erdnüsse dazugeben, gut miteinander verrühren und die Kokosmilch dazugießen. Die Dose mit 100 ml Wasser ausschwenken und das Wasser dazugießen. Die Sauce aufkochen lassen, die Sahne dazugeben und offen bei kleiner Hitze 10 Min. köcheln lassen. Dabei immer wieder umrühren. Zum Schluss die fertige Sauce mit Sojasauce abschmecken.

2 Während die Sauce kocht, den Brokkoli waschen, putzen, grobe Strünke entfernen und die Röschen in ca. 1/2 cm dünne mundgerechte Scheiben schneiden. Den Tofu gut trocken tupfen und in 2 cm große Würfel schneiden. Die Frühlingszwiebeln waschen, putzen und schräg in dünne Ringe schneiden.

3 In einem Wok oder einer großen Pfanne 4 EL Öl erhitzen, den Tofu einlegen und 2 Min. braten. Vorsichtig wenden und rundum in weiteren 4 Min. goldbraun braten, dabei immer wieder wenden. Den Tofu mit dem Fett in ein Sieb gießen und gründlich abtropfen lassen. Das Fett wegwerfen.

4 Das restliche Öl im Wok erhitzen. Den Brokkoli darin bei starker Hitze und unter ständigem Rühren 4 Min. anbraten. Mit Gemüsefond ablöschen und bei mittlerer Hitze weitere 4 Min. garen. Jetzt Tofu und Frühlingszwiebeln unterrühren, mit Sojasauce abschmecken und das Gemüse 2–3 Min. weitergaren.

5 Die Erdnusssauce nochmals aufkochen lassen und mit dem Gemüse in vorgewärmten Schälchen anrichten.

DAS PASST DAZU Am besten passt Basmatireis.

TIPP – TOFU wird in unterschiedlichen Konsistenzen angeboten. Unbedingt den festen zum Braten verwenden. Das ist meistens auf den Packungen vermerkt.

TAUSCHTIPP Anstelle des Brokkolis kann man auch einen Blumenkohl verwenden.

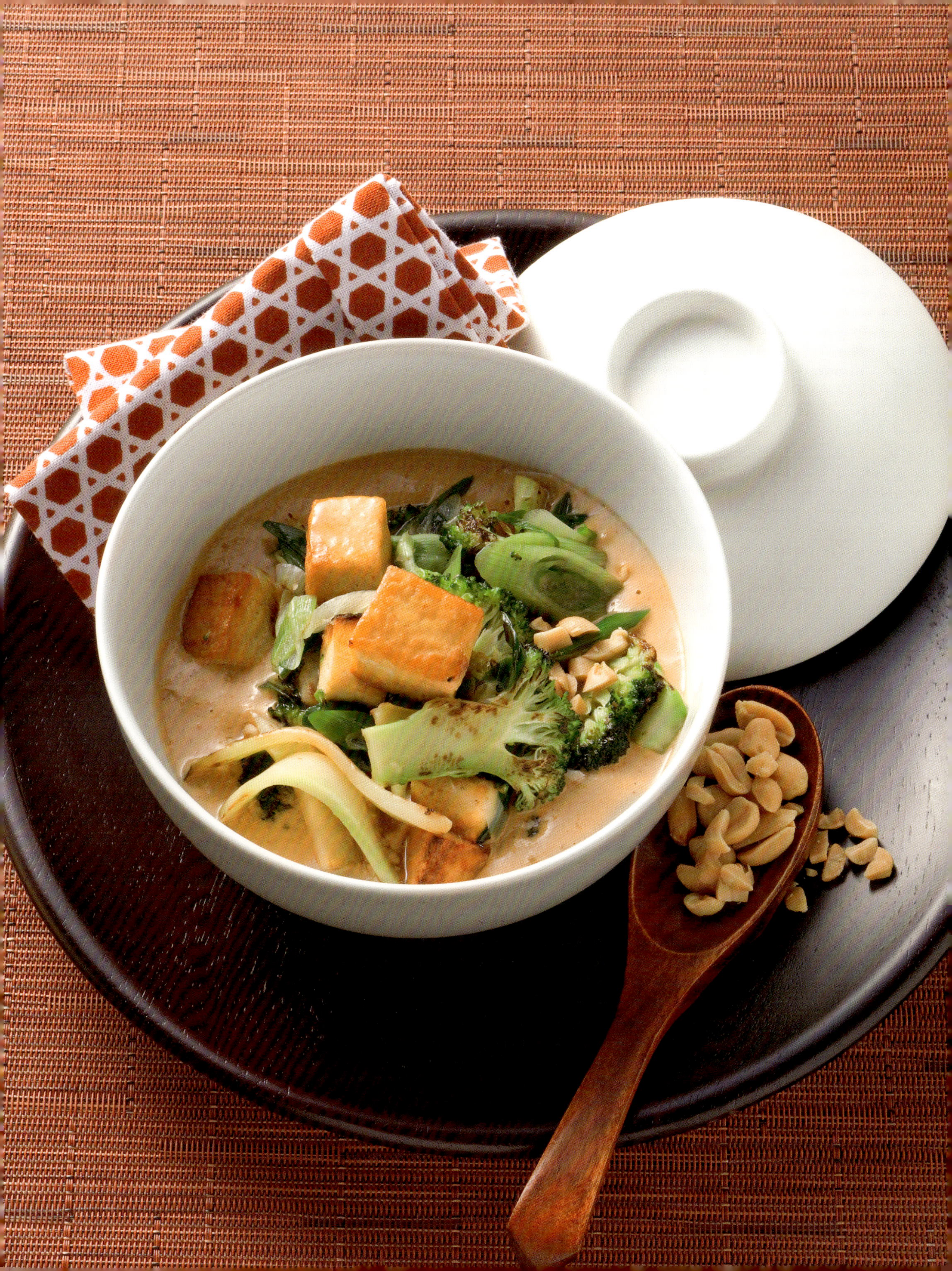

Schweizer Käsesauce mit Kirschwasser zu Spinat-Semmelknödeln

Für die Spinat-Semmelknödel:
150 ml Milch
300 g geschnittenes Knödelbrot (vom Bäcker)
4 Eier (Größe M)
1 große Zwiebel (ca. 150 g)
200 g junger Blattspinat
2 EL Butter
1–2 EL Semmelbrösel
Salz
schwarzer Pfeffer, frisch gemahlen
Muskatnuss, frisch gerieben

Für die Käsesauce:
200 ml trockener Weißwein oder Prosecco
100 g Greyerzer
100 g Schweizer Emmentaler
1 TL Speisestärke
200 g Sahne
1 EL Kirschwasser
gemahlener Kümmel

Für 4 Personen | ca. 50 Min. Zubereitung
Pro Portion ca. 715 kcal, 32 g EW, 44 g F, 43 g KH

1 Die Milch lauwarm erhitzen. Das Brot in einer Schüssel mit der Milch übergießen und 5 Min. quellen lassen. Die Eier darüberschlagen – aber noch nicht unterrühren, sondern so stehen lassen.

2 Die Zwiebel schälen und fein würfeln. Den Blattspinat von den Stielen befreien, gründlich waschen und in einem Sieb gut abtropfen lassen. Noch besser mit einer Salatschleuder trocken schleudern.

3 Die Butter in einem Topf (24 cm Ø) aufschäumen lassen und die Zwiebelwürfel darin bei mittlerer Hitze in 3 Min. glasig dünsten. Den Spinat dazugeben und 2 Min. unter ständigem Rühren garen. Den Spinat herausnehmen, auskühlen lassen und grob durchhacken.

4 Jetzt die Knödelmasse mit den Händen vermengen, gehackten Spinat und 1 EL Semmelbrösel dazugeben, mit Salz, Pfeffer und Muskat würzen. Die Masse kräftig mischen und 10 Min. quellen lassen (s. Tipp). Mit angefeuchteten Händen daraus acht Knödel formen.

5 In einem großen, breiten Topf reichlich Salzwasser aufkochen. Die Knödel hineinlegen, aufkochen und 5 Min. siedend kochen lassen. Dann zugedeckt bei schwacher Hitze ca. 20 Min. ziehen lassen.

6 In der Zwischenzeit für die Sauce den Weißwein in einem Stieltopf (24 cm Ø) aufkochen lassen. Die beiden Käsesorten in feine Streifen schneiden oder reiben. Die Stärke mit einem Schuss kaltem Wasser glatt rühren. Käse zum Wein geben, die Stärke einrühren und die Sauce bei kleiner Hitze 12 Min. köcheln lassen, dabei mit einem Kochlöffel ständig rühren. Der Käse soll sich dabei mit der Flüssigkeit verbinden (emulgieren).

7 Die Sahne nach und nach dazugießen. Nochmals aufkochen lassen, das Kirschwasser dazugeben und die Sauce mit Pfeffer und Kümmel abschmecken. Je nach Geschmack noch salzen, aber Vorsicht, denn der Käse ist bereits sehr würzig. Die Spinatknödel aus dem Wasser heben und mit der cremigen Sauce servieren.

TIPP Wer beim Knödelkochen unsicher ist, sollte immer einen kleinen Probeknödel vorkochen. Wenn er zerfällt, noch Semmelbrösel zur Knödelmasse geben.

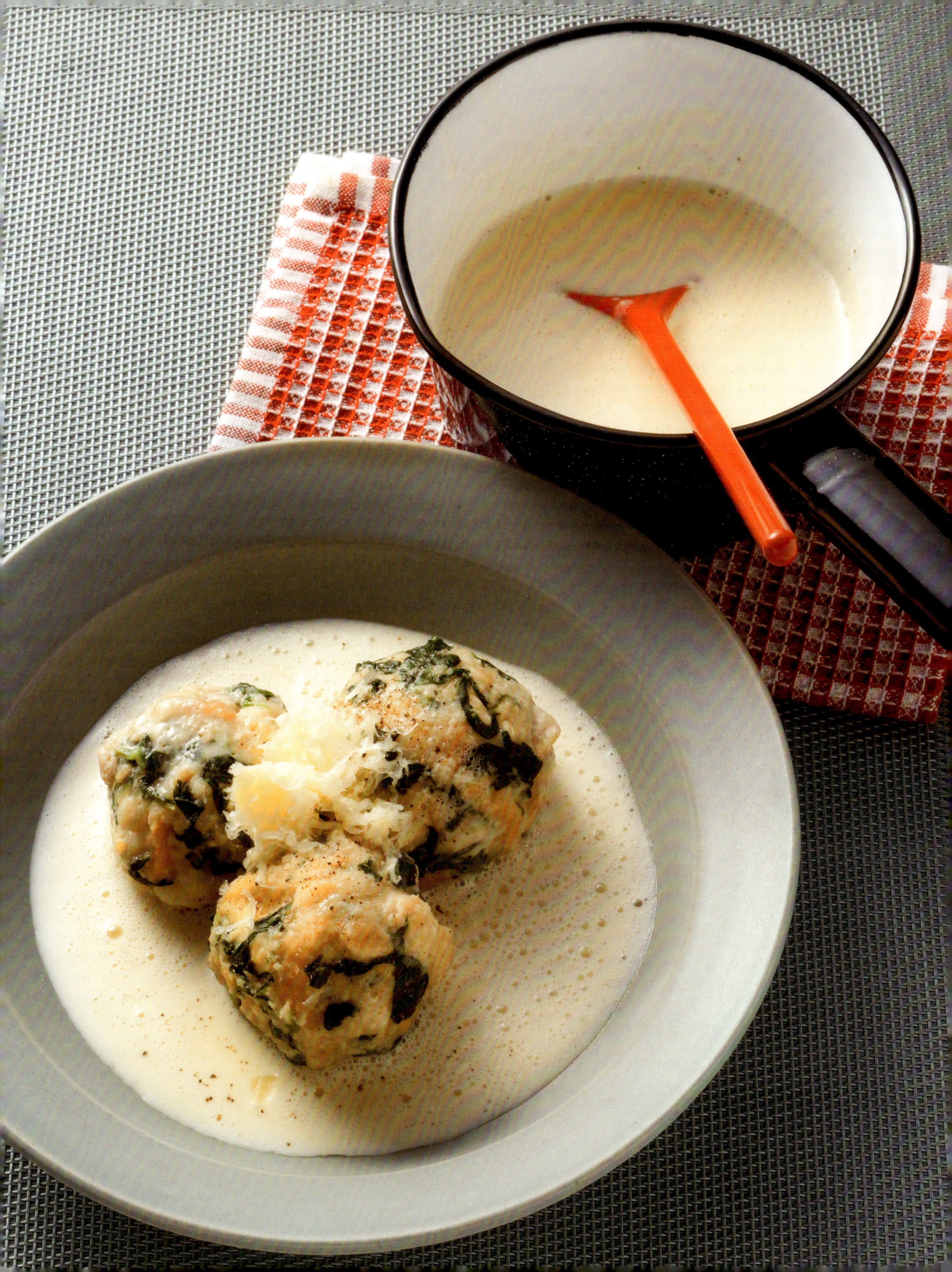

Bärlauch-Petersilien-Sauce zu Vollkorn-Quark-Plätzchen

Für die Plätzchen:
5 EL Öl
120 g Getreideschrotmischung (Weizen, Roggen, Gerste, Hafer, Hirse, Buchweizen; im Bioladen)
300 ml Gemüsefond (s. Seite 68)
3 Frühlingszwiebeln (ca. 60 g)
150 g Sahnequark (40 % Fett)
2 Eier (Größe M)
1 EL mittelscharfer Senf
Salz
schwarzer Pfeffer, frisch gemahlen
Cayennepfeffer

Für die Sauce:
1 Schalotte (ca. 30 g)
50 g kalte Butter
1 EL Mehl (Typ 405)
400 ml kalter Gemüsefond (s. Seite 68)
100 g Sahne
4–5 Bärlauchblätter (ohne Stiele ca. 10 g)
3–4 Stängel glatte Petersilie (abgezupfte Blätter, ca. 10 g)

Außerdem:
Pürierstab

Für 4 Personen | ca. 55 Min. Zubereitung
Pro Portion ca. 505 kcal, 12 g EW, 39 g F, 24 g KH

1 Für die Plätzchen 1 EL Öl in einem Topf (24 cm Ø) erhitzen und den Schrot darin bei mittlerer Hitze ca. 4 Min. anrösten. Mit einem Schuss Gemüsefond ablöschen, einkochen lassen und kräftig umrühren. Den restlichen Gemüsefond nach und nach zum Getreidebrei geben. Bei mittlerer Hitze ca. 12 Min. unter Rühren quellen lassen. Den Getreidebrei in eine Schüssel umfüllen und abkühlen lassen.

2 Die Frühlingszwiebeln putzen, waschen, in feine Ringe schneiden und mit Getreide, Quark, Eiern und Senf verrühren. Die Masse mit Salz, Pfeffer und Cayennepfeffer würzen und beiseitestellen.

3 Für die Sauce die Schalotte schälen, halbieren und in feine Würfel schneiden. 30 g Butter in einem kleinen Stieltopf (20 cm Ø) erhitzen, die Schalotte darin in 2 Min. glasig dünsten. Das Mehl einrühren, den Gemüsefond nach und nach dazugießen und glatt verrühren.

4 Die Sauce in ca. 3 Min. aufkochen und offen bei kleiner Hitze ca. 12 Min. köcheln lassen. Die Sahne dazugießen und noch 1 Min. kochen.

5 Während die Sauce kocht, für die Plätzchen den Backofen auf 100° (Ober- und Unterhitze) vorheizen. In einer großen Pfanne 4 EL Öl erhitzen. Ca. 1 EL Getreidemasse pro Plätzchen abnehmen (ergibt 12 Stück), in das heiße Öl geben und bei kleiner Hitze 6–7 Min. braten. Vorsichtig wenden und weitere 6–7 Min. braten. (Je nach Pfannengröße auf zweimal braten.) Die gebratenen Plätzchen im Backofen warm halten.

6 Für die Sauce Bärlauch und Petersilie waschen, trocken schütteln, die Stiele entfernen bzw. die Blätter abzupfen und grob hacken. Restliche Butter in kleine Würfel schneiden. Die Sauce nochmals aufkochen lassen, mit Salz und Pfeffer abschmecken und in einen hohen Rührbecher geben. Kräuter und Butter nach und nach mit dem Pürierstab einmixen. Die Sauce mit den Plätzchen auf vorgewärmten Tellern anrichten.

TIPP Die Kräuter erst ganz zum Schluss unter die Sauce mixen. So behält sie ihren guten Geschmack und ihre schöne grüne Farbe.

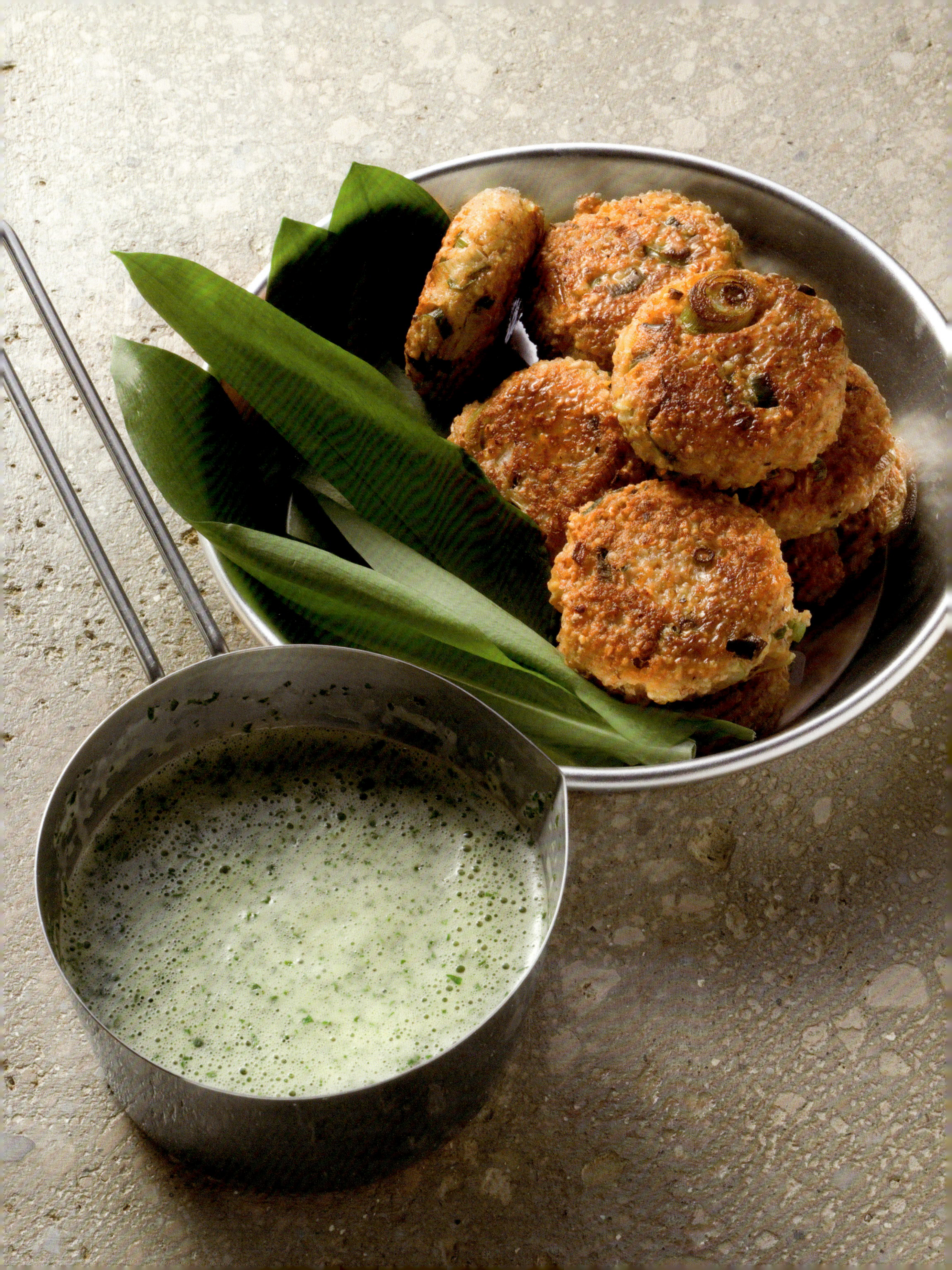

SAUCEN FÜR FISCHLIEBHABER UND VEGETARIER

Kohlrabisauce zu gebackenen Steinpilzen

Für die Kohlrabisauce:
1 Kohlrabi mit Blättern (300 g = geputzt ca. 180 g)
1 Schalotte (ca. 40 g)
2 EL kalte Butter
Salz
300 ml Gemüsefond (s. Seite 68)
100 g Sahne
1/2 Bund Schnittlauch
schwarzer Pfeffer, frisch gemahlen
Muskatnuss, frisch gerieben
Für die Pilze:
8 Steinpilze (à ca. 50 g; ersatzweise Champignons)
5 Scheiben Toastbrot
3 Eier (Größe M)
2 EL Sahne
2 Prisen gemahlener Kümmel
3 EL Mehl (Typ 405)
16 EL Öl
4 Zitronenspalten
Außerdem:
Pürierstab

Für 4 Personen | ca. 45 Min. Zubereitung
Pro Portion ca. 365 kcal, 15 g EW, 24 g F, 21 g KH

1 Vom Kohlrabi die feinen Blätter abschneiden (ca. 20 g aufheben). Den Kohlrabi großzügig schälen, evtl. holzige Stellen wegschneiden. Den Kohlrabi in ca. 1/2 cm große Würfel schneiden. Die Schalotte schälen, halbieren und in feine Würfel schneiden.

2 1 EL Butter in einem kleinen Stieltopf (20 cm Ø) erhitzen, die Schalottenwürfel darin 3 Min. dünsten. Den Kohlrabi dazugeben, 1 Min. mitgaren, mit 1 Prise Salz würzen. Den Gemüsefond dazugießen, aufkochen und offen bei kleiner Hitze 12 Min. köcheln lassen. Den Backofen auf 100° (Ober- und Unterhitze) vorheizen.

3 In der Zwischenzeit die Pilze putzen, mit Küchenpapier abreiben und die Stielenden dünn abschneiden. Die Pilze in ca. 1 cm dicke Scheiben schneiden. Das Toastbrot in kleine Stücke schneiden, in der Küchenmaschine fein reiben und in einen tiefen Teller geben. Die Eier in einem tiefen Teller aufschlagen, mit Sahne verquirlen und mit Salz, Pfeffer und 2 Prisen Kümmel abschmecken. Das Mehl in einen weiteren Teller geben. Pilze erst im Mehl, dann im Ei und anschließend in den Brotbröseln wenden.

4 8 EL Olivenöl in einer großen Pfanne erhitzen, die Hälfte der Pilze einlegen und bei mittlerer Hitze in ca. 2 Min. goldbraun braten. Wenden und weitere 1–2 Min. braten. Die Pilze aus der Pfanne heben, auf Küchenpapier abfetten lassen und im Ofen warm halten. Das Öl aus der Pfanne gießen, die Pfanne auswischen und frisches Öl erhitzen. Die restlichen Pilze darin braten.

5 Für die Sauce die Kohlrabiblätter waschen, trocken schütteln und in feine Streifen schneiden. Die Sahne zur Sauce gießen, aufkochen lassen, die Kohlrabiblätter dazugeben und 2 Min. köcheln lassen. Die Sauce in einen hohen Rührbecher füllen, mit dem Pürierstab fein mixen und wieder in den Topf geben. Nochmals aufkochen lassen, mit Salz, Pfeffer und Muskatnuss abschmecken. Die restliche Butter in kleine Würfel schneiden und mit dem Pürierstab einmixen.

6 Den Schnittlauch waschen und trocken schütteln, die Halme in feine Röllchen schneiden und in die Sauce rühren. Die gebackenen Pilze mit der sämigen Sauce und den Zitronenspalten auf vorgewärmten Tellern anrichten und servieren.

BEILAGEN-TIPP Wer möchte, kann noch kleine Butterkartoffeln dazu servieren.

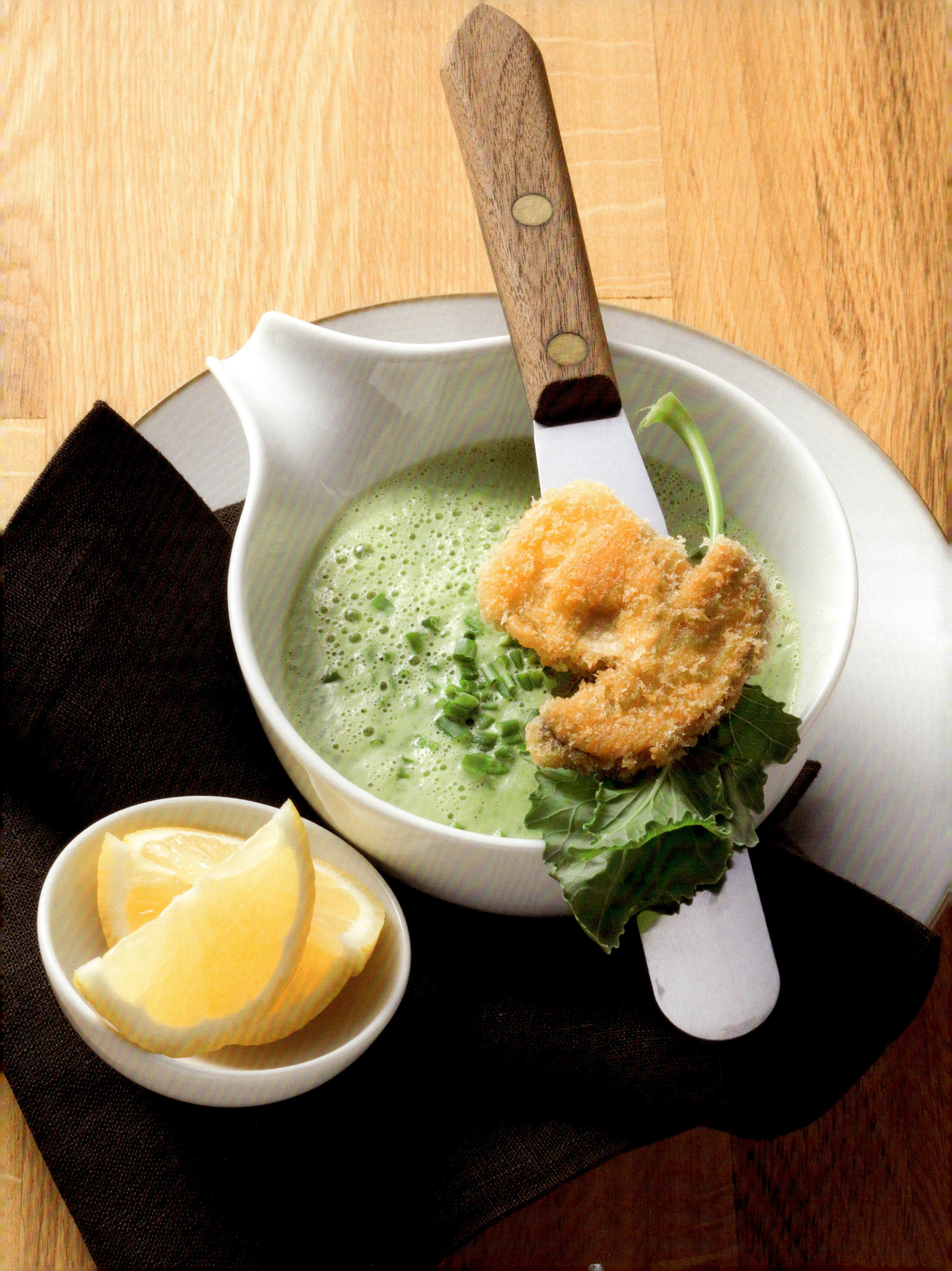

Saucen für Fischliebhaber und Vegetarier

Ratatouillesauce mit gegrilltem Manouri

Für die Sauce:
1 kleiner Zucchino (ca. 150 g)
1 kleine Aubergine (ca. 150 g)
1 rote Paprikaschote (ca. 200 g)
1 gelbe Paprikaschote (ca. 200 g)
1 weiße Zwiebel (ca. 100 g)
2–3 Zweige Thymian
1 kleiner Zweig Rosmarin
4 EL Olivenöl
1 EL Tomatenmark
1 Dose Pizzatomaten (400 g)
200 ml Gemüsefond (s. Seite 68)
Salz | schwarzer Pfeffer, frisch gemahlen
Chiliflocken
Zucker
Für den Käse:
2 EL Olivenöl
4 Stück Manouri (à ca. 200 g; s. Info)
Für das Gewürzöl:
1 kleine Knoblauchzehe
2–3 Zweige Thymian
1/4 TL Fenchelsamen
2 EL Olivenöl
Außerdem:
Mörser

Für 4 Personen | ca. 45 Min. Zubereitung
Pro Portion ca. 985 kcal, 24 g EW, 93 g F, 13 g KH

1 Für die Sauce das Gemüse waschen und putzen. Zucchino und Aubergine zuerst in 1/2 cm dicke Scheiben, diese in dünne Streifen und anschließend in feine Würfel schneiden. Die Paprikaschoten halbieren, entkernen, weiße Trennwände entfernen. Die Schoten ebenfalls fein würfeln. Die Zwiebel schälen, halbieren und in feine Würfel schneiden. Thymian und Rosmarin waschen, trocken schütteln, die Blätter und Nadeln abzupfen und grob schneiden.

2 Das Olivenöl in einem großen Topf (28 cm Ø) erhitzen und die Zwiebelwürfel darin ca. 3 Min. dünsten. Die Aubergine dazugeben und weitere 2 Min. garen.

Das restliche Gemüse, Thymian, Rosmarin und Tomatenmark einrühren und 3 Min. mitkochen. Tomaten und den Gemüsefond dazugeben und alles bei mittlerer Hitze ca. 6 Min. köcheln lassen. Die Sauce mit Salz, Pfeffer sowie je 1 Prise Chiliflocken und Zucker abschmecken und zur Seite stellen.

3 Für den Käse den Backofengrill einschalten. Ein Backblech oder eine feuerfeste Pfanne mit etwas Olivenöl bepinseln, den Manouri daraufsetzen, mit dem restlichen Olivenöl beträufeln und in den Ofen schieben (Mitte). In ca. 8 Min. goldbraun überbacken, wenden und noch ca. 2 Min. grillen.

4 Für das Gewürzöl währenddessen den Knoblauch schälen und in möglichst feine Würfel schneiden. Thymian waschen, trocken schütteln, die Blätter abzupfen und fein schneiden. Die Fenchelsamen im Mörser fein zerreiben. Das Olivenöl in einer kleinen Pfanne erhitzen, Knoblauch, Fenchel und Thymian dazugeben und die Pfanne gleich vom Herd ziehen.

5 Die Ratatouillesauce nochmals aufkochen lassen. Den Käse mit dem Sägemesser diagonal halbieren und mit der Sauce auf vorgewärmten Tellern anrichten. Mit dem lauwarmen Gewürzöl beträufeln und mit frisch gemahlenem schwarzem Pfeffer würzen.

DAS PASST DAZU gebratene Kartoffeln, Fladenbrot oder Ciabatta, geröstetes Weißbrot

PASST AUCH ZU gebratenem Fisch, Meeresfrüchten, Geflügel, Lamm-, Schweine- oder Rindfleisch und zu Nudeln

INFO – MANOURI ist ein milder griechischer, wenig gesalzener Weichkäse aus Schaf- und Ziegenmilch. Er wird in runder oder eckiger Form angeboten.

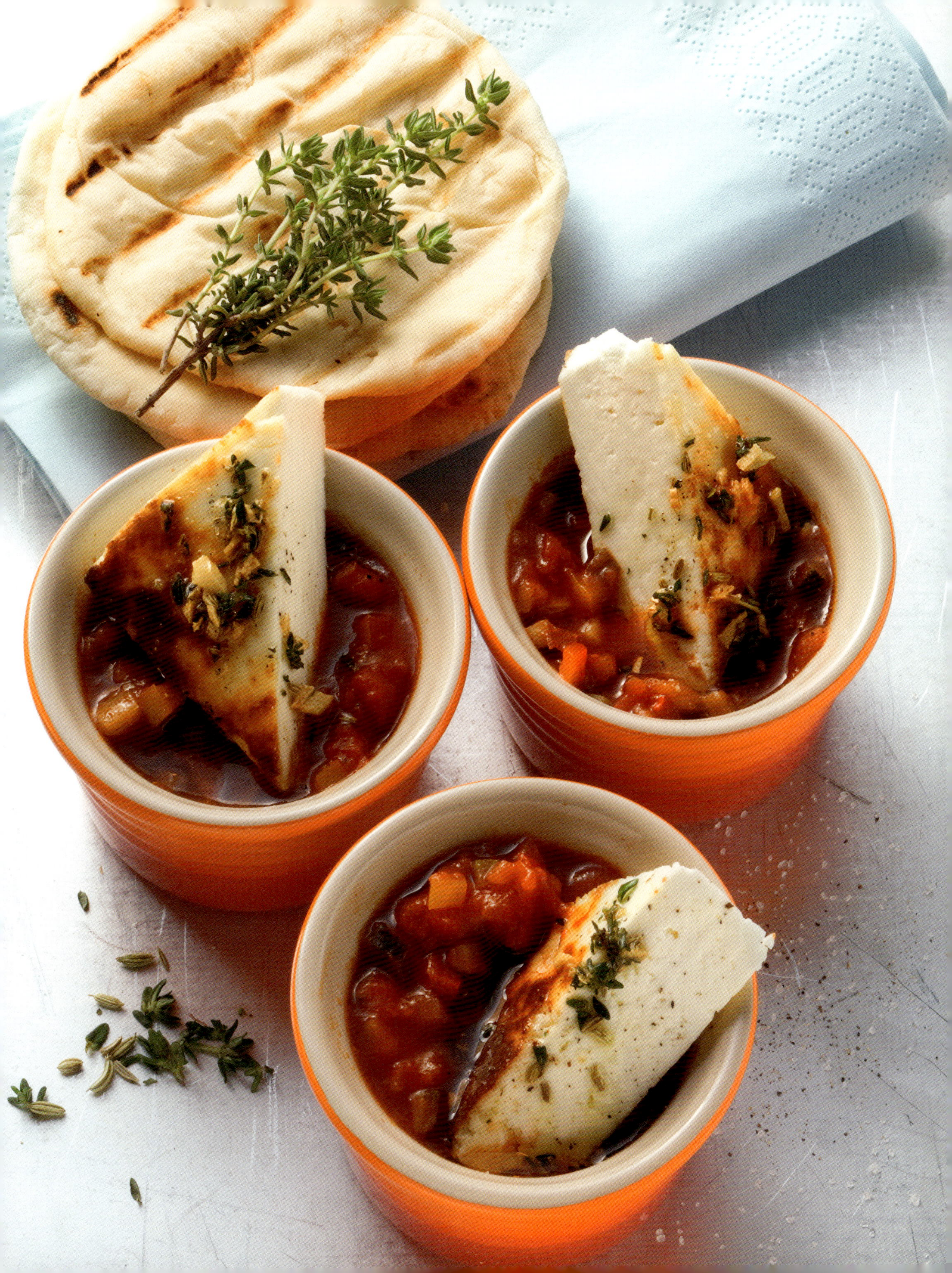

Rezept- und Sachregister

Zum Gebrauch
Damit Sie Rezepte mit bestimmten Zutaten noch schneller finden können, stehen in diesem Register zusätzlich auch Zutaten wie **Asiafond** oder **Kalbfleisch** – ebenfalls alphabetisch geordnet und hervorgehoben – über den entsprechenden Rezepten.

A

8-Kräuter-Sauce mit rosa Pfeffer 89
Ananas
   Ananas-Chutney 50
   Honigfrüchte 118
Anissamen (Warenkunde) 14
Anissschnaps: Fischfond
Äpfel
   Apfel-Minz-Sauce 48
   Apfel-Pflaumen-Sauce 124
   Kürbis-Apfel-Sauce 110
Aprikosenvinaigrette 32
Artischockensauce zu Riesengarnelen 142
Asiafond
   Bananen-Curry-Sauce 118
   Grundrezept 70
   Ingwersauce 144
Auberginen: Ratatouillesauce 160
Avocadodip mit Limettensaft 46

B

Banane
   Bananen-Curry-Sauce 118
   Honigfrüchte 118
Bärlauch
   Bärlauch-Petersilien-Sauce 156
   Bärlauchsauce 45
   Warenkunde 18
Basilikum
   Basilikum-Butter-Sauce 136
   Basilikum-Pinienkern-Mayonnaise 36
   Chili-Sabayon 84
   Info 84
   Pesto mit Pecorino 44
BBQ-Sauce mit Rauchmandeln 42
Béchamelsauce 75
Beeren
   Ananas-Chutney 50
   Himbeervinaigrette 31
   Preiselbeer-Mandel-Sauce 41
   Schokoladensauce mit Heidelbeeren 126
Beifuß (Warenkunde) 18
Blumenkohl: Ingwersauce zu Schwertfisch und Spargel 144
Blutorangensauce zu gebratenen Jakobsmuscheln 146
Blutwürste 106
Bohnen, weiße: Weiße-Bohnen-Sauce mit Salbei 112
Bohnenkraut (Warenkunde) 18
Bratenfond, Dunkler
   Essigsaure Zwiebel-Senf-Sauce 116
   Gewürzbrotsauce 104
   Grundrezept 59
   Glühweinsauce 96
   Hopfen-Malz-Sauce 108
   Kirsch-Portwein-Sauce 122
   Printen-Wein-Sauce 128
   Schalotten-Karamell-Sauce 88
Bratenwender (Küchenpraxis) 8
Braune Sauce
   Grundrezept 72
   Morchel-Sahne-Sauce 114
   Schalotten-Balsamico-Sauce 94
Brokkoli, gebraten 152
Brot: Gewürzbrotsauce 104
Burger-Sauce 40
Butter
   Currybutter mit Vanille 54
   Fenchel-Wacholder-Butter 55
   Kräuterbutter 53
   Kümmel-Koriander-Butter 55
   Pfefferbutter 53
   Sauce béarnaise 82
   Sauce hollandaise 82
   Senfbutter 52
   Tomaten-Chili-Butter 53
   Zitronengras-Ingwer-Butter 54

C

Champignons
   Fischfond 67
   Gemüsefond 68
   Kabeljau, gebacken 138
   Kalbsfond, hell 60
   Krustentiersauce 150
Champignons, getrocknete: Wildfond 64
Chilischoten
   Chili-Sabayon 84
   Warenkunde 14
Cidresauce zu Kabeljau mit Champignons 138
Cocktailsauce 35
Cranberrys: Ananas-Chutney 50
Currybutter mit Vanille 54
Currypaste (Tipp) 100
Currypulver (Info) 91
Currysauce mit Mandarinen 46

D

Datteln: Zitrusmarinade mit Datteln 33
Dörrobst: Apfel-Pflaumen-Sauce 124
Dunkler Bratenfond 59

E

Einfrieren 13
Einmachen 12, 13
Emmentaler: Käsesauce 154
Entenbrust, gebraten 122
Erdnusssauce zu gebratenem Brokkoli und Tofu 152
Essiggurken
   Essigsaure Zwiebel-Senf-Sauce 116
   Zwiebel-Gurken-Dressing 29
Essig-Öl-Marinade 28
Essigsaure Zwiebel-Senf-Sauce mit geschnetzelter Kalbsleber 116
Estragon
   Jakobsmuscheln, gebraten 146
   Remoulade 36
   Warenkunde 18

F

Fasanenbrust, gebraten (Tipp) 132
Feigen: Roquefort-Feigen-Dip 37

Rezept- und Sachregister

Fenchel
  Fenchel-Knoblauch-Sauce 130
  Muschelsauce 148
  Paprika-Fenchel-Vinaigrette 32
Fenchelsamen
  Fenchel-Knoblauch-Sauce 130
  Fenchel-Wacholder-Butter 55
  Paprikasauce 37
  Warenkunde 14
Feta: Schafskäsedip 44
Fischfond
  Basilikum-Butter-Sauce 136
  Blutorangensauce 146
  Grundrezept 67
  Krustentiersauce 150
  Paprikasauce 140
Flambieren (Tipp) 150
Fleisch anbraten (Tipp) 110
Fleisch binden (Tipp) 128
Fonduta (Variante) 84
Frankfurter Grüne Sauce (Info) 89
French Dressing 26
Frühlingszwiebeln
  Brokkoli, gebraten 152
  Kabeljau, gebacken 138
  Vollkorn-Quark-Plätzchen 156
Frühstücksspeck: Schweinefilet-
  spieße 102

G

Galgant
  Asiafond 70
  Warenkunde 22
Gänsekeulen 124
Garnelen, gebraten 142
Garnelenschalen: Flambierte Krusten-
  tiersauce mit Weinbrand 150
Geflügelfond
  8-Kräuter-Sauce mit rosa
    Pfeffer 89
  Apfel-Pflaumen-Sauce 124
  Grundrezept 63
  Kartoffeldressing 30
  Linsensauce 120
  Riesling-Trauben-Sauce 132
Gefrierbeutel 12
Gefrierdosen 12
Gemüsefond
  Aprikosenvinaigrette 32
  Artischockensauce 142
  Bärlauch-Petersilien-Sauce 156
  Brokkoli, gebraten 152
  Essig-Öl-Marinade 28

  French Dressing 26
  Grundrezept 68
  Himbeervinaigrette 31
  Kartoffel-Sauerkraut-Sauce
  Knoblauch-Balsamico-
    Dressing 26
  Kohlrabisauce 158
  Lammsauce 77
  Lauchsauce 91
  Paprika-Fenchel-Vinaigrette 32
  Parmesandressing 30
  Petersiliensauce 86
  Radieschen-Schnittlauch-
    Vinaigrette 29
  Ratatouille-Sauce 160
  Rote-Bete-Vinaigrette 33
  Schalotten-Kräuter-
    Vinaigrette 28
  Schaschliksauce 102
  Tomaten-Melonen-Vinaigrette 31
  Vollkorn-Quark-Plätzchen 156
  Zwiebel-Gurken-Dressing 29
Getreideschrot: Vollkorn-Quark-
  Plätzchen 156
Gewürzbrotsauce zu geschmorten
  Nackensteaks 104
Gewürzmühle (Warenkunde) 10
Gewürznelken (Warenkunde) 14
Gewürzsieb 10
Glühweinsauce zu Rinderschmor-
  braten 96
Grapefruit: Zitrusmarinade 33
Greyerzer: Käsesauce 154
Gurken
  Gurken-Zwiebel-Sauce 41
  Schafskäsedip 44

H

Hackfleisch: Sauce Bolognese 80
Heidelbeeren: Schokoladensauce mit
  Heidelbeeren 126
Helle Sauce 74
Heller Kalbsfond 60
Himbeervinaigrette mit
  Waldbeeren 31
Holundersirup: Joghurtdressing 27
Honig: BBQ-Sauce 42
Honigfrüchte 118
Honigsauce 40
Hopfen-Malz-Sauce zu knusprigem
  Spanferkel 108
Hummersuppenpaste: Krustentier-
  sauce 150

I

Ingwer
  Asiafond 70
  BBQ-Sauce 42
  Ingwersauce 144
  Warenkunde 20
  Zitronengras-Ingwer-Butter 54
Italienische Mayonnaise mit Mandel-
  oliven 35

J

Jakobsmuscheln, gebraten 146
Joghurt
  Avocadodip 46
  Joghurtdressing 27
  Kressesauce 45
  Roquefort-Feigen-Dip 37
  Schafskäsedip 44
Johannisbeergelee: Preiselbeer-
  Mandel-Sauce 41

K

Kabeljau, gebacken 138
Kaffirlimettenblätter
  Asiafond 70
  Grüne Curry-Kokos-Sauce 100
  Warenkunde 22
Kalbsfond
  Braune Sauce 72
  Grundrezept 60
  Helle Sauce 74
  Kürbis-Apfel-Sauce 110
  Weiße-Bohnen-Sauce 112
  Weißwein-Senf-Sauce 86
Kalbfleisch
  Kalbskoteletts 114
  Kalbsrahmgulasch 110
  Kalbsschnitzel 112
Kalbsleber 116
Kaninchenrücken 132
Kapern
  Oliven-Kapern-Marinade 38
  Remoulade 36
  Thunfisch-Weißwein-Sauce 38
Kardamom
  Kirsch-Portwein-Sauce 122
  Warenkunde 14
Kartoffeldressing mit
  Speckwürfeln 30
Kartoffel-Sauerkraut-Sauce mit Leber-
  wurst und Blutwurst 106
Kartoffelwürfel, gebraten (Tipp) 142
Käsesauce 84

163

Rezept- und Sachregister

Käsesauce, Schweizer 154
Kerbel (Warenkunde) 18
Kirsch-Portwein-Sauce mit Kardamom zu gebratener Entenbrust 122
Kirschwasser: Käsesauce 154
Knoblauch
    Fenchel-Knoblauch-Sauce 130
    Knoblauch-Balsamico-Dressing 26
    Knoblauchsauce 34
Knochen rösten (Info) 64
Knollensellerie
    Apfel-Pflaumen-Sauce 124
    Braune Sauce 72
    Dunkler Bratenfond 59
    Gemüsefond 68
    Heller Kalbsfond 60
    Hopfen-Malz-Sauce 108
    Lammsauce 77
    Ochsenbrust 98
    Printen-Wein-Sauce 128
    Sauce bolognese 80
    Wildfond 64
    Wildsauce 76
Kohlrabisauce zu gebackenen Steinpilzen 158
Kokosmilch
    Bananen-Curry-Sauce 118
    Erdnusssauce 152
    Grüne Curry-Kokos-Sauce 100
Koriander
    Kümmel-Koriander-Butter 55
    Tomatenketchup 42
    Warenkunde 14
Koriandergrün (Warenkunde) 22
Kräuter
    8-Kräuter-Sauce 89
    Kräuterbutter 53
    Sauerrahmsauce 27
    Schalotten-Kräuter-Vinaigrette 28
Kräuterprinten: Printen-Wein-Sauce 128
Kressesauce 45
Krustentiersauce mit Weinbrand 150
Kümmel
    Info 106
    Kümmel-Koriander-Butter 55
Kürbis-Apfel-Sauce mit Zimt für Kalbsrahmgulasch 110

L
Lachs, gebacken 136
Lammkeule 130
Lammsauce
    Grundrezept 77
    Fenchel-Knoblauch-Sauce 130
Lauch
    Gemüsefond 68
    Lauchsauce 91
    Muschelsauce 148
Leberwürste 106
Liebstöckel (Warenkunde) 18
Limetten: Avocadodip 46
Linsensauce mit gebratenem Stubenküken 120
Lorbeerblatt (Warenkunde) 18

M
Madeirasauce (Variante) 72
Mais: Zuckermaissauce 48
Maispoularde 118
Majoran (Warenkunde) 20
Malzbier: Hopfen-Malz-Sauce 108
Mandarinen: Currysauce 46
Mandeln
    Mayonnaise mit Mandeloliven 35
    Preiselbeer-Mandel-Sauce 41
Mango-Chutney 50
Manouri, gegrillt 160
Mayonnaise
    Basilikum-Pinienkern-Mayonnaise 36
    Currysauce 46
    Grundrezept 34
    Mayonnaise mit Mandeloliven 35
    Paprikasauce 37
    Remoulade 36
    Zuckermaissauce 48
Meerrettich: Quittensauce 98
Meersalz: Senfbutter mit Meersalz 52
Mehlschwitze (Variante) 75
Messbecher 10
Minze
    Apfel-Minz-Sauce 48
    Warenkunde 20
Möhren
    Geflügelfond 63
    Gemüsefond 68
    Sauce bolognese 80
Morchel-Sahne-Sauce für gebratene Kalbskoteletts 114
Mörser 10

Muschelsauce mit Salbei und Prosecco 148
Muskatnuss (Warenkunde) 14
Muskatreibe 10

N
Nackensteaks, geschmort 104
Noilly Prat
    Artischockensauce 142
    Basilikum-Butter-Sauce 136
    Info 136

O
Ochsenbrust, gekocht 98
Oliven
    Mayonnaise mit Mandeloliven 35
    Oliven-Kapern-Marinade mit Orangen 38
    Seeteufel, gebraten 140
Orangen
    Blutorangensauce 146
    Oliven-Kapern-Marinade mit Orangen 38
    Orangensauce (Variante) 72
    Preiselbeer-Mandel-Sauce 41
Oregano (Warenkunde) 20

P/Q
Paprikaschoten
    Burger-Sauce 40
    Paprika-Fenchel-Vinaigrette 32
    Paprikasauce 140
    Paprikasauce mit Chili 37
    Ratatouille-Sauce 160
    Schweinefiletspieße 102
Parmesan
    Parmesandressing 30
    Sauce bolognese 80
Passiertuch 10
Pecorino: Pesto mit Pecorino 44
Perlzwiebeln
    Essigsaure Zwiebel-Senf-Sauce 116
    Remoulade 36
Pesto mit Pecorino 44
Petersilie
    Bärlauch-Petersilien-Sauce 156
    Pesto mit Pecorino 44
    Petersiliensauce mit grünem Öl 86
Petersilienwurzel
    Gemüsefond 68
    Petersiliensauce 86

Rezept- und Sachregister

Pfeffer
  Pfefferbutter mit Aceto
    balsamico 53
  Warenkunde 16
Pfeffer, rosa: 8-Kräuter-Sauce mit
  rosa Pfeffer 89
Pflaumen: Apfel-Pflaumen-Sauce 124
Pilzsauce mit Zitrone und
  Knoblauch 90
Piment (Warenkunde) 16
Pimpinelle (Warenkunde) 20
Pinienkerne
  Basilikum-Pinienkern-
    Mayonnaise 36
  Pesto mit Pecorino 44
Portwein
  Cocktailsauce 35
  Kirsch-Portwein-Sauce 122
  Morchel-Sahne-Sauce 114
  Portweinsauce (Variante) 72
  Printen-Wein-Sauce 128
  Schalotten-Balsamico-Sauce 94
  Schalotten-Karamell-Sauce 88
Preiselbeer-Mandel-Sauce 41
Printen-Wein-Sauce zu geschmortem
  Wildschwein 128
Prosecco
  Krustentiersauce 150
  Muschelsauce 148
Quark: Vollkorn-Quark-Plätzchen 156
Quittensauce mit Meerrettich zu
  gekochter Ochsenbrust 98

R
Radieschen-Schnittlauch-
  Vinaigrette 29
Ratatouille-Sauce mit gegrilltem
  Manouri 160
Rauchmandeln: BBQ-Sauce 42
Rehrücken 126
Remoulade mit Perlzwiebeln und Ei 36
Riesling-Trauben-Sauce für gebratenen
  Kaninchenrücken 132
Rinderbrühe
  Grüne Curry-Kokos-Sauce 100
  Tipp 98
Rindfleisch
  Rinderfilet 94
  Rinderschmorbraten 96
  Rindfleisch, geschnetzelt 100
Roquefort-Feigen-Dip 37
Roséwein: Kürbis-Apfel-Sauce 110

Rosmarin
  Fenchel-Knoblauch-Sauce 130
  Ratatouille-Sauce 160
  Warenkunde 20
Rote-Bete-Vinaigrette 33
Rotwein
  Apfel-Pflaumen-Sauce 124
  Braune Sauce 72
  Dunkler Bratenfond 59
  Fenchel-Knoblauch-Sauce 130
  Glühweinsauce 96
  Lammsauce 77
  Printen-Wein-Sauce 128
  Sauce bolognese 80
  Wildfond 64
  Wildsauce 76

S
Salbei
  Dunkler Bratenfond 59
  Muschelsauce 148
  Warenkunde 20
  Weiße-Bohnen-Sauce 112
Sardellenfilets
  Remoulade 36
  Thunfisch-Weißwein-Sauce 38
Sauce bérnaise 82
Sauce bolognese mit Oregano zu
  Butternudeln 80
Sauce hollandaise 82
Sauerkraut: Kartoffel-Sauerkraut-
  Sauce 106
Sauerrahmsauce mit Kräutern 27
Schafskäsedip mit Zitronenmelisse 44
Schalotten
  Fischfond 67
  Info 88
  Krustentiersauce 150
  Stubenküken 120
  Schalotten-Balsamico-Sauce 94
  Schalotten-Karamell-Sauce 88
  Schalotten-Kräuter-Vinaigrette 28
Scharfe grüne Curry-Kokos-Sauce zu
  geschnetzeltem Rindfleisch 100
Schaschlikgewürz (Info) 102
Schaschliksauce mit Schweinefilet-
  spießen 102
Schnittlauch: Radieschen-Schnittlauch-
  Vinaigrette 29
Schokoladensauce mit Heidelbeeren
  zu gebratenem Rehrücken 126
Schöpfer (Warenkunde) 8
Schweinefiletspieße 102

Schweizer Käsesauce mit Kirschwasser
  zu Spinat-Semmelknödeln 154
Schwertfisch 144
Seeteufel, gebraten 140
Sellerie-Kartoffel-Püree (Tipp) 116
Semmelknödel 154
Senf
  Essigsaure Zwiebel-Senf-Sauce 116
  French Dressing 26
  Senfbutter 52
  Weißwein-Senf-Sauce 86
Sherry: Braune Sauce 72
Shiitake-Pilze
  Asiafond 70
  Warenkunde 22
Spanferkel 108
Spargel (Tipp) 114
Spargel, grüner
  Rindfleisch, geschnetzelt 100
  Tipp 144
Spinat
  Rindfleisch, geschnetzelt 100
  Spinat-Semmelknödel 154
Staudensellerie
  Asiafond 70
  Burger-Sauce 40
  Gemüsefond 68
  Muschelsauce 148
Steinpilze, gebacken 158
Sterilisieren (Küchenpraxis) 13
Sternanis
  Ananas-Chutney 50
  Glühweinsauce 96
  Warenkunde 16
Stubenküken 120
Suppengemüse (Tipp) 68
Suppenhuhn: Geflügelfond 63

T
Thai-Basilikum (Warenkunde) 22
Thai-Spargel 144
Thunfisch-Weißwein-Sauce 38
Thymian
  Dunkler Bratenfond 59
  Fenchel-Knoblauch-Sauce 130
  Jakobsmuscheln, gebraten 146
  Ratatouille-Sauce 160
  Thymianbrösel 140
  Thymianbrot (Tipp) 122
  Warenkunde 12
  Wildfond 64
Tofu: Brokkoli, gebraten 152

165

Rezept- und Sachregister

Tomaten
    BBQ-Sauce 42
    Fischfond 67
    Gemüsefond 68
    Ratatouille-Sauce 160
    Sauce bolognese 80
    Tomaten-Auberginen-Sauce
     (Variante) 130
    Tomaten-Chili-Butter 53
    Tomaten-Melonen-Vinaigrette 31
    Tomatensauce 78
    Tomatensauce mit Mozzarella
     (Variante) 98
Tomaten, getrocknete: Mayonnaise
 mit Mandeloliven 35
Tomatenketchup
    Burger-Sauce 40
    Grundrezept 42
    Schaschliksauce 102
    Zuckermaissauce 48
Töpfe (Warenkunde) 8

V
Vakuumiergerät (Küchenpraxis) 12
Vanilleschote
    Currybutter mit Vanille 54
    Riesling-Trauben-Sauce 132
    Tomaten-Melonen-Vinaigrette 31
    Warenkunde 16
Versiegeln (Küchen-Praxis) 13
Vitello tonnato (Tipp) 38
Vollkorn-Quark-Plätzchen 156

W
Wacholderbeeren
    Fenchel-Wacholder-Butter 55
    Fischfond 66
    Geflügelfond 63
    Gemüsefond 68
    Heller Kalbsfond 60
    Warenkunde 16
    Wildfond 64
    Wildsauce 76
Warmhalten (Tipp) 82
Wasserbad (Tipp) 82
Wassermelone: Tomaten-Melonen-
 Vinaigrette 31
Wein (Küchenpraxis) 6

Weinbrand
    Cocktailsauce 35
    Krustentiersauce 150
Weintrauben: Riesling-Trauben-
 Sauce 132
Weiße-Bohnen-Sauce mit Salbei zu
 Kalbsschnitzeln 112
Weißwein
    Basilikum-Butter-Sauce 136
    Chili-Sabayon 84
    Fischfond 67
    Helle Sauce 74
    Käsesauce 154
    Lauchsauce 91
    Sauce bérnaise 82
    Sauce hollandaise 82
    Schalotten-Karamell-Sauce 88
    Thunfisch-Weißwein-Sauce 38
    Weiße-Bohnen-Sauce 112
    Weißwein-Senf-Sauce 86
Wermut: Fischfond 67
Wildfond 64
Wildsauce
    Grundrezept 76
    Schokoladensauce mit
     Heidelbeeren 126
Wildschwein, geschmort 128
Wirsingpüree (Tipp) 126

Z
Zimt
    Kürbis-Apfel-Sauce 110
    Warenkunde 16
Zitronengras
    Asiafond 70
    Grüne Curry-Kokos-Sauce 100
    Warenkunde 22
    Zitronengras-Ingwer-Butter 54
Zitronenmelisse
    Schafskäsedip 44
    Warenkunde 20
Zitrusmarinade mit Datteln 33
Zucchini: Ratatouille-Sauce 160
Zuckermaissauce mit Tomaten 48
Zuckerschoten: Rindfleisch,
 geschnetzelt 100

Zwiebeln
    Braune Sauce 72
    Dunkler Bratenfond 59
    Geflügelfond 63
    Gemüsefond 68
    Gewürzbrotsauce 104
    Glühweinsauce 96
    Heller Kalbsfond 60
    Hopfen-Malz-Sauce 108
    Kürbis-Apfel-Sauce 110
    Lammsauce 77
    Ochsenbrust 98
    Printen-Wein-Sauce 128
    Sauce bolognese 80
    Schaschliksauce 102
    Wildfond 64
    Wildsauce 76
    Zwiebel-Gurken-Dressing 29

Kochlust pur

Koch- und Backvergnügen für alle und für jeden Anlass

NiedrigTemperatur – Fleisch & Fisch sanft garen
ISBN 978-3-8338-0921-7
144 Seiten

Kochen für die Familie
ISBN 978-7742-7200-2
240 Seiten

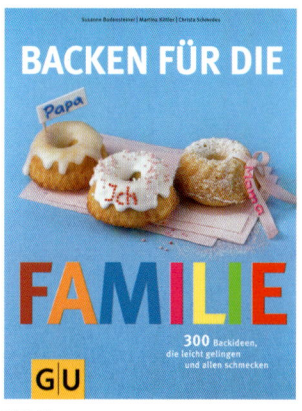

Backen für die Familie
ISBN 978-3-8338-0825-8
192 Seiten

Feine Braten
ISBN 978-3-8338-1736-6
144 Seiten

Einfach beeindruckend
ISBN 978-3-8338-1735-9
160 Seiten

Küchenschätze
ISBN 978-3-8338-2048-9
192 Seiten

Unsere umfassenden Standards:
- Kochen und Backen – unsere beste Auswahl für Sie
- Alltag und Feste – Rezepte, die man wirklich braucht
- Kochen erleben – mit der GU-Gelinggarantie

G|U
Willkommen im Leben.

küchengötter.de powered by GU

Einfach göttlich kochen und himmlisch speisen? Die passenden Rezepte, Küchentipps und -tricks in Wort und Film finden Sie ganz einfach unter: **www.küchengötter.de**

Impressum

Die Autorin
Monika Schuster ist gelernte Köchin und Küchenmeisterin. Sie leitete u. a. auch die Ladengastronomie des renommierten Feinschmeckerparadieses »Dallmayr« in München. Neben Rezeptentwicklungen für Großmeister Eckart Witzigmann und zahlreiche Industriekunden arbeitet sie auch als Food-Stylistin, auch für dieses Buch. Bei GU sind von ihr u. a. die Bücher »Echte Klassiker«, »Eis und Sorbet« sowie »NiedrigTemperatur«, das mit einer Goldmedaille ausgezeichnet wurde, erschienen.
www.monika-schuster.de

Das Fotostudio
Eising Foodphotography
Fotografie: Martina Görlach
Foodstyling: Monika Schuster, Michael Koch
Requisite: Ulla Krause

Die Temperaturangaben bei Gasherden variieren von Hersteller zu Hersteller. Welche Stufe Ihres Herdes der jeweils angegebenen Temperatur entspricht, entnehmen Sie bitte der Gebrauchsanweisung. Bei Elektroherden können die Backzeiten je nach Herd variieren.

Syndication:
www.jalag-syndication.de

© 2010
GRÄFE UND UNZER VERLAG GmbH, München

Alle Rechte vorbehalten. Nachdruck, auch auszugsweise, sowie die Verbreitung durch Film, Funk, Fernsehen und Internet, durch fotomechanische Wiedergabe, Tonträger und Datenverarbeitungssysteme jeglicher Art nur mit schriftlicher Genehmigung des Verlages.

Projektleitung: Stefanie Poziombka
Lektorat: Adelheid Schmidt-Thomé
Korrektorat: Cora Wetzstein
Versuchsküche: Anke Köhler, Küchenmeisterin
Umschlagsgestaltung und Innenlayout: independent Medien-Design, Horst Moser, München
Herstellung: Susanne Mühldorfer
Satz: Bernd Walser Buchproduktion, München
Reproduktion: Longo AG, Bozen
Druck: aprinta, Wemding
Bindung: Conzella, Pfarrkirchen

ISBN 978-3-8338-1479-2

1. Auflage 2010

Unsere Garantie

Alle Informationen in diesem Ratgeber sind sorgfältig und gewissenhaft geprüft. Sollte dennoch einmal ein Fehler enthalten sein, schicken Sie uns das Buch mit dem entsprechenden Hinweis an unseren Leserservice zurück. Wir tauschen Ihnen den GU-Ratgeber gegen einen anderen zum gleichen oder ähnlichen Thema um.

Liebe Leserin und lieber Leser,

wir freuen uns, dass Sie sich für ein GU-Buch entschieden haben. Mit Ihrem Kauf setzen Sie auf die Qualität, Kompetenz und Aktualität unserer Ratgeber. Dafür sagen wir Danke! Wir wollen als führender Ratgeberverlag noch besser werden. Daher ist uns Ihre Meinung wichtig. Bitte senden Sie uns Ihre Anregungen, Ihre Kritik oder Ihr Lob zu unseren Büchern. Haben Sie Fragen oder benötigen Sie weiteren Rat zum Thema? Wir freuen uns auf Ihre Nachricht!

Wir sind für Sie da!
Montag – Donnerstag:
8.00 – 18.00 Uhr;
Freitag: 8.00 – 16.00 Uhr
Tel.: 0180 - 5 00 50 54*
Fax: 0180 - 5 01 20 54*
E-Mail:
leserservice@graefe-und-unzer.de

*(0,14 €/Min. aus dem dt. Festnetz/Mobilfunkpreise maximal 0,42 €/Min.)

P.S.: Wollen Sie noch mehr Aktuelles von GU wissen, dann abonnieren Sie doch unseren kostenlosen GU-Online-Newsletter und/oder unsere kostenlosen Kundenmagazine.

GRÄFE UND UNZER VERLAG
Leserservice
Postfach 86 03 13
81630 München

GRÄFE UND UNZER
Ein Unternehmen der
GANSKE VERLAGSGRUPPE